OSCAR
BESTSELLERS
LIFE

SILVIA DALVIT
CECILIA ANTOLINI

IL PARTO POSITIVO

Diventare mamma con scienza e con amore

I edizione Vivere meglio maggio 2021
I edizione Oscar Bestsellers maggio 2024

ISBN 978-88-04-78877-5

Questo volume è stato stampato
su carta HOLMEN
con fibra vergine proveniente da foreste sostenibili holmen.com/paper
presso ELCOGRAF S.p.A.
Stabilimento - Cles (TN)
Stampato in Italia. Printed in Italy

oscarmondadori.it

Le informazioni contenute in questo libro non intendono sostituirsi al parere professionale di un medico. L'utilizzo di qualsiasi informazione qui riportata è a discrezione del lettore. Le autrici e l'editore declinano qualsiasi responsabilità diretta o indiretta derivante dall'uso o dall'applicazione di qualsivoglia indicazione riportata in queste pagine. Per ogni problema specifico si raccomanda di consultare uno specialista. Se soffrite di gravi patologie fisiche o psichiche e non siete certe che un rilassamento profondo sia compatibile con il vostro quadro clinico, consultate il vostro medico curante.

mondadori.it

Indice

Il Parto Positivo

Alle nostre figlie e ai nostri figli.
A Olivia, Raphaël, Tommaso, Francesco e Leo

Benvenuta

Stai sfogliando questo libro in piedi davanti allo scaffale di una libreria? Ti sei messa comoda e lo stai aprendo, accoccolata sul divano con il gatto che fa le fusa e una tazza di tè? Te lo ha regalato un'amica e non hai la più pallida idea dell'avventura in cui ti stai imbarcando? Comunque tu sia approdata a questa prima pagina, che sia con curiosità, scetticismo o speranza, ti diamo il benvenuto in uno spazio dedicato a te, solo a te e a tutta te.

A te, donna che da qualche tempo hai scoperto di essere incinta.

Solo a te, perché il tuo benessere è il centro del nostro bersaglio. È possibile che essere in questo posto ti metta un po' a disagio, eppure ti chiediamo di provare a metterti comoda. Sei proprio tu al centro delle ricerche scientifiche, delle riflessioni etiche, degli slanci poetici raccolti per te. Chiunque ti stia attorno, qui, è un attore di supporto. Chi ti sta dentro, invece, è parte di te.

A tutta te, che sei un universo intero. Al tuo corpo, al tuo cuore, al tuo cervello e a quelli della bambina o del bambino che è in te. Al tuo utero, ai tuoi polmoni, ai tuoi pensieri, alle tue emozioni. Alle tue unghie da limare, alla tua esistenza da definire, ai tuoi sogni da realizzare, alle tue delusioni da digerire, ai tuoi diritti da rivendicare, alle tue opportunità da cogliere.

Lasciati andare: concediti di pensare a te, solo a te, a tutta te. In gravidanza avviene qualcosa di speciale nel segreto del tuo corpo: hai più di un cuore che batte dentro di te, più di un cervello che cresce (perché sì: sta crescendo anche il tuo), più di una vescica che fa pipì (e questo risulta molto più facile da credere). Mai in modo più evidente di adesso puoi metterti al centro senza essere sola, concentrarti su te stessa senza essere egoista. Mai come quando sei incinta, se ti prendi cura di te, ti prendi cura del mondo.

Concediti di stare al centro, per il tempo di questo libro. Ti promettiamo che ne uscirai trasformata: guarderai il tuo corpo, la tua bambina o il tuo bambino e forse persino il mondo con occhi nuovi. Sarai pronta non solo a goderti il tuo parto positivo, ma anche a scoprire il tuo modo di essere mamma. In tasca avrai strumenti essenziali: la voglia di pensare e di fare con scienza e con amore, risorse per nutrire la relazione con te stessa, con la nuova persona che hai messo al mondo e con chi vi sta accanto, e una bella dose di meraviglia.

Questo libro non fa magie, ma ti aiuta a scoprire quelle che si stanno già compiendo dentro di te. È questo il superpotere che ti darà la forza di lasciarti andare alla cosa più bella e più difficile della maternità: fare dono di te.

È proprio quella scintilla di meraviglia che, dal 2015, Il Parto Positivo mira a riaccendere attraverso piattaforme di informazione (blog e social media), laboratori per genitori e percorsi di formazione per professionisti perinatali. Al suo cuore ci sono una neuroscienziata e una filosofa che scienza e filosofia hanno convinto dell'importanza della maternità e dell'urgenza di cambiarne la narrativa e l'esperienza. La missione è semplice: far sì che ogni donna abbia gli strumenti per affrontare positivamente la gravidanza, il parto e la maternità. Perché un parto positivo è possibile, e dovrebbe essere normale.

Questo libro raccoglie il percorso e le riflessioni di questi anni, sviluppati anche grazie agli stimoli costanti delle mamme della rete e delle professioniste entrate a far parte della nostra community di Referenti Certificate. Queste pagine sono per te: perché tu possa preparare il tuo parto positivo, qualunque sia il tuo percorso, e perché tu voglia sempre trovare meraviglia, qualsiasi cosa ti riservi la vita.

1
Cervello: i dati che oggi non si possono più ignorare

Ci sono infiniti modi di scoprire di essere incinta. Probabilmente uno per ogni mamma del pianeta. C'è chi quel bambino* lo aspettava da tanto, con la trepidazione ostinata di chi sa sperare, e chi se lo ritrova nei pensieri e nel corpo come la più incredibile delle sorprese. Chi ha pianificato e chi ha improvvisato, chi nemmeno sapeva dove stavano i suoi piedi che già il pancione li copre e non li vede più. Chi si è lasciata andare sperando di rimanere stupita e chi dalla sorpresa forse non si è ancora ripresa. Accorgersi di aspettare un bambino può avere una gamma illimitata di sfumature: dalla gioia incontenibile fin dal terzo minuto di ritardo mestruale, al "Ma non è possibile!" ripetuto ossessivamente di fronte alla seconda lineetta del quinto test di gravidanza.

Ogni donna che ha appena capito di aspettare un bambino scopre la gravidanza per la prima volta, anche se è al quinto figlio, anche se è ostetrica di professione. È la gravidanza osservata da dentro a cambiare ogni volta.[1] E da

* Avremmo potuto scrivere quel/la bambin*: la tua mente avrebbe completato automaticamente con il maschile (Caroline Criado-Perez, *Invisibili. Come il nostro mondo ignora le donne in ogni campo, dati alla mano*, traduzione di Carla Palmieri, Einaudi, Torino 2020) e nessuno avrebbe potuto leggere la frase ad alta voce. Per questa ragione, abbiamo deciso di seguire le regole della lingua italiana. Imperfetta ma pronunciabile. Ogni volta che leggi "il bambino" sai che stiamo parlando della persona, femmina o maschio, che stai mettendo al mondo.

quel lato della pancia a volte è difficile guardare. Spesso è complesso riconoscersi, e anche il pancione delle gravidanze accolte con serenità può proiettare ombre un po' più lunghe di quanto si vorrebbe.[2] Dove eravamo, ora c'è la forma di una donna che sarà mamma, un'identità che fa già parte di noi ma che stiamo ancora scoprendo.

Fin dal giorno dopo il test, l'attenzione di una donna che ha appena scoperto di aspettare un bambino tende a prendere un movimento a pendolo: uno sguardo rivolto a quello-che-ero-e-che-devo-preservare (forma fisica, hobby, amici, lavoro o qualsiasi altra cosa considerassimo essere *noi*) e un altro a quello-che-devo-fare-per-la-gravidanza-e-il-parto. Con buona pace di terapeuti e guru che ci raccomandano di focalizzarci sul qui e ora,[3] l'attenzione e le conversazioni si spostano rapidamente su questi due tempi – passato e futuro –, tutti improntati al fare.

Ma in questo attimo, nascoste ai nostri occhi, stanno già accadendo moltissime cose che non hanno alcun bisogno del nostro "fare". Sono cambiamenti immensi e invisibili, che il nostro corpo inizia a svelarci, per focalizzare a poco a poco la nostra attenzione sul presente dell'attesa. E questi cambiamenti ci chiedono di *stare*, affinché tutto il loro potenziale possa esprimersi e realizzarsi.

Nulla è più potente dell'osservazione e dell'introspezione per arrivare a cogliere le trasformazioni e lasciarle germogliare. Ma la scienza negli ultimi decenni ci ha fornito una serie di dati che ci aiutano a capire meglio i cambiamenti che stanno avvenendo.

In questo capitolo, dunque, parleremo delle trasformazioni del corpo e del cervello della mamma in attesa, che la portano gradualmente a rallentare, focalizzarsi su di sé, focalizzarsi sull'altro e considerare le emozioni come segnali importanti. A quest'ultimo tema dedicheremo un'attenzione tutta speciale, perché sappiamo che le emozioni sono un'arma portentosa e, soprattutto per le mamme, il rischio di usarle contro se stesse è reale. Finiremo poi con un colpo di scena: le uniche cose che in gravidanza restano immutate sono quelle che tutti pensano si stravolgano di più.

Progesterone: dove mi porta questa lentezza

All'epoca delle nostre nonne, una donna incinta sarebbe probabilmente andata a lavorare nel campo fino alle prime avvisaglie del travaglio. In tempi e luoghi fortunati, forse avrebbe potuto permettersi di rallentare progressivamente, mentre altre donne si facevano carico di un po' di lavoro in più. In tempi e luoghi meno fortunati, avrebbe dovuto fare buon viso a cattivo gioco e stringere i denti: sarebbe arrivata al parto già esausta.

Oggi ariamo campi che ci sembrano più sofisticati e complessi, ma che non sono certo meno aridi e ingrati di quelli delle nostre nonne. Ce li siamo spesso conquistati con lunghi studi e duro lavoro. Li abbiamo annaffiati ostinatamente, stringendo anche noi i denti di fronte a ingiustizia e discriminazione (perché con la questione del *gender pay gap* ancora da risolvere siamo solo a togliere le erbe infestanti dal campo della giustizia e dell'equità).[4] Innegabilmente molte di noi godono anche di svariati lussi supplementari: abbiamo tempo libero e passioni da coltivare, spesso e per fortuna con amiche e amici che ci fa piacere frequentare.

Tutto ciò, però, richiede tempo ed energie. Poche di noi arrivano alla gravidanza con la sensazione di avere molto tempo da investire in qualcosa che non appaia immediatamente necessario o produttivo. Fermarsi e rimanere fermi non sembra quasi mai una buona idea per un essere umano: meno che mai per una trentaduenne in attesa (32 anni è l'età media delle partorienti nel nostro Paese) in modalità pendolo tra l'autorealizzazione e la lista neonato. Sembra quasi da irresponsabili.

Allora ci si mette la Natura, l'Universo, l'Ammasso Casuale di Atomi o comunque vogliate chiamare Quello a cui è riuscito di fare un mondo che funziona così come funziona quello in cui siamo ospiti. Un tocco di stanchezza di qua, una nausea di là, notti interrotte, gusti che cambiano... e d'improvviso diventa inevitabile dire qualche "no" (magari anche a noi stesse) e fermarsi.

Sembra impossibile scoprire dentro di noi pulsioni nuove,

in risposta anche a situazioni più che conosciute. E magari mentre il nostro comportamento rimane quello delle vecchie noi, la testa si riempie di commenti indignati a proposito di quello che vorremmo o non vorremmo fare: "Proprio io che mi faccio in quattro per il lavoro!", "Proprio io che ci rimanevo male quando le mie amiche cancellavano un appuntamento all'ultimo secondo *solo* perché erano incinte!", "Proprio io che non ho mai rifiutato una proposta erotica!".

D'improvviso la vita di una donna si riempie di piccoli bivi: "Di fronte a queste nuove pulsioni, mi comporto come quella che sono sempre stata o come il mio corpo mi sta dicendo di fare qui e ora?". Le due opzioni in molti casi si escludono a vicenda.

"Mi sento stanca: bevo un caffè e riparto o sparisco senza dare nell'occhio per almeno quindici minuti?" Sono questi i dilemmi quotidiani sotto i quali si nascondono contrasti metafisici che incalzano la mamma in attesa giorno e notte. Perché anche la questione "Mi alzo subito a fare pipì o aspetto ancora cinque minuti?" fa parte della risposta alla domanda "Chi sono io?". Che cosa sta succedendo nel cervello di questa familiare sconosciuta così indecisa sul da farsi?

Sta succedendo, fra le altre cose, che già nelle prime settimane il progesterone in circolo aumenta in modo eccezionale.[5] Esperimenti sui ratti ci mostrano che il progesterone ha un effetto ipnotico e sedativo e diminuisce la vigilanza.[6] Insomma, è questo ormone a rendere le mamme in attesa un po' trasognate, placide e pure un tantino svampite.

In modo più poetico le ostetriche ci spiegano che il progesterone aiuta a fare spazio e a rallentare i ritmi del corpo della mamma: dai movimenti dei muscoli, alla digestione, agli impegni personali, tutto si estende e prende più tempo oltre che più spazio. Verena Schmid descrive tutto questo come un processo teso alla costruzione di un grembo psichico nel quale la mamma contiene il suo bambino.[7]

La probabilità che questa lentezza e questa stanchezza cozzino con le nostre abitudini di prima è piuttosto alta. Il rischio di sorprendere (non sempre positivamente) il nostro partner, gli amici, la nostra capa, oltre che noi stesse, è reale. Il cambio di ritmo spiazza noi che lo viviamo, ma può addirittura sciocare, deludere o inquietare chi ci sta intorno. Anche senza pressioni dall'esterno, la reazione istintiva può essere quella di opporsi a questo cambiamento, mantenere quel ritmo, quell'efficienza e quella produttività che siamo abituate a considerare una parte di noi che sarebbe il caso di mantenere. Possiamo allenarci a sopprimere i segnali del nostro corpo che ci chiedono di rallentare, possiamo imparare a sforzarci di concentrarci o divertirci, possiamo costringerci a produrre tanto quanto prima. Come le nostre nonne, possiamo stringere i denti. Possiamo farlo perché le risorse di una donna incinta sono quasi infinite.

Ma immaginiamo per un attimo che, al di là del fastidio di non essere più scattanti come prima, della fatica di riconoscerci nel nostro specchio interiore (ancora prima che in quello appeso in bagno) e della spossatezza, tutto questo sia una buona cosa. Immaginiamo che, in un sistema così raffinato come quello che sostiene il mondo naturale (dalla frequenza del battito d'ali del colibrì al ciclo dell'acqua), il progesterone previsto per noi abbia un senso. Accogliamo per un attimo tutta quella lentezza e spossatezza e proviamo a pensare che cosa accadrebbe se non ci fossero. Quante di noi veramente si fermerebbero? Se il progesterone non tirasse il freno a mano, quante lo farebbero volontariamente? Quante donne del passato avrebbero appoggiato la zappa e preso un respiro?

Il corpo della mamma sta "lavorando" in autonomia un essere umano tutto nuovo: sta facendo dono di una grande parte delle proprie energie per impostare i meccanismi che permetteranno a questa persona di respirare, muoversi, riflettere, parlare, creare, sperare, amare... potenzialmente andare su Marte. Appoggiare la zappa, in senso letterale o figurato che sia, non è pigrizia: è necessaria generosità. È lasciare che la vitalità di quel momento vada a qualcun altro. L'Ammasso Casuale di Atomi lo sa e ha trovato un modo per obbligarci a fermarci. Anche nei pensieri serve più spazio per la persona nuova. Una pausa torna abbastanza utile per abituarsi a questa fase rivoluzionaria e rivoluzionante della vita.

Il progesterone è la componente biochimica di quei piccoli interrogativi che ogni tanto si affacciano: "Sono sicura che la promozione in questo momento sia davvero la mia priorità?", "Veramente ho più voglia di vedere le amiche che non di starmene sul divano?". Qualunque sia la risposta, è importante sapere che il cervello è programmato per far sorgere questi dubbi.

Il progesterone è quella voce interna che risuona fin da subito, molto prima che noi ne prendiamo davvero atto: "C'è una persona nuova in questo corpo. C'è un nuovo membro nella nostra famiglia e nella specie umana. La vita non gira più solo intorno a me". Il progesterone è necessario per abituarci a mettere a fuoco – e tre mesi sono proprio il minimo perché ci si possa riuscire – che stiamo giocando un ruolo fondamentale nella vita di un'altra persona.

La parte di noi che ama pianificare e controllare, la nostra mente razionale, potrebbe avere da ridire, farci presagire un futuro misero: sole, senza lavoro e con una vita di coppia ridotta a litigi su chi porta fuori la spazzatura, sommerse di pannolini e macchiate di rigurgiti per l'eternità. Ma se questa nostra parte razionale dovesse farlo, ricordiamole che – con tutta la gratitudine che le accordiamo, e tutto il rispetto per la sua sofisticatezza – neanche lei è onnisciente. La mente razionale non ha ancora idea delle risorse clamorose che la gravidanza porta con sé.

Come un bambino che impara a leggere non si dimentica come si fa a giocare, così aprirci a un lato nuovo della nostra identità non cancellerà altri aspetti. La noi di prima si modificherà certamente un po', amalgamerà nuovi ingredienti con quelli vecchi, creerà una nuova armonia che risponderà sempre e ancora al nome "io". Il progesterone è lì proprio per fare spazio a tutto questo, per scompigliare le carte e farci notare qualche finestra che non avevamo ancora aperto.

Empatia: il triplo carpiato dell'identità

Grazie al progesterone, è possibile che una mamma nei primi mesi di gravidanza passi un po' più tempo a casa, in silenzio e con i suoi pensieri. E quelli di una mamma in attesa sono pensieri nuovi, diversi da quelli della stessa donna di qualche mese prima. Dove c'erano progetti chiari e articolati, si fanno spazio domande, intervalli di incertezza, dubbi, paure. Ancora più di "Come farò?", la domanda che forse genera maggiore inquietudine e allo stesso tempo curiosità è: "Come sarò?".

Una punta dell'iceberg comune è l'aspetto fisico: la metamorfosi è incombente, ma sotto le preoccupazioni estetiche, le vere domande spesso sono ben altre. "Quanto velocemente troverò soluzioni efficaci?", "Esistono confini fermi e dolci da dare a mio figlio, o mi perderò nell'ignoto andando a cercarli?", "Che cosa mangerà mentre io mi perdo nell'ignoto alla ricerca dei confini (di me stessa oltre che della sua educazione)?".

Alcune di noi trovano le risorse per gestire questi nuovi pensieri in modo positivo, soprattutto se la rete di supporto che hanno intorno è solida[8] e se la loro identità non è fondata in modo preponderante proprio su tutto ciò che sta cambiando.[9] Su dieci mamme in attesa, però, le statistiche ne trovano circa due per le quali questi cambiamenti vanno di pari passo con livelli di ansia, autostima, passività, tipici della depressione.[10] Due su dieci, altro che dolce attesa! In effetti, da una ginnasta che sta per fare un triplo salto carpiato, da cui dipendono la sopravvivenza sua e di un'altra persona importantissima per lei, ci aspettiamo solo gioia e serenità? Sarebbe normale se un po' di apprensione, stress e paura facessero parte delle sue emozioni.

Diventare mamma impone all'identità di fare un triplo carpiato. O forse anche quadruplo. Vivere in questo mondo, gestirsi e gestire gli altri in modo da arrivare sereni a fine mese e riuscire a godersi anche un po' la vita è già abbastanza complicato, ma diviene sovrumano se la sopravvivenza e il benessere di qualcun altro diventano centrali tanto quanto i nostri, fisicamente e biochimicamente oltre che razionalmente, emozionalmente e spiritualmente.*

La spaccata fra gli "io" che siamo costrette a fare è contemporaneamente così improbabile e banale (dopotutto fanno figli anche le capre) che solo a pensarci il cuore perde un colpo.

Il lavoro di conoscere, riconoscere, delimitare e gestire le due identità che si trovano nel corpo di una mamma in attesa è una sfida inconcepibile. Essere umane – essere donne – ci dà il privilegio e la responsabilità di confrontarci con il dilemma metafisico dell'identità nostra e altrui a ogni battito del cuore nostro e dell'altra personcina che sta dentro di noi.

È una sfida che possiamo certamente affrontare con grande positività e gratitudine. Ma la portata dell'impresa non diminuisce solo perché innumerevoli donne la compiono tutti i giorni. L'universo non è meno grande perché lo ritroviamo ogni mattina.

Per fortuna, nel corpo e nel cervello della mamma si sta sviluppando la capacità di portare a compimento l'ardua impresa di riconoscere e conciliare esperienze e motivazioni distinte ma unite.

Gli immensi cambiamenti ormonali della gravidanza non provocano nella mamma solo quel caratteristico altalenare di emozioni che ha permesso il successo commerciale di magliette con scritte come "Siate gentili con me. Mia moglie è incinta". Quegli immensi cambiamenti agiscono anche sul cervello: proprio sull'organo fisico modificandone la struttura e il funzionamento.[11]

* Non possiamo non aprire una parentesi sulla spiritualità, perché non abbiamo ancora incontrato una sola mamma che possa permettersi il lusso (o lo spreco?) di farlo. Al netto di millenni di riflessioni, di fedi e di critiche filosofiche, quando diciamo "spirituale" ci riferiamo a tutto quello che senti e che non è né il tuo corpo né la tua mente. Se vedi un arcobaleno e ti viene da piangere, gli occhi percepiscono forme e colori, la mente sa che sono creati dal riflesso dei raggi luminosi sulle gocce d'acqua sospese. E poi magari c'è quell'altra cosa, quella che ti fa emozionare e ti dà l'impressione di connetterti con l'universo. Ecco, quel processo di dare un significato che va oltre la percezione immediata, noi qui lo chiamiamo spiritualità.

Uno dei sistemi che viene pesantemente toccato dalla rivoluzione in corso è quello dell'empatia.[12] Ne facciamo tutti un gran parlare: "Prova un po' a metterti nei miei panni", "Come pensi che mi senta io, eh?". Eppure gli scienziati ammettono di essere ben lontani dall'averla spiegata in modo soddisfacente.[13]

A dirla così sembra una cosa semplice: l'empatia è la capacità di condividere lo stato emotivo di qualcun altro, *pur sapendo che la fonte di quello stato non sono io ma è l'altra persona*.[14] Ci serve a tendere una corda quando un amico cade in un pozzo (più o meno metaforico) senza seguire l'impulso di condividere il dolore e buttarci nel pozzo insieme a lui.

Come sappiamo forse meglio di quanto vogliamo ammettere, è più facile a dirsi che a farsi. Nonostante ci possa sembrare una reazione automatica e quasi banale, il numero e la complessità dei meccanismi coinvolti nel nostro cervello per farci provare un'emozione senza confonderla per una cosa nostra non sono ancora del tutto chiari agli scienziati. Neanche a farlo apposta, i nomi delle aree del cervello coinvolte in questo processo evocano da una parte immagini di rilassamento caraibico e dall'altra la pesantezza di carri armati in azione: insula anteriore e corteccia cingolata anteriore.[15]

Il fatto è che il nostro cervello in gravidanza si prepara a supportarci in quella scissione fra gli "io", fra noi stesse e ognuno dei nostri bambini, che la maternità ci impone. La ginnasta non può fare il suo triplo salto carpiato con la sola forza di volontà; le servono anche muscoli forti e allenati. Così la mamma umana si rende presto conto che l'affetto più tenero del mondo non basta a prendersi cura di un bambino: è necessaria anche la capacità di riconoscere stati emotivi e di attribuirli correttamente. Ci vuole l'arte di un'acrobata per non cadere nel pozzo della "fusione emotiva": termine dalle assonanze termonucleari, che si riferisce semplicemente a quell'invischiamento di emozioni e desideri per cui non si distingue più chi è nel pozzo e chi ne è fuori, chi ha bisogno di aiuto e chi può darne. Differenziare noi stessi dalla persona che amiamo sembra facile ma non lo è, e questa difficoltà spiega anche molte ansie in famiglia a lungo termine.[16]

Per aiutarci a fare queste acrobazie dell'io, insula anteriore e corteccia cingolata anteriore vengono automaticamente potenziate grazie agli ormoni presenti durante la gravidanza. Alla mamma non rimane che usare queste risorse biologiche: allenarsi, già durante l'attesa, per metterle a frutto per se stessa e per chi le sta vicino.

Riconoscere un'emozione, attribuirla alla persona giusta, condividerla tenendo ben presente che quella gioia o quel dolore, quella paura o quella speranza non le appartengono, permetterà alla mamma di non "cadere nel pozzo", di essere di buona compagnia, supporto e aiuto rimanendo però centrata e serena nel suo equilibrio.

Ma in pratica come si fa? Se la nostra amica ci racconta della sua paura del parto, noi ci alleniamo a ricordarci che quella paura è sua, non nostra. Questo non ci impedirà di offrire conforto e consolazione. Ci aiuterà però a dare forse spunti meno ansiogeni, a condividere la prospettiva da "fuori dal pozzo", a essere delle amiche non solo simpatiche ma anche utili. Certamente ci aiuterà a proteggere noi e il nostro bambino, ché abbiamo già le nostre paure di cui occuparci senza nessun bisogno di aggiungere alla lista quelle di un'amica.

O ancora, quando iniziamo a cercare le strutture e le persone che ci seguiranno in gravidanza e nel momento del parto, leggiamo pure i loro volantini su carte più o meno patinate, ascoltiamo le raccomandazioni di chi ci è già stato, ma ricordiamoci soprattutto della nostra isola e del nostro cingolato. Sono loro, nel *nostro* cervello, che si stanno potenziando proprio per renderci degne portavoce di noi stesse e del nostro bambino nella nostra società.

Prestiamo quindi attenzione a quella voce interiore, a quello che ci dice su noi e sulla persona che sta crescendo nella nostra pancia. Non archiviamo questa nuova consapevolezza come sentimentalismo. Quelle informazioni ci arrivano perché servono. Vanno certamente integrate nel contesto della nostra realtà, di ciò che è possibile per noi, qui e ora. Ricordiamoci però che, a quelle informazioni preziose per noi e per il nostro piccolo, abbiamo accesso solo noi. Essere mamma vuol dire avere il privilegio e la responsabilità di coglierle e usarle bene.

Teoria della mente: io so che tu sai che lui sa

Questo accesso privilegiato e potenziato al sentire del nostro bambino è completato anche da un accesso cognitivo al suo punto di vista: dalla possibilità di sapere davvero che lui percepisce, interpreta e vive la vita in un modo tutto suo. Già, perché una cosa è dire "Mio figlio in questo momento è triste", un'altra è mettersi nei suoi panni e immaginare che sarà triste se lo metterò nell'ovetto al ritorno dal pediatra. "Ma come? Se c'è stato tranquillissimo all'andata?" qualcuno obietterà. Vero, ma io mamma lo so, anche se non sempre riesco a metterlo in chiaro a parole, che poi sarà affaticato dalla visita. Mi diranno: "Ma no dai! Anche ieri sera siamo tornati da casa dei nonni e si è pure addormentato". Vero anche questo, ma io mamma tengo in considerazione anche il fatto che il bimbo conosce bene i nonni. Il pediatra è un'esperienza nuova. "E quindi?" mi si chiederà, in tono più o meno spazientito. Be', quindi andiamo in autobus, così poi al massimo dorme in fascia.

Paturnie da mamme, inutili complicazioni, capricci campati per aria o capacità di mettersi nei panni di un neonato?

Su questo la scienza parla chiaro: il cervello della donna, fra il momento in cui non è in attesa e quello in cui partorisce, si assottiglia. A farlo sono proprio le aree connesse con la teoria della mente, che è la capacità di attribuire stati mentali a se stessi e ad altri.[17] Sì, hai letto bene: il cervello si assottiglia. Si potrebbe cadere nella trappola del "Si assottiglia! Visto? Sono le famose rotelle perse! Meno rotelle = Meno intelligenza". Ma facciamo un passo indietro. Anzi due.

- Che cos'è la teoria della mente? È il rendersi conto che qualcun altro ha una vita interiore con pensieri, desideri, aspettative simili, ma non uguali alle nostre.[18] La usiamo quando prevediamo che il nostro compagno si aspetterà di trovare almeno una barretta di cioccolato in dispensa questa sera quando tornerà dalla riunione condominiale, visto che ieri pomeriggio, dopo aver fatto la spesa, ce ne ha messe tre. La teoria della mente è quella che ci fa lasciare un bigliettino di scuse con una battuta affettuosa sopra il suo libro, perché sappiamo che se anche tornerà tardissimo non rinuncerà ai suoi dieci minuti di lettura prima di venire a letto. E sempre la teoria della mente ci farà prevedere che le nostre parole gentili saranno un buon aiuto per attutire la frustrazione della riunione e del mancato cioccolato.

  Cioccolato e bigliettini a parte, la teoria della mente è quella che hanno in comune Salvo Montalbano, James Bond e Sergio Marquina, ovvero la capacità di pensare con la testa dell'altro, di prevedere la sua reazione e di preparare le nostre prossime azioni di conseguenza. Solo che le mamme non la usano per lottare contro la mafia, per difendere la Regina o per minare il sistema capitalista. La usano per costruire famiglie.

- Che cosa vuol dire che il cervello "si assottiglia"? Vuol dire che ci sono aree nel cervello, tipicamente impegnate nelle gestioni delle relazioni, in cui si osserva una riduzione di materia grigia. Viene spontaneo aspettarsi che meno materia grigia significhi meno capacità. Quando, però, si parla di teoria della mente, pare proprio sia vero il contrario. Sembra che questa riduzione di materia grigia faccia eco a una simile riduzione che avviene durante l'adolescenza, quando le capacità sociali dell'essere umano esplodono.[19] A volte il cervello è come la tua camera da letto: se le cose sono in ordine, non solo sono più funzionali, ma occupano anche meno spazio. Meno materia grigia va di pari passo con la capacità di pensare in modo più veloce ed efficace con la testa degli altri.

Che cosa se ne fa una mamma di una teoria della mente più potente? Possiamo ragionevolmente speculare che le serva per comprendere meglio il suo bambino. Perché non dimentichiamo che lui ne ha estremo bisogno: non solo viene al mondo senza la capacità di parlare, ma gli servirà anche molto allenamento per sviluppare la consapevolezza necessaria per esprimere i suoi pensieri, bisogni e aspettative.

Possiamo immaginare che questa capacità materna di mettersi nei panni mentali altrui, di comprendere e prevedere le reazioni cognitive (cosa sa) ed emotive (cosa sente) di chi le sta vicino, faccia della mamma una migliore regista della vita familiare, mettendola in grado di riconoscere e armonizzare le esigenze e i desideri di tutti i membri della famiglia.

Tutte queste sono congetture. Quello che possiamo invece osservare – dati scientifici alla mano – è che più la materia grigia si assottiglia, più positivo è il rapporto mamma-bambino e meno ostilità si registra nel periodo dopo il parto.[20]

Riassumendo: in gravidanza il cervello cambia, e più cambia più siamo in grado di metterci nei panni degli altri. Più siamo in grado di metterci nei panni degli altri, meglio stiamo con il nostro bambino.

Del sospetto rincitrullimento materno parleremo alla fine del capitolo, ma per il momento godiamoci questa notizia firmata "Nature Neuroscience". In gravidanza il cervello viene potenziato in una delle capacità cognitive più complesse e sofisticate dell'umano: pensare con la testa dell'altro. Senza che noi dobbiamo fare assolutamente nulla, ci ritroviamo a disposizione un po' più di intelligenza umana, tutta da usare per il benessere nostro e del bambino.

Dopamina: un nuovo tipo di coraggio

Non si diventa mamme per rimanere sempre fuori dai pozzi, né per passare il tempo a capire che cosa pensi quell'altro giù nel pozzo. La gravidanza non ci prepara certo a mantenerci sempre al sicuro, così da offrire al nostro bambino una vita al riparo da ogni ostacolo e un'uscita di soccorso da ogni imprevisto. Essere mamma è più come intraprendere un viaggio di cui la meta è sconosciuta, i pericoli certi e la fatica garantita, per di più con un compagno di viaggio che è già con noi, ma non abbiamo ancora visto in faccia, e che dovremo pure portare in pancia o in braccio per un bel pezzo di strada. Non importa se fin qui siamo state avventurose e spericolate o caute e tranquille: quello che è certo è che ora ci serve un nuovo tipo di coraggio.

Perché diciamolo, anche se non va per niente di moda parlarne – tanto meno alle mamme in attesa –, essere madri ci mette in prima linea, che è il posto di chi si gioca la vita, il posto dei *sacrifici*. Solo che c'è sacrificio e sacrificio: ce ne sono di attivi e intelligenti, che alla fine ci fanno bene (tipo lasciare la terza barretta di cioccolato al tuo compagno. Ne avevi tanta voglia, è vero, ma lo sforzo di rinunciare ha ben due effetti positivi: non ti appesantisci; lui sarà super contento quando la troverà), e ce ne sono di passivi e sterili, che alla fine danneggiano sia noi sia chi ci sta intorno (per esempio non dire al barista che ti ha servito una brioche ammuffita. Tu rimani senza brioche e lui non controlla se per caso anche le altre sono avariate e finisce per deludere altri clienti).

Abbiamo già detto che gli ormoni di una donna incinta spingono a renderla più lenta e un po' svampita. Da qui a concludere che lei si trovi in uno stato di vulnerabilità più acuta il passo è molto breve e – ci sembra di poter dire serenamente – giustificato.[21] Qualcosa, infatti, non è cambiato in sessantasei milioni di anni di vita femminile sulla Terra: che i pericoli siano tigri dai denti a sciabola o lettere di licenziamento poco importa, se diventi più lenta e un po' svampita, il rischio di trovarti davanti dei denti affilati o una lettera sgradita in gravidanza aumenta di parecchio.

Nessuna clinica supertecnologica, nessun regime alimentare, coach professionale, nessuna pratica esoterica o corso preparto potrà annullare questo apparente controsenso al sapore di ingiustizia: siamo vulnerabili e siamo in prima linea.

C'è chi dice sia questione di passare la nostra staffetta genetica al prossimo compagno di squadra, chi crede in una "Ragione" che ci sfugge ma che ci ama, chi vuole provare il brivido di ricreare un se stesso in miniatura e chi ci si è trovato in mezzo ed è stato al gioco: comunque la mettiamo, non è una cosa da poco mettere la propria vita a repentaglio per quella di uno sconosciuto.

A questo punto diventa davvero difficile scacciare un ostinato dubbio: che l'Ammasso Casuale di Atomi si sia sbagliato a questo riguardo? Dare un compito così importante e rischioso a una donna, per di più incinta, non sembra molto benevolo.

Se facciamo il punto della nostra situazione, ci rendiamo conto che ci troviamo in uno dei rarissimi incroci universali in cui la metafisica si sporca le mani. Siamo in prima linea nell'impresa di passare il testimone della vita a un'altra persona. A qualcuno che non solo ha un corpo che cresce, si nutre e si muove, ma anche un cervello che pensa (quindi proprio è, per dirla con Descartes), ama (più o meno platonicamente), sceglie (con tanti auguri da parte di Kierkegaard). L'impresa è innegabilmente sovrumana.

Si tratta di un compito radicale, immenso e rischioso. Volenti o nolenti, quando un figlio ci entra nella pancia la biologia ci posa una spada sulla spalla e ci chiama a gesta eroiche. Il fatto che la nostra società abbia pensato di potersene dimenticare quando si è iniziato a partorire in ospedale e a programmare gravidanze e parti come se tutto potesse essere sempre sotto controllo, non rende la nostra investitura meno perentoria o impegnativa. E non la priva dell'onore che la accompagna.

La buona notizia è che la mamma in attesa è messa ben meglio di un cavaliere medievale. Ha infatti in dotazione i superpoteri più high-tech del creato e può sperare nella ricompensa più radicale: l'amore più incondizionato che un essere umano sia capace di dare, quello di un bambino per la sua mamma.

Il superpotere più utile di tutti è probabilmente questo: trovare gioia in cose prima impensate. Spesso poco profumate. Il superpotere della gioia della cacca, insieme a molte altre gioie più o meno nominabili, corrisponde a cambiamenti che riguardano il cervello nel sistema della ricompensa, una parte profonda e potente che cambia per spingerci a mettere il bene del bambino davanti a tutto.

In laboratorio si è visto chiaramente: c'è un gruppo di zone cerebrali associate a mettere la cura dei piccoli al primo posto nella scala di priorità delle loro mamme. Ha anche un nome ufficiale e altisonante: si chiama "sistema motivazionale materno". Il suo lavoro è quello di pompare dopamina nelle parti giuste del cervello (nello specifico nel nucleo accumbens). Ma perché la dopamina?[22]

La dopamina è un po' come il cioccolato per il cervello: dà un piacere talmente intenso che siamo disposti a molto per immetterne una buona dose nei nostri circuiti motivazionali.[23] Al netto dei paroloni, una delle conseguenze concrete di questa dinamica è che, nel caso dei ratti per esempio, la mamma roditore preferisce la sensazione del suo piccolo che allatta a una dose di cocaina.[24] Comprensibilmente, l'esperimento con la cocaina non viene riprodotto sulle mamme umane, ma sappiamo con certezza che il cervello dei ratti e quello degli umani hanno molto più in comune di quello che ci piace immaginare.[25]

Ogni indizio che rassicuri una mamma sul benessere del suo bambino agisce a un livello talmente profondo da renderla capace di decantare una cacca ben oltre i 15 secondi giudicati sopportabili dal resto della popolazione. Se un pannolino sporco può agire a un livello così assoluto, figuriamoci che cosa possono fare un sorriso, un abbraccio oppure i versi del sonno tranquillo. Sono dosi di dopamina per le quali il nostro cervello ci vuole pronte a fare l'impensabile. Non è retorica. È realtà biochimica.

Tutta questa scienza per confermare quello che sappiamo già da millenni: una mamma potrebbe fare qualunque cosa per il suo bambino e farlo con piacere.

A livello animale non c'è nulla che dia più piacere a una mamma del vedere il proprio figlio stare bene. A livello del nostro pensiero astratto a volte sembra non sia così, e l'ambivalenza di alcune esperienze di maternità ci conferma che il lato animale, da solo, non basta. Eppure lui è lì, capace di dare a tutte il coraggio di atti prima impensabili, come tuffarsi nel vomito per portare il conforto di un abbraccio, o informare la suocera che no, la doppia pesata non si usa più. Ad alcune di noi questo coraggio servirà per imprese davvero inimmaginabili.

Mentre per le mamme degli anni Cinquanta mettere davanti a sé il bambino era motivo di vanto più o meno spontaneo e quasi unica ragione di riconoscimento sociale, per la mamma dei nostri giorni la faccenda è – per fortuna e purtroppo – più complessa. Noi abbiamo ricevuto in eredità una femminilità molto più articolata e, diciamocelo, assai ricca di contraddizioni, nel bene e nel male. Siamo spesso cresciute con l'idea che la cosa più importante sia la nostra autorealizzazione. Abbiamo passato venti e passa anni a chiederci quale fosse la cosa migliore per noi e i dieci successivi a perseguirla con tenacia. Durante la maternità, dentro quel cervello abituato ad applicare la ragione su di sé, si fa strada un'altra forza inesorabile, fatta per accogliere, comprendere e difendere qualcun altro. Una parte profonda, che ha la determinazione di chi è sopravvissuto a tutte le glaciazioni e le pestilenze degli ultimi millenni, vuole spingerci verso quello che è bene per il bambino. Una parte forse altrettanto potente ma più sofisticata ci spinge a fare ciò che consideriamo bene per noi stesse. La verità, per quanto scomoda e apparentemente antiquata, è che anche quando ci sembra consapevolmente di mettere davanti noi stesse, stiamo comunque sacrificando una parte di noi: quella che ricava una gioia vera e potente (con tanto di dopamina a certificarlo) per cose improbabili come un vagito, un abbozzo di sorriso o un pannolino pieno. Una parte che c'è, non perché l'hanno messa lì negli anni Cinquanta, ma perché fa parte dell'assetto di base del cervello che abbiamo in dotazione.

E il cervello del papà, si dirà? Anche se in modo diverso da quello materno, cambia dopo la nascita del bambino, portando nuove risorse e nuove sfide anche ai nostri compagni.[26] Rimane il fatto che la potenza dei cambiamenti nel sistema della ricompensa si trova solo nel cervello materno. È giusto? È sbagliato? È così.

La cosa davvero femminista, allora, sarebbe usare questo fatto non per autopunirci, se la gioia del ventesimo pannolino a noi proprio non viene, o per sentirci idiote se invece la proviamo, ma come una risorsa per conoscerci meglio e usare appieno tutte le nostre facoltà.

Il benessere vero per una mamma sta prima di tutto nel riconoscere entrambe le pulsioni, che saranno declinate in qualità e quantità uniche e irripetibili per ciascuna di noi: la spinta verso l'affermazione di se stessa e quella più sotterranea e poco trendy a mettere avanti il bambino. Dati alla mano, quest'ultima non è un costrutto sociale, non è un'imposizione prefemminista né un'eredità ammuffita, ma un meccanismo biochimico reale che spinge per farsi valere. È per questo che a volte mettere davanti il bambino può dare un piacere superiore a ogni altro. È grazie a questo che la specie si perpetua.

La vera sfida è imparare a infilare un bel respiro tra queste due pulsioni e la scelta sul da farsi. Nel tempo di quel respiro è forse possibile tentare, giorno dopo giorno, di sfoderare il coraggio che serve per mettere in ordine quella serie lunghissima di priorità che si contendono il primo posto, trovando una forma di equilibrio fra le forze che ci abitano. Quando riusciamo a farle lavorare bene insieme, la realizzazione personale sa nutrire il benessere del nostro bambino e questo sa nutrire la nostra libertà di realizzarci.

Ci saranno anche giorni in cui il circolo virtuoso sembrerà invertirsi e ci sentiremo costrette a sacrificare una parte importante di noi a beneficio dell'altra. Quello che potremo fare allora sarà di ricordarci che abbiamo un software interno altamente specializzato per avere a cuore in modo esagerato il benessere del nostro cucciolo.

A volte questa consapevolezza potrà spingerci a concederci di valorizzare questo piacere, e cercheremo di agguantare con cura le ore lunghissime e gli anni cortissimi in cui, per avere del tempo con nostro figlio, dovremo magari rinunciare ad altre gioie. A volte invece ci aiuterà a riconoscere e accogliere il pizzico al cuore di un saluto, quando magari sceglieremo una separazione che contribuirà a un benessere più globale per noi stesse e quindi per tutta la famiglia.

Con l'erudizione delle donne di oggi e con quel coraggio atavico e discreto che ci hanno tramandato le nostre antenate, sacrificheremo qualcosa ogni giorno. E ogni giorno cammineremo a testa alta verso quello che stiamo definendo in modo unico e irripetibile come il nostro bene più grande.

Emozioni: dispositivi salvavita di serie

Fin qui la scienza ci ha mostrato questo: diventiamo lente e svampite, ci si potenzia la capacità di tirare gente fuori dai pozzi senza caderci dentro, sapendo pure bene che loro nel pozzo hanno pensieri diversi dai nostri, e il nostro sistema della ricompensa ci rende – volenti o nolenti – eroine coraggiose pronte al sacrificio. Dire che questo possa suscitare solo emozioni positive è assurdo.

Non è che imparare qualche fatto di neuroscienze ci renda dei robot! A questi livelli di potere e di responsabilità non siamo abituate (no, neanche se siamo le direttrici del dipartimento di direzione dei direttori!). È di sicuro meraviglioso; è il miracolo della vita che si svolge sotto i nostri occhi, dà gioia ed euforia mai sentite prima. Però poi, quando ci svegliamo di notte e tutto tace, quando andiamo a fare pipì per la terza volta, quando guardiamo nell'abisso e l'abisso guarda noi,[27] la pancia si tende, il cuore rimbomba. E c'è puzza di ansia.

Certo essere incinte ci rende vulnerabili, le emozioni diventano più intense, più pressanti, più frequenti.[28] Abbiamo reazioni emotive travolgenti, che possono sembrare poco proporzionate agli eventi che le scatenano, come un cucciolo di gatto che si lecca la zampina o una persona che ci taglia la strada. A volte ci sentiamo in balia di queste tempeste futili, effimere ed estenuanti. Ma lo sono veramente? A questo punto ci sembra di poter partire dal presupposto che l'Ammasso Casuale di Atomi faccia le cose per bene, anche se questa volta la faccenda sembra più intricata del previsto.

Nonostante tendano a essere un po' snobbate, le emozioni esistono con un'esuberanza unica nella vita di tutti gli esseri umani: si manifestano nel battito cardiaco, nella conduttività della pelle, nell'attività delle ghiandole del sudore, nell'intestino e nei muscoli facciali, nel tono di voce, nella dilatazione delle pupille, nei sospiri, nei respiri, nei gemiti, nelle urla, nelle lacrime. Le emozioni ci sono, sono tangibili, non sono frutto dell'immaginazione e sono misurabili in reali cambiamenti biochimici.[29]

Questa è un'altra di quelle informazioni che in prima battuta possono sembrare banali, ma che invece vanno contro tutte le abitudini della maggior parte di noi: le emozioni sono segnali biochimici che percepiamo come sensazioni corporee, colleghiamo a una spiegazione e poi usiamo per reagire nel modo più appropriato alle circostanze. In teoria. Perché in pratica ci sono voluti anni, ma quasi tutte siamo finalmente riuscite a imparare a non ascoltare le nostre emozioni. Non serve scomodare grandi eventi e tragedie greche. Le emozioni, le ignoriamo ogni giorno quando pensiamo cose del tipo: "Quel ristorante non mi ispira, ma se TripAdvisor dice che è il migliore, un motivo ci sarà", "Questo compito mi sembra inutile, ma se il mio capo lo ritiene essenziale, avrà i suoi motivi". In effetti, spesso sopprimere le nostre emozioni ci permette di vivere in armonia con il resto della società e a volte anche di scoprire ristoranti molto interessanti.

La gravidanza, però, ci riporta con fermezza, quasi ci scaraventa, in terreni di battaglia finora sconosciuti. Terreni dove non ci si gioca una bistecca o una promozione, ma la vita. Da queste parti, le opinioni altrui contano meno delle emozioni. Fidarsi troppo delle prime e ignorare le seconde può cacciarci nei guai.

Sarebbe come se una persona che odia i funghi si mangiasse due piatti di risotto ai porcini perché tutti dicono che sono prelibati. Resta il fatto che il corpo non risponde alle opinioni e alle aspettative altrui: reagisce con disgusto e dà segnali molto chiari sulle sue preferenze. Saggiamente questa persona eviterà il risotto ai porcini a favore di una meno celebrata pasta al pomodoro.

Nei casi più semplici, le emozioni servono proprio a questo: ci danno segnali forti e chiari e guidano il nostro comportamento in modo veloce ed efficace verso la sicurezza.[30]

L'esempio classico, reso famoso dal professor LeDoux,[31] è quello di quando camminiamo in montagna e scambiamo un rametto per un serpente. È la vecchia amigdala che, ricevuta l'informazione dal talamo che c'è qualcosa di simile a un serpente sul nostro sentiero, prende immediatamente il sopravvento e dice direttamente al nostro sistema motorio di farci togliere da lì. Nel frattempo, e con calma e precisione (parliamo sempre di millisecondi), il sistema di percezione visiva analizza la stessa informazione ricevuta dal talamo e arriva alla conclusione che si tratta di un rametto. Quando ci rendiamo conto di questo, il salto indietro lo abbiamo già fatto, e non ci rimane che riderci su, scacciando così l'ultimo residuo di paura. Molto spesso questo sistema ci spingerà a fare inutili salti indietro, ma va benissimo così: meglio fare qualche salto in più e avere salva la pelle nel caso in cui il serpente fosse davvero lì.[32]

Simili segnali emotivi ci guidano in modo immediato e diretto in ogni aspetto della nostra vita e sono particolarmente forti in situazioni sconosciute: nelle prime settimane di un lavoro nuovo, nella fase iniziale di una relazione, quando ci troviamo ad affrontare una sfida inaspettata. Essere in attesa di un bambino contiene tutti questi elementi e molti di più! In mancanza di esperienza – e ogni gravidanza è la prima per quel bambino e quella mamma –, le emozioni assumono un ruolo fondamentale nel guidare il nostro comportamento, e la sopravvivenza del genere umano ci suggerisce che lo facciano molto bene.

Pensiamo per esempio al parto: la gioia e la soddisfazione modulano fortemente il comportamento di una mamma in salute che ha appena messo al mondo il suo bambino sano, in un parto assistito in modo adeguato. Perché il parto si concluda, dopo l'espulsione del bambino è importante che un'ulteriore ondata di ossitocina faccia contrarre nuovamente l'utero per espellere la placenta.[33] In condizioni fisiologiche normali, quello che la mamma sente subito dopo l'espulsione del bambino è una gioia soddisfatta e assoluta, un senso di conquista totale. Senza bisogno di nessuna decisione cosciente, questo la spinge a prendere fra le braccia il suo bambino con trasporto e ammirazione. Il contatto della pelle del bambino e la vista del suo corpicino scatenano un'ondata di ossitocina, proprio quello che serve per avviare il secondamento (cioè la nascita della placenta). La gioia ha guidato mamma e bambino sulla buona strada.

Quindi, le emozioni non solo ci sono, ma tornano anche molto utili: ci guidano a fare esattamente la cosa giusta nel momento giusto e spesso arrivano addirittura a salvare la vita a noi e a chi amiamo.

Queste sono le emozioni forti, che si manifestano in circostanze di vita e di morte, si dirà. Ma per tutto il resto dei casi come la mettiamo?

Emozioni: ottimizzatori di performance personalizzati

Siamo arrivate ad accettare l'utilità delle emozioni forti e inesorabili che ci proteggono dalla morte, ma francamente – eccetto verso la fine di questi nove mesi – non sembra molto sensato pensare che tutte queste tempeste ormonali siano molto d'aiuto nella nostra quotidianità. Più che altro sembra che creino scompiglio e disagio. Spesso ci rendono – diciamo – sorprendenti, interessanti. Magari effettivamente un po' più difficili da gestire per chi ci stava vicino. La voglia di scacciarle, queste emozioni, o almeno sopprimerle, rimane tutta. Non fidarci di loro ci sembra con ogni evidenza l'unica via sensata.

Eppure, il nostro cervello la pensa diversamente. Senza fare troppo rumore, prende scrupolosamente nota delle emozioni provate, come se le usasse per etichettare tutto quello che ci succede. "Quella persona lì: gioia!", "Quella strada là: rabbia", "Questo ufficio: sorpresa", "Questo edificio: paura". E così via. Poi, con tutte le note prese nel corso della nostra vita, il cervello ricava delle specie di "algoritmi" per guidare il nostro comportamento.

Ma come facciamo a sapere che questo accade veramente? Quando, per esempio, diciamo: "Non so perché, ma quel tipo non mi ispira" oppure "In quell'appartamento mi sono sentita subito a casa" o "Quella ragazza... è come se la conoscessi da sempre", parliamo di emozioni, ma sono diverse da quelle che ci spingono a fare salti indietro e dare abbracci appassionati. Sono emozioni che percepiamo come intuizioni di pancia e alle quali diamo molto più peso di quello che pensiamo.

Antonio Damasio ha ipotizzato per primo questa funzione delle emozioni come "marcatori somatici":[34] una sorta di etichette cerebrali che si appiccicano sulle memorie delle nostre esperienze per poi sapere cosa evitare e su che cosa indulgere in futuro.

Il primo indizio che l'ha portato a elaborare questo concetto è stato il comportamento di alcuni pazienti con lesioni in una parte del cervello associata alle emozioni (la corteccia frontale ventromediale), ma con una capacità di ragionare intatta: erano infatti in grado di risolvere problemi di matematica o di logica senza difficoltà. Damasio notò che queste persone erano incapaci di prendere decisioni: si perdevano nella marea di pro e di contro e non riuscivano a sbilanciarsi né verso una né verso l'altra opzione. Domande come "Dove andiamo a cena stasera?" rappresentavano dilemmi insolvibili. Perché, in effetti, come si fa a essere sicuri di avere scelto il ristorante più adatto per una certa occasione? A voler essere pignoli, si potrebbe passare una vita a elencare pro e contro razionali delle varie opzioni. Per chi non ha lesioni nella corteccia frontale ventromediale, a un certo punto del processo decisionale interviene la pancia. Una foto del locale che mostra un cesto di pane ci dà improvvisamente la netta sensazione che quel posto ci ispira, e prenotiamo.

I pazienti di Damasio dovevano prendere decisioni razionali, senza l'"aiuto della pancia". Persino in situazioni dove le risposte giuste (che facevano vincere gettoni) e sbagliate (che generavano una pericolosa scossa di elettrica) erano oggettive, questi pazienti si trovavano in grande difficoltà. Impiegavano molto più tempo e fatica a trovare la risposta giusta rispetto a chi poteva "ascoltare la propria pancia". Non è la logica a mancare a questi pazienti, ma la capacità di usare le emozioni a loro vantaggio. Decenni di ricerca sembrano confermare l'intuizione iniziale del professor Damasio,[35] anche se ovviamente rimangono ancora molte domande aperte.[36]

Quello che possiamo concludere con una certa sicurezza è che, per la maggior parte delle persone, non è proprio vero che le emozioni passano. Il nostro cervello si ricorda benissimo di come siamo state: ha etichettato tutto. E le etichette che si ripetono si rinforzano e arrivano a modellare il nostro comportamento ben prima che tutto questo venga riportato alla parte del nostro cervello che ci mette al corrente di quello che pensa (chiamiamola "coscienza").

Quindi proviamo a immaginare una prima visita al reparto in cui partoriremo e le emozioni e le sensazioni che proviamo in determinate situazioni:

- parcheggio pieno: stress;
- bancone accoglienza ospedale: tristezza;
- il papà ci parla e mette la mano intorno ai fianchi: protezione;

- odore di varechina: sicurezza;
- "Urlava come una forsennata" detto da due ostetriche in pausa caffè: disgusto e paura;
- calcetto del bambino: amore.

Tutte le emozioni e le sensazioni provate si appiccicheranno alla nostra memoria implicita di quel luogo. Un'etichetta da sola probabilmente non farà la differenza, ma se la maggioranza di esse parla, per esempio, di paura, ci aspetteremo implicitamente paura la prossima volta che uno dei cinque sensi ci segnalerà la presenza dell'ospedale. E, prima che la coscienza sia informata, il corpo reagirà di conseguenza: il battito cardiaco e la respirazione accelereranno, i muscoli si tenderanno, il sistema digestivo e quello urinario rallenteranno. Se invece la maggior parte delle etichette parla di gioia e amore, il mio corpo reagirà alla percezione di quel luogo con i comportamenti dell'amore: rilassamento, apertura, fiducia.

L'analisi dei costi e dei benefici razionali – un'operazione invece molto più lenta – avviene in seguito ed è segretamente influenzata dalle etichette emotive accumulate in passato.[37] In altre parole, saremo molto più brave a trovare i pro di qualcosa che ci piace già "di pancia" e i contro di qualcosa che non ci ispira.

Va detto *en passant* che i neuroscienziati hanno dibattuto per decenni sui nomi e sulle definizioni delle varie emozioni e non sono ancora giunti a risultati che li soddisfino completamente.[38] Non sarebbero certo tutti d'accordo sulle etichette date alle sensazioni descritte nella visita all'ospedale. Ma per il momento, noi genitori possiamo serenamente accontentarci di sapere che le reazioni fisiologiche del nostro corpo, comunque si chiamino e comunque siano relate fra di loro, si appiccicano alla memoria e guidano il nostro comportamento in incognito.

Emozioni: ma chi c'è alla guida?

Ora che sappiamo che le emozioni ci influenzano in modo così potente, è il momento di affrontare la domanda che dal giorno della seconda lineetta sul test di gravidanza non ci dà tregua: "Che potere ho io in tutto ciò? Sono in balia delle mie emozioni anche quando penso di usare il cervello per arrivare a una decisione? Oppure posso in qualche modo influenzare le reazioni automatiche e le intuizioni di pancia che poi a loro volta mi influenzeranno?".

La risposta arriva forte e chiara dalla professoressa Lisa Feldman Barrett ed è un sonoro: "Non solo hai il potere, ma anche la responsabilità di scegliere da cosa farti influenzare!".[39]

Infatti, decenni di ricerca con tutti i metodi disponibili – dalla risonanza magnetica alla misurazione dell'attività elettrica dei muscoli facciali, dall'elettroencefalogramma alla misurazione del battito cardiaco – hanno dimostrato ampiamente che le emozioni non stanno quasi mai nascoste come serpenti velenosi in una parte antica del cervello per poi uscire in modo imprevedibile e prendere il timone delle nostre azioni in modo inesorabile. Le emozioni non sono residui tossici di un passato ancestrale, che ci influenzano nostro malgrado per un periodo di tempo prima che tutto passi. Sembrano farlo in qualche raro e importantissimo caso, ma anche lì il margine di controllo è maggiore di quello che potremmo pensare. Basta prendersi per tempo. Quando sappiamo che ci aspetta un evento al quale sarebbe ideale reagire in un certo modo, possiamo iniziare oggi a preparare la risposta spontanea di domani. La dolcezza che desideriamo per il giorno del parto è l'esempio perfetto di come possiamo iniziare oggi a preparare le nostre risposte "di pancia" di domani. Le emozioni, infatti, non sono innate e immutabili, ma si costruiscono nel tempo.

Feldman Barrett definisce le emozioni come una scommessa del nostro cervello, un ponte fra il nostro stato fisiologico e il mondo esterno, un tentativo di spiegare come stiamo e di guidare il nostro comportamento nel modo più appropriato ed efficace possibile. In base al barometro del nostro corpo – che combina misure fisiologiche come battito cardiaco, pressione sanguigna, velocità e profondità di respirazione e così via – e alla situazione dell'ambiente esterno, il nostro cervello costruisce un'emozione: quella sensazione che non solo ci comunica come stiamo, ma ne specifica anche la motivazione e le implicazioni pratiche.

Un'emozione prende vita quando si verifica una reazione chimica connessa con il mondo esterno e carica di significato. Se mi batte forte il cuore e di fronte a me c'è mio marito che non vedo da una settimana, il significato che darò a quel battito sarà l'amore e la mia emozione sarà la gioia. Ma, se sono appena tornata a casa e l'ho trovato con l'amante, lo stesso battito cardiaco accelerato avrà un significato ben diverso. Sempre quel battito, alla fine di una corsa mattutina, sarà un semplice segno che il corpo ha dato il massimo. L'emozione che provo è il migliore tentativo del cervello di spiegarmi che cosa sta succedendo e di dirigere le mie azioni: l'amore mi spingerà magari ad abbracciare mio marito, la rabbia a lanciargli una scarpa.

Ed è questo il meccanismo su cui abbiamo un certo margine di potere. Le emozioni non ci assalgono di soprassalto, siamo anche noi a costruirle. E l'emozione che costruiamo oggi sarà la nostra scommessa, la reazione che ci verrà spontanea domani.

Questo è stato osservato anche su studenti affetti da ansia da prestazione, ragazzi che, non appena si trovano in un'aula d'esame, vengono sopraffatti da un gran mal di pancia, il cuore che batte all'impazzata e le mani che sudano. La cosa risulta loro talmente insopportabile da compromettere l'esame. Si è scoperto, però, che altre persone usano quelle sensazioni in modo diverso. Il loro sistema cognitivo-emozionale le interpreta come il segnale che è ora di prepararsi alla battaglia, impegnarsi a fondo e completare l'esame al meglio delle proprie possibilità.[40] La cosa meravigliosa è che chi soffre di ansia da prestazione può imparare ad associare quelle sensazioni corporee a un'emozione diversa e migliorare così i risultati dei suoi esami.

Le possibili dinamiche comuni fra l'ansia da prestazione agli esami e la paura del parto sembrano a questo punto evidenti. Ma prima di poterci dedicare al parto, c'è un'ultima faccenda da affrontare: il presunto rincitrullimento delle mamme.

Colpo di scena: certe cose non cambiano mai

Lo sappiamo tutte che le mamme, dal momento in cui appare quella famosa seconda lineetta, si rincitrulliscono. È talmente vero e assodato che gli inglesi hanno inventato un'espressione per definire questa riduzione di attenzione e memoria che caratterizza le donne in attesa ben oltre la gravidanza: *baby brains*, "cervello da bebè".

Anche nell'improbabile caso in cui al lavoro non ce lo facessero pesare, sarebbe impossibile non rendercene conto: quello che prima facevamo in due minuti, oggi si strascica su mezza giornata; impossibile ricordarsi il nome di quella ragazza con cui veramente ci piacerebbe bere un caffè; qual era la cosa urgente che voleva la mia capa? E soprattutto, cos'ero venuta a cercare nel frigo?

E così per molte di noi inizia quel lungo processo in cui la vergogna e il senso di inadeguatezza[41] si insinuano nella nostra vita, dapprima come presenze che pensiamo transitorie e poi quasi come parte integrante della nostra identità (non a caso, è statisticamente confermato, le donne si scusano più degli uomini[42]). Come se da quando siamo rimaste incinte non fossimo più le vere noi. Come se le nostre capacità fossero state smussate da questo cervello improvvisamente più annebbiato e lento. Come se il pericolo di fare una figuraccia fosse sempre dietro l'angolo. Peggio, come se la verità sulla nostra inettitudine fosse quotidianamente sul punto di essere scoperta.

Gli scienziati hanno voluto indagare a fondo su questo fenomeno, però non hanno trovato niente. O meglio, hanno trovato qualche tendenza, ma nulla di replicabile, nulla di veramente tangibile,[43] a parte lo stereotipo: ci aspettiamo tutti (gravide incluse) che le donne in attesa siano delle povere inette.[44]

La realtà osservata, invece, dimostra che se prendi una donna incinta, la metti in una cabina insonorizzata, togli ogni interferenza e distrazione, le dai un compito ben definito che le faccia usare l'attenzione e la memoria, lei lo completa, tanto bene quanto la sua coetanea non incinta.[45]

Come conciliare questo dato scientifico con la realtà osservata e vissuta ogni giorno che lo mette in discussione in modo tanto lampante?

Facciamo un passo indietro. Immaginiamo di essere comodamente sedute sul divano e che ci venga voglia di una tisana. Alla fine di una normale giornata di lavoro alzarci e andarcela a prendere ci costa uno sforzo motivazionale, ma le nostre gambe non hanno nessun problema a portarci in cucina e di ritorno sul divano. Se però quel giorno anziché in ufficio siamo state in montagna, oltre alla motivazione per metterci in moto, sentiremo anche la fatica nelle gambe. Per completare lo stesso compito banale, la fatica percepita è almeno quadruplicata. Forse trascineremo i piedi sulla strada verso il bollitore o rinunceremo a percorrerla e buonanotte. Questo vuol dire che ci si sono rammollite le gambe? No, al contrario, la camminata in montagna le ha probabilmente tonificate. È che le nostre gambe, sottoposte a uno sforzo più importante del solito, si sentiranno più affaticate nello svolgere le azioni abituali. Forse hanno meno grinta del solito, ma sono quelle di prima e pure rafforzate dalla camminata.

Ora scendiamo dai monti e torniamo alle pance e ai cervelli intorpiditi. Perché ci sentiamo rimbambite se la scienza ci dice che non lo siamo? Basta rileggere daccapo il capitolo per capire che il nostro cervello di camminate in montagna se ne sta facendo a palate mentre la nostra pancia cresce.

Prima di tutto il progesterone lo costringe a mollare, a rallentare, a rinunciare ad alcune cose. Questo può sembrare riposante, ma un cambio di abitudine richiede sempre un grande sforzo cognitivo. Poi c'è la faccenda del triplo carpiato fra il nostro io e quello del bambino: conosci, riconosci, delimita, gestisci l'identità tua e altrui, fai prova di empatia senza perdere la strada di te stessa. Anche l'esercizio della teoria della mente non è un'operazione a basso costo, in termini di risorse. Questo mentre la dopamina fa di tutto per farci sbandare dalla strada dritta dell'autorealizzazione semplice e ci fa godere anche troppo quando dedichiamo le nostre limitate energie al piccolo. Per non parlare del dispendio di risorse nel tenere in strada la nostra auto emotiva e nell'usare tutte le dotazioni di serie e personalizzate.

Il nostro cervello ha un carico degno di quello di un qualsiasi primo ministro in tempo di pandemia ancora prima di prendere in considerazione la montagna di piccoli compiti quotidiani ed essenziali di cui ci occupiamo ogni giorno: le donne svolgono il 75 per cento dei lavori di cura non pagati della nostra società.[46] Dire che il nostro cervello è oberato di lavoro è poco. Allora in effetti può capitare che, davanti al frigo, siamo un attimo meno performanti. Speriamo ci sia qualcuno di abbastanza informato vicino a noi da suggerirci di andare a sederci sul divano, e che conosca abbastanza i nostri gusti e le nostre abitudini da portarci lo yogurt che cercavamo.

Questo capitolo potrebbe andare avanti all'infinito, elencando i cambiamenti portentosi che avvengono nel cervello di una donna in attesa e che rendono non solo possibile, ma addirittura meravigliosa la riproduzione per il genere umano nella sua integrità. La lingua comune, almeno in Italia, li archivia tutti alla voce "sintomi della gravidanza", contribuendo ad alimentare quella percezione di inadeguatezza che li riguarda e l'idea, più o meno esplicita, di avere pazienza e aspettare che passino e che la mamma si ripigli.

Invece sono tutt'altro che sintomi di una malattia: non ci parlano di qualcosa che non va, ma di qualcosa che si è potenziato. Ci parlano di grandi lavori in corso e di un futuro ricco e nuovo.

Non ci sono abbastanza parole né ore per descrivere tutti i modi in cui la donna si fa vulnerabile per rendere possibile la realizzazione del potenziale più grande. Non ci sono abbastanza aggettivi per descrivere la gratitudine che portiamo a tutte le nostre antenate, che – dalla notte dei tempi e ognuna a modo suo – si sono fatte almeno un po' da parte per lasciare spazio a noi. Non esistono parole abbastanza solenni per descrivere la riconoscenza che ogni società deve alle sue donne. Perché a trarre beneficio da questi cambiamenti cerebrali così dispendiosi, non sono solo le donne stesse, non è solo il loro bambino: è la società intera. Il nuovo membro della società che si sta preparando nella pancia della sua mamma rappresenta un enorme potenziale per tutti, ma durante l'attesa è quasi esclusivamente la mamma a investire in lui. È certamente solo lei a condividere con lui corpo, mente e spirito.

I cambiamenti nel cervello della mamma potenziano aspetti utili per occuparsi di un figlio. Sono però miglioramenti che hanno a che vedere con l'ascolto degli altri, l'empatia, l'abilità di tenere presenti punti di vista differenti di cui beneficia la società intera.

Per ognuna di noi sarà diverso scoprire di essere incinta, ma abbiamo tutte un compito e un privilegio comuni: ogni singola donna in attesa mette al servizio della società un insieme di competenze e una quantità di sforzo che meritano di essere riconosciuti e valorizzati.

2

Utero: la fisiologia che oggi non si può più ignorare

Finora abbiamo parlato del cervello e dei suoi cambiamenti in gravidanza. Tutto molto interessante, ma essendo questo un libro sul parto, vi sareste aspettate argomenti più tecnici, per esempio le contrazioni di Braxton Hicks, lo *skin-to-skin*, o almeno che si parlasse dell'utero.

Che cos'è l'utero? Se lo chiedessimo a un ginecologo, probabilmente ne avremmo per due giorni (e non è detto che alla fine avremmo capito che si tratta di qualcosa che sta dentro di noi e non solo nei libri di anatomia). Se la stessa domanda la ponessimo a un ragazzino, penserebbe che stiamo parlando di un nuovo youtuber. Se la poniamo a una normalissima coppia di genitori in attesa, invitiamo quasi sempre nella stanza il silenzio stupito di quando si scopre che sotto un bel castello di sabbia il mare ha scavato un buco. È reale il rischio che quello che abbiamo collettivamente pensato sul parto si basi su un vuoto di conoscenza.

Il Parto Positivo rifiuta di costruire castelli di sabbia sul vuoto: s'impegna a mettere basi solide e a procedere passo passo. Il nostro scopo è quello di sfatare miti e di mettere ogni lettrice in condizione di scoprire ciò che è vero (secondo i canoni odierni della scienza) e utile (per lei).

Il nostro viaggio parte dall'utero e porterà ogni donna a una destinazione diversa. Ognuna al suo, unico e irripetibile, parto positivo.

Un perfetto sconosciuto, il nostro alleato numero uno

La mancanza di conoscenze sull'utero da parte di molti diretti interessati è il riflesso dell'educazione culturale e scientifica incompleta degli ultimi cinquant'anni nel mondo occidentale.

Se chiedessimo che cos'è il cervello o il cuore, o come funziona la circolazione del sangue, anche chi non ha una formazione specifica saprebbe sempre attingere a una sorta di immaginario collettivo approssimativamente accurato. Un cervello saprebbero disegnarlo quasi tutti, un cuore anche.

Ma l'utero? Quell'organo così potente da poter accogliere, proteggere e far crescere un essere umano? Per la maggior parte delle persone è un perfetto sconosciuto. Si sa che è un "contenitore di bambini", se ne sente molto parlare come di una specie di Tupperware da poter chiedere in prestito e poi restituire vuoto, si è relativamente certi che sia una cosa che hanno solo le donne. Quando però si parla di cosa sia *davvero*, quando ci si chiede dove sia e come cambi nel corso della vita di una donna, quando si inizia a riflettere su come funzioni, ci si rifugia spesso in divagazioni su mestruazioni o centimetri di dilatazione per dissimulare un'imbarazzante ignoranza di quello che è uno dei segreti meglio custoditi dell'anatomia.

È possibile partorire numerose volte e rimanere completamente all'oscuro di tutta la faccenda. "Che importa?", si dirà; anche l'auto la usiamo tutti i giorni, e non per questo ci serve essere ferrati sul funzionamento del motore. In effetti non sempre conoscere come funziona uno strumento garantisce che possiamo usarlo meglio: diciamo, però, che può rivelarsi utile soprattutto quando l'esperienza è scarsa e il lavoro da fare importante.

Eppure, una voce in bilico fra la paura e la boria ci sussurra che le donne hanno sempre partorito, come tutti gli altri mammiferi. Non sembra necessario sapere nulla: a un certo punto ti viene da spingere, spingi e speri che vada tutto bene. In effetti, per millenni è andata più o meno così e in molti posti del mondo oggi funziona ancora in questo modo. Tuttavia c'è un *ma* che può mettere fine al tira e molla di cui sopra fra la curiosità e il fatalismo, fra il responsabilizzarsi e il delegare che caratterizza dialoghi e monologhi interiori di tanti genitori in attesa.

Il fatto è che troppo spesso gli strumenti a disposizione degli animali e di tante donne in altri tempi e in altri luoghi nel nostro mondo postindustriale hanno smesso di funzionare automaticamente. Se vogliamo poterli usare, non ci resta che andare a riscoprirli prima con la testa e poi con il corpo. In quest'ottica, imparare a conoscere l'utero e il suo funzionamento può permetterci di riscoprirlo come il nostro migliore alleato.

Retaggi della società postindustriale

Prima di vedere in dettaglio che cosa sia l'utero, facciamo mente locale sulle influenze culturali nelle quali siamo immerse e che hanno condizionato più o meno pesantemente il nostro modo di pensare questo organo, le rare volte che ci viene in mente.

Noi donne del mondo occidentale di questo millennio viviamo in una società unica nella storia dell'umanità, che ci rende possibile una vita sicura e confortevole, certo, ma che ha anche scombinato i ritmi e la risposta ai bisogni primari del nostro corpo di mammiferi, in particolare dell'utero. Quindi, se non ci è capitato di assistere sorelle e cugine durante il parto, se non ci ritroviamo più volte al giorno e per mezzore di seguito accovacciate per terra a cogliere il raccolto nei campi (e intanto supportare l'apertura del bacino) , se non ci arrivano dai 5 ai 12 figli di fila a partire dalla prima mestruazione, paragonarci alle nostre antenate non ci aiuterà molto. Infatti, loro, oltre a molte meno risorse, avevano qualche bella marcia in più nel settore riproduttivo. Mentre a noi, insieme all'accesso a privilegi e strumenti prima riservati esclusivamente agli uomini – come i pantaloni, la bicicletta e l'istruzione –, la rivoluzione industriale ha lasciato anche un bagaglio più scomodo: ha scompigliato la normalità e la meraviglia della nascita.

Facciamo un passo indietro per osservare quella frenesia postindustriale che ci culla e manipola ogni giorno, vendendoci assicurazioni, garanzie e l'illusione di un controllo quasi assoluto sulla nostra vita. Assicurazioni e garanzie non sono un problema, anzi, ma forse quando pensiamo al parto, ci servono categorie mentali diverse. Grazie alle lotte e alle riflessioni femministe, ci siamo abituate a dedicare molte energie a reclamare diritti fondamentali che ci riconoscano una dignità pari a quella degli uomini, e il lavoro da fare in questo ambito è indubbiamente ancora moltissimo.[1] Forse però alcune rivendicazioni ci stanno talmente assorbendo che rischiamo di perdere di vista risorse preziose che le nostre antenate hanno sempre avuto a disposizione, e semplicemente nutrito e preservato.

La meravigliosa normalità della nascita è una di queste. Come l'utero, è rimasta sottintesa. Il suo potere di guidare il nostro comportamento ha perso vigore. La società postindustriale infatti sembra essersi convinta che il corpo della mamma è una macchina, e per di più difettosa. E quel che è peggio se ne sono convinte anche le donne stesse: per decenni siamo entrate in sala parto con totale sfiducia nel nostro corpo, che non conoscevamo affatto, e lì l'assistenza che abbiamo trovato ci ha dimostrato in maniera infallibile che avevamo perfettamente ragione a non fidarci di noi stesse.[2]

Una frase ripetuta spessissimo da molte donne in attesa è: "Vorrei un parto naturale". E poi si aggiunge: "Se potrò". Mai sentito però una mamma dire: "Vorrei che mio figlio camminasse intorno all'anno. Se potrà". Il parto è l'unico tra i processi naturali per il quale "non riuscire tanto bene" sembra assolutamente normale. E nessuno si stupisce quando c'è bisogno di intervenire, anzi peggio: quando le cose vanno bene, "è solo questione di fortuna". Sicuramente avere un bambino sano che inizia a camminare intorno al primo anno è una fortuna, ma diversa da quella di aver comprato quell'unico biglietto vincente della Lotteria di Capodanno. È un dono, un privilegio, una cosa bella, ma normalissima.

È una sfida inattesa e non da poco se capita che un bambino abbia ritardi o problemi nel camminare, ma l'aspettativa normale è che un bambino faccia quello per cui la maggior parte dei cervelli e dei corpi umani sono programmati: camminare. Lo stesso non sembra valere per il parto. Di tutti gli organi del nostro corpo, l'utero sembra essere l'unico poco degno di fiducia. Tra tutti i processi che regolano il resto del pianeta, la nascita di un essere umano pare essere l'unico per il quale abbia senso aspettarsi che non funzioni.

Possibile? Noi che non ci siamo estinti nonostante la scarsa fornitura di zanne e artigli saremmo gli unici costruiti così male? Noi che siamo arrivati a infestare pericolosamente il pianeta con quasi 7 miliardi di esemplari, saremmo davvero gli unici così poco in grado di mettere al mondo i nostri cuccioli? Spessissimo si inizia una gravidanza accettando inconsapevolmente tre grandi controsensi:

- topi, elefanti e leoni marini sono dotati di un sistema riproduttivo che funziona in modo efficace. Gli esseri umani no;
- nessuna funzione fisiologica del corpo umano è dolorosa, a meno che non sia disfunzionale, disturbata o malata. Eccetto il parto;
- nessun muscolo del corpo umano ci fa provare una sofferenza atroce quando sottoposto a uno sforzo commisurato alla sua funzione. L'utero sì.

E qui torniamo alla domanda iniziale: che cos'è l'utero? Perché è proprio nel non conoscerlo che si radica la paura del suo lavoro (questo significa "travaglio") e del parto che lo segue. Conoscere meglio l'utero ci mostra chiaramente che non c'è nulla di più meravigliosamente normale del "lavoro" che porta una vita nuova.

Un lavoro straordinariamente normale

A partire da un minuscolo grumo organico attaccato alle pareti dell'utero, il corpo di una mamma (okay, con l'aiuto iniziale del papà) è in grado di formare una manina perfetta, con le lunette bianche delle unghie, la pelle morbida e tutte quelle ossa che nessuno ricorda mai. Almeno 27, pare, ognuna diversa, per due mani. Quel corpo è in grado di formare anche un cervello che, adeguatamente programmato, si ricorderà di non metterle nel naso e saprà dirigerle forse sulla tastiera di un pianoforte o di un computer o sul corpo di una persona amata. E formerà anche tutto il resto del corpo, per cui quelle manine saranno essenziali nella relazione con il mondo.

Nell'utero si passa dal nulla alla presenza di un essere umano completo, operante e competente. Cuore nuovo, polmoni nuovi, per le femmine utero nuovo: ogni singola minuscola cellula, tutto ciò che connette e fa lavorare, tutto viene creato perfettamente funzionante e pronto in ogni stadio dello sviluppo dentro e fuori l'utero della mamma, dove prima non c'era nulla.

Il nostro cervello fatica a comprendere una simile meraviglia che si riproduce quotidianamente e si traveste da normalità. Se lasciamo invece da parte le questioni metafisiche, la domanda alla quale è possibile e urgente dare risposta logica è la seguente: "E dopo aver fatto tutta 'sta fatica, l'Ammasso Casuale di Atomi non ha fornito una via di uscita all'altezza della situazione?".

Quello che serve davvero sapere

Come spesso accade, la chiave per comprendere meccanismi essenziali si ritrova proprio in quegli elementi che sembrano più banali e che quindi vengono facilmente dimenticati. Per esempio, il concetto che l'utero è un organo interno che hanno solo le femmine dalla nascita è così semplice e ovvio da rimanere sottinteso e perdere quindi la sua potenza. Alle bambine l'informazione: "Dentro di te c'è un organo che i bambini non hanno e che quando sarai grande potrà contenere i tuoi figli" non arriva, e nemmeno ai bambini.

E qui non possiamo non dar voce al sospetto che questa omissione dall'educazione scientifica sia opera, inconsapevole fino a prova contraria, di uomini che davanti a questo super-organo non erano poi tanto a loro agio.[3] Cos'era questo organo così diverso da tutti gli altri e governato da leggi che sembravano avere più a che fare con i poteri occulti delle streghe che con la conoscenza razionale dei sapienti, e che per di più c'entrava con la vagina? Per millenni sono state le donne stesse a imparare a conoscerlo e a lavorare con tutto quello che lo riguardava. Poi, per diversi decenni è sembrato possibile e desiderabile ignorarlo e saltarlo a piè pari o sottoporlo alla luce al neon della scienza.

I dati sugli esiti dei parti sembrano indicare che forse quel salto non sia stato una buona idea. L'intervento medico oggi è considerato necessario per oltre il 50 per cento dei parti. Dobbiamo dedurne che più della metà delle nascite umane sarebbe destinata a fallire? O possiamo ipotizzare che stiamo usando il sistema riproduttivo in modo un po' meno competente rispetto ai leoni marini?

Certamente vale la pena conoscere meglio questa miniera d'oro su cui non solo siamo sedute, ma che è proprio dentro di noi.

Dotazione di serie

L'utero è un organo in dotazione di serie per la stragrande maggioranza delle femmine fin dalla nascita. C'è da subito, prima con le dimensioni e la forma di un piccolo dito di guanto, poi di una pera capovolta. Nascosto e silenzioso, si prepara per il lavoro che, da un punto di vista evolutivo, è il più importante dell'umanità. Con la prima mestruazione ci conferma che è pronto ad accogliere un bambino, e con le successive ci ricorda ogni mese che lui il lavoro di preparare la culla, nel dubbio, lo fa sempre.

Fin dalla nascita le donne possiedono un organo che in potenza può aumentare il volume della sua cavità di circa cinquecento volte. In soli nove mesi passa dalle dimensioni di una piccola pera a quelle di un'anguria, che spinge e sposta tutti gli altri organi, ingrandendo la pancia e riorganizzando tutto quello che gli sta intorno.

L'informazione più sottovalutata e dimenticata di tutta

la letteratura sul parto, l'unica veramente essenziale perché una mamma e un papà capiscano davvero come nascerà il loro bambino – e cosa possono fare insieme per accompagnarlo nel modo migliore – sta in una frase breve e facile da ricordare: l'utero è un organo composto da muscoli.

Capire il funzionamento di questi muscoli come qualcosa che non è appannaggio della scienza medica, ma che ci riguarda da vicino, ci sembra condizione indispensabile per fare qualsiasi scelta su come gestire il proprio parto in modo realmente informato. Questa consapevolezza è fondamentale non solo per prendere decisioni, ma anche per comprendere quello che non possiamo decidere.

Questione di anatomia

Ovviamente per una mamma in attesa non è necessario conoscere alla perfezione l'anatomia dell'utero. Ci sono però alcune informazioni che hanno un impatto diretto sulla sua esperienza del parto e che potrebbero mettere quest'organo in condizione di lavorare al meglio. Avere un utero e un cervello è il punto di partenza, usarli bene l'obiettivo.

L'utero è un organo cavo composto da muscoli potenti e complessi, disposti in diversi strati intrecciati tra loro. La parte superiore, il corpo dell'utero, circonda il bambino, contenendolo per tutta la gravidanza come in una maglia di muscoli. Mentre la pancia si espande e il bambino cresce, questi muscoli intorno a lui sono a riposo, rilassati e morbidi. Il loro compito è di lasciarsi stendere, come la pasta per la pizza. L'ormone che rende possibile questa morbida espansione è ancora una volta il progesterone. Durante il travaglio, questi muscoli rilassati e distesi cambieranno completamente carattere e funzione. Ma per ora, durante tutta la gravidanza, sono rilassati, pronti a espandersi e allargarsi: c'è un'intera vita a cui fare spazio.

I muscoli generalmente lavorano in coppia. Per piegare un braccio il bicipite deve tendersi mentre il tricipite, sull'altro lato, deve lasciare andare. Viceversa per il movimento opposto. Anche i muscoli dell'utero fanno un lavoro di squadra. Ma con chi sono accoppiati quelli del corpo dell'utero che, come abbiamo visto, durante la gravidanza sono rilassati e morbidi intorno al bambino? La loro controparte – quei muscoli che tecnicamente si chiamano "antagonisti" – lavora altrove.

In fondo all'utero c'è un buco, che il giorno del parto dovrà dilatarsi: 10 centimetri, ci hanno detto. Ma ci siamo chieste che cosa fa e com'è prima del travaglio? Quel buco, che è la porta finale da cui deve passare il bambino, si chiama cervice. Il termine deriva dalla parola latina *cervix* che significa "collo", e non si tratta di un semplice buco: è un potente fascio di muscoli che tiene chiuso l'utero fino al travaglio e ne costituisce un terzo della massa totale. Sono muscoli forti a tal punto da reggere tutto il peso dell'utero stesso, del bambino, della placenta e del liquido amniotico. Eccoli quindi i nostri utilissimi antagonisti del corpo dell'utero: attivi, tesi e compatti, i muscoli della cervice sono in tensione massima per far sì che sopra di loro possa crearsi un morbido e accogliente allargamento.

Durante il travaglio, la funzione si inverte. Come tutti i muscoli, anche quelli dell'utero diventano utili quando si muovono, quando passano da uno stato all'altro. Un po' come per i muscoli delle braccia: a cosa ci servirebbero un bicipite sempre teso e un tricipite sempre rilassato? È il movimento a far piegare il braccio per cogliere una mela, fermare un taxi o portare il telefono all'orecchio. Allo stesso modo, durante il travaglio è il corpo dell'utero che passa all'azione, mentre la cervice si rilassa e lascia la presa.

Che qualcosa lì sotto si debba dilatare 10 centimetri non ci sono dubbi, lo sanno persino i papà. Ma come questa dilatazione avvenga e cosa realmente si dilati resta un mistero quasi per tutti. Quello che sfugge, è che l'apertura della cervice non è attiva ma passiva. I suoi muscoli hanno smesso di lavorare e possono quindi cedere a un'altra forza: è allentandosi che contribuiscono al movimento. Quella della cervice è una dilatazione che può ricordare ciò che accade quando ci tiriamo il piumone fin sopra il naso e in fondo al letto sbucano i piedi.

Il gioco proposto durante i laboratori del Parto Positivo* per elaborare e interiorizzare l'informazione che la cervice si apre attraverso il rilassamento fa spesso sorridere mamme e papà, ma in seguito raccontano che torna molto utile. Proviamo allora a immaginare di farne esperienza: una persona è accovacciata sotto un telo azzurro con i lembi inferiori ben rimboccati sotto i suoi piedi. Immaginate che l'unico modo per fare uscire la persona da lì sia che qualcun altro sollevi il telo verso l'alto. Quando la parte superiore del telo (che rappresenta il corpo dell'utero) è tirata verso l'alto, i lembi sotto (che rappresentano la cervice) si allargano un po' e la persona prima nascosta viene scoperta. In termini semplificati al massimo, è questo il principio di interazione tra corpo e collo dell'utero. Quanto sia complesso per chi deve sollevare il telo capire quando sia il momento giusto per farlo è un'altra storia, che parla degli ormoni che troveremo tra poco.

Tantissime donne immaginano la dilatazione come qualcosa che devono fare loro spingendo per allargare attivamente la cervice. Il lavoro della nascita è sì uno sforzo muscolare attivo, ma non della cervice. Il lavoro attivo del parto avviene all'interno del ventre, nell'utero: è la contrazione della parte superiore dell'utero e il conseguente allargamento passivo della cervice. I muscoli intorno al bambino, con un movimento che comunemente chiamiamo "contrazioni", tirano verso l'alto e così la cervice si dilata.

È un lavoro muscolare che il corpo sa fare e ci chiede di lasciargli fare. Soprattutto, e questa è l'informazione che sfugge sempre quando si pensa alle contrazioni, è uno sforzo costruito per essere sopportabile, per il quale sono previste delle pause importantissime.

* Il Parto Positivo forma professionisti perinatali che portano il Laboratorio IPP: Hypnobirthing e Neuroscienze sul territorio. L'elenco completo delle Referenti Certificate è alla pagina https://ilpartopositivo.com/ipp-sul-territorio-2/. Sul sito si trovano anche tutte le informazioni relative alle Formazioni.

L'utero parla (con chi sa ascoltarlo). L'utero ascolta (chi gli pare)

Come qualsiasi donna a fine gravidanza sa fin tropo bene, non siamo noi a decidere quando sia il momento per il corpo dell'utero di attivarsi tirando in su e per la cervice di rilassarsi e dilatarsi. Per quanto possa sembrarci più pratica e auspicabile l'idea di essere noi stesse a decidere quando usare questi muscoli e far nascere il bambino, l'Ammasso Casuale di Atomi ha deciso diversamente.

Riassumendo: sono io che partorisco, io che mi dilato, io che faccio fatica, io che ho paura, io che non vedo l'ora di abbracciare il mio bambino, io ad avere la responsabilità, ma non sono io che decido quando e come farlo. Il mio potere su come andrà è radicalmente limitato. Ci troviamo davanti a un paradosso difficile da afferrare e ancor di più da accettare. Quindi, visto che metafisicamente la cosa non si spiega, dedichiamoci agli aspetti pratici.

Innanzitutto, la ricerca ci indica che la prima informazione al corpo della mamma che il feto è pronto per nascere viene proprio dal feto stesso. È lui che rilascia una proteina collegata al suo sviluppo polmonare e questa, passando attraverso il liquido amniotico, informa la mamma che è pronto a respirare anche fuori dalla sua pancia. Questo scambio di informazioni avviato dal feto sottolinea ancora una volta quanto attivo egli sia fin dall'inizio. È il bambino a cominciare il parto: è la sua nascita che sta preparando e giustamente è lui a dare il segnale d'inizio.[4]

È chiaro, però, che non è il feto a guidare direttamente tutti i muscoli che lavorano per farlo nascere. Per capire da chi prendano ordini i muscoli dell'utero può essere utile pensare ai suoi colleghi: il cuore, per esempio, l'apparato respiratorio o quello digerente, che si occupano delle funzioni fondamentali a tenerci in vita, sono dotati di muscoli che, dal momento in cui iniziamo a esistere fino alla nostra morte, lavorano senza che dobbiamo ricordarci di chiederglielo.

In tempi relativamente recenti dei millenni della nostra

evoluzione, il nostro cervello ha sviluppato una piccola parte cruciale e particolarissima per la nostra specie: la corteccia prefrontale.[5] È una porzione di corteccia che abbiamo solo noi umani e grazie alla quale siamo in grado di fare tutte le infinite cose per le quali serve ragionare e non solo affidarsi all'istinto. È deputata al pensiero logico e al linguaggio, ai dubbi e alla scienza, al costruire ponti, scrivere libri e poi leggerli ai nostri bambini. Potentissima, unica e speciale, ma al momento del parto troppo diplomatica, lenta e indecisa, lei di sicuro non è in grado di dirigere i lavori di utero e colleghi.

Sappiamo bene di non essere l'unica specie a partorire: oltre cinquemila sulla terra ci fanno compagnia da millenni, e nessuna è dotata di corteccia prefrontale. Questa infatti, pur essendo la parte di cervello che crediamo di usare di più e quella che sicuramente ci ispira più fiducia, nel parto non è richiesta.

Non facciamo figli perché abbiamo la prova razionale che sia la cosa giusta da fare. Anzi, pensandoci bene, mettere al mondo un figlio è per definizione l'atto più irrazionale che si possa compiere. Ma non è solo come idea che fare un figlio sfugge alla ragione: anche fisicamente, il parto richiede al nostro corpo di attingere a quella sua potenza animale che passa per strade assai lontane da quella razionale. La forza primitiva e primordiale che guida il parto e nello specifico l'utero risiede nella parte più grossa, antica e inesorabile del nostro cervello.

È dai tempi di Aristotele che per questo nostro cervello ci riconosciamo molto speciali. Lui diceva che l'uomo è l'unico animale razionale, e che per questo può riconoscersi anche più simile a Dio di qualsiasi altro animale.[6] Da Aristotele in poi abbiamo un po' esagerato e ci siamo così abituati a prendere in considerazione il nostro cervello solo per le sue abilità logiche da dimenticare quasi sempre che tutti i giorni svolge invece infinite mansioni senza informare la nostra coscienza, la parte consapevole di noi. Abbiamo costruito grattacieli, inventato razzi che attraversano lo spazio, ma il nostro corpo continua a respirare, digerire e riprodursi nello stesso identico modo in cui lo fanno le altre specie. Sotto molti punti di vista il nostro cervello lavora esattamente come quello di tutti gli altri animali. È regolato da una parte molto più profonda, che abbiamo in comune addirittura con i rettili – da cui il suo soprannome "cervello rettiliano" –, e che è mutata di poco nei millenni: il sistema tronco-limbico.[7]

La prima buona notizia è che questa parte di cervello parla la lingua dell'utero: sa esattamente cosa ci vuole per far lavorare e riposare quei muscoli nel modo più efficiente. La seconda buona notizia è che la sua missione principale durante il parto coincide con quello che ha a cuore ogni mamma: che ogni bambino nasca al sicuro. La brutta notizia è che il concetto di "al sicuro" per questa parte del cervello può essere un po' diverso da quello della corteccia prefrontale. E proprio sulla sua interpretazione di "al sicuro" regola quello che ha da dire all'utero, e influenza la nostra esperienza di travaglio. La parte di cervello in azione durante il parto non si basa su quello che sappiamo né su quanto diciamo. Si basa solo ed esclusivamente su *come stiamo*. E guarda caso sono nove mesi che il progesterone cerca di allenarci a *stare* meglio (vedi a p. 13).

Linguaggio base: allarme o relax

Il cervello sarà anche paragonabile a un computer, ma ad aggiornarsi ci mette qualche millennio. L'evoluzione è una cosa brutale: funziona che se sei fortunato e hai il gene che ti fa sopravvivere in una certa situazione, puoi riprodurti. E quel gene utile ha la possibilità di tornare buono anche ai tuoi figli. In alternativa, muori e porti con te i tuoi geni. L'occasione per eccellenza in cui senza i geni giusti al momento giusto un mammifero è spacciato è proprio l'ora delicata della nascita. Così, attraverso i millenni, si è costruito nel cervello il sistema che regola il parto, un sistema che non ammette eccezioni, non gradisce interruzioni e ascolta solo chi vuole ascoltare. E la corteccia prefrontale non è nell'elenco dei partecipanti. Anche se c'è da duecento milioni di anni, rimane comunque l'ultima arrivata e la nascita si era già organizzata bene senza di lei.

Il sistema tronco-limbico preferisce affidarsi ai sistemi della percezione e delle emozioni. Meno articolati, ma più schietti, veloci, sicuramente più affidabili. Emozione e percezione perseguono la sopravvivenza e il benessere con una determinazione che la corteccia prefrontale non trova eticamente giustificabile né elegante. Parlano facile: un colpo di questo ormone qui, un tocco di quell'ormone là e ci si capisce al volo senza tanti salamelecchi. Il sistema tronco-limbico parla il linguaggio della chimica, degli ormoni. La parola ormone etimologicamente significa proprio "mettere in movimento".

Semplificati all'estremo, sono questi ormoni che agiscono sul sistema nervoso simpatico e parasimpatico, alternando allarme e relax. Questa interazione sottile e complessa è uno degli aspetti più affascinanti del meccanismo che gestisce i movimenti dell'utero ma anche tra i più trascurati nel mondo moderno.[8]

I sistemi di allarme e relax – corrispondenti rispettivamente al sistema nervoso simpatico e parasimpatico – sono i due estremi del sistema nervoso autonomo che fanno riferimento al sistema tronco-limbico. Regolano la sua attività e ne sono regolati, in un ciclo continuo di riscontri e aggiustamenti. Quello che il sistema tronco-limbico fa o non fa non è una decisione né una scelta, ma una risposta inesorabile come un istinto o un riflesso: ciò che il corpo *è* si riflette immediatamente in ciò che il corpo *fa*. Non è un sistema che possiamo scegliere di attivare o disattivare a nostro piacimento: è un meccanismo in azione sempre e comunque. Quello che possiamo fare è conoscerlo e riconoscerlo, per farlo lavorare a nostro favore.

Adrenalina

Un lato del sistema tronco-limbico è deputato alla gestione delle emergenze e del pericolo. Il suo ormone principe è l'adrenalina, quella scarica che è connessa alla paura e più in generale alla tensione. L'adrenalina è il segnale interno del pericolo. Quando c'è lei in circolo, il sistema tronco-limbico non è programmato per ponderare con calma se sia per una pericolosa tigre dai denti a sciabola in circolazione o perché siamo su un ottovolante di nostra iniziativa. Per questa parte del cervello, l'adrenalina significa una cosa sola: pericolo. Se sia un predatore o un ottovolante, la corteccia prefrontale avrà il tempo di articolarlo in seguito. Intanto il compito del sistema tronco-limbico, nel dubbio, è metterci al sicuro: con un'azione immediata e rapida come quel salto indietro in risposta a un rametto che sembra un serpente (vedi a p. 31). Con il sistema di allerta il cervello mette il corpo nelle condizioni migliori per difendersi da un pericolo: manda sangue e ossigeno dove servono, quindi alle estremità, ai piedi e alle mani, per alzarci e cercare di fuggire oppure girarci e combattere (o almeno provarci). È il sistema del *freeze-flight-fight*:[9] esiste per potenziare i sensati tentativi di salvarsi la pelle che in natura prevedono lo stare immobili sperando di non essere visti, il provare a fuggire o, se proprio è necessario, il contrattacco.

È esattamente per questo motivo che per un uomo teso risulta assai difficile avere un'erezione: di fronte a un pericolo (reale come una tigre dai denti a sciabola o presunto come l'ansia di essere deriso per una questione di centimetri) il corpo reagisce sempre allo stesso modo. Il cervello deputato alla sopravvivenza nulla sa né può sapere di ottovolanti e modelli di prestazioni alla Rocco Siffredi: il cervello animale sa solo che se abbiamo in circolo adrenalina potremmo dover fronteggiare un pericolo, e in questo caso, non si sta lì a filosofare, il cervello manda il sangue dove serve. Per un uomo durante l'amplesso significa mandare il sangue lontano dal suo pene e per una donna incinta lontano dal suo utero. E dal suo bambino.

Per il sistema tronco-limbico una cosa è molto chiara: se un essere umano non è calmo e rilassato, è possibile che ci sia un pericolo nelle vicinanze. In caso di pericolo, quindi, il pene è più al sicuro nei pantaloni e il bambino sta meglio dentro la pancia.

I flussi e riflussi ormonali in periodo perinatale, in realtà, sono ancora più sofisticati e complessi, addirittura un po' paradossali: con lo stimolo dato dall'adrenalina, oltre alla reazione di fuga e attacco, si innesca un altro meccanismo che è stato descritto come *tend&befriend*: prendersi cura ed essere amichevoli.[10] La reazione al pericolo nel cervello della donna si traduce chimicamente non solo nell'istinto di scappare, ma anche di occuparsi e legarsi ancora più indissolubilmente ai suoi piccoli.[11] Un po' come quando due bambini che si conoscono a malapena diventano amici del cuore dopo aver rischiato insieme una sgridata dalla vicina.

La presenza dell'adrenalina, in un contesto in cui a dominare non è lei (vedi "Ossitocina" qui sotto), ha anche l'effetto di stringere il rapporto fra mamma e bambino, di farli sentire un po' come due eroi che affrontano insieme un'impresa epica.

Quando però il flusso spontaneo viene interrotto o disturbato, questo equilibrio delicato degli ormoni cambia. La quantità di tensione a quel punto rappresenta un segnale di pericolo da cui scappare. L'adrenalina diventa il freno a mano tirato prima del parto e il pedale sul freno a travaglio avviato.[12]

Ossitocina

Ogni donna in attesa ha sentito parlare almeno una volta di ossitocina: senza conoscere tutti i dettagli, grazie all'appassionato lavoro di divulgazione di professionisti come il ginecologo francese Michel Odent e l'ostetrica italiana Verena Schmid (per citarne solo due tra i più importanti), siamo in molte a sapere che è questo l'ormone coinvolto nel travaglio e nel parto.[13]

L'ossitocina è l'ormone principe del sistema parasimpatico, quello della calma e del relax. Le si attribuisce spesso l'etichetta di "ormone dell'amore", ma di sdolcinato non ha niente.[14] Come l'amore, infatti, è potente e travolgente: guida la riproduzione in tutte le sue fasi, da quando ci innamoriamo a quando ci accoppiamo, fino a quando partoriamo – che poi è un altro modo di fare l'amore e infatti richiede condizioni molto simili. L'ossitocina è il messaggero interno della calma assoluta, del senso di protezione e di fiducia. È l'ormone che ha la funzione biochimica di sostenere i legami fondamentali, dando forza e producendo vita.[15]

L'ossitocina in travaglio si attiva in risposta alla relazione affettiva col bambino, con il partner e con la presenza empatica di chi assiste, ma è anche stimolata proprio da quel pizzico di adrenalina che si attiva all'inizio di un'onda.[16] (Chiamiamo "onde" quello che il resto del mondo chiama "contrazioni". Non è una moda hippie, e a p. 66 ti spieghiamo perché!)

Al contrario del sistema di *freeze-flight-fight* proprio dell'adrenalina, quando il corpo è in assetto ossitocinico il sangue può fluire serenamente lontano dalle estremità. Potrà svolgere funzioni quali portare l'ossigeno necessario a digerire il cibo, supportare un'erezione o potenziare il lavoro dell'utero.[17]

È l'ossitocina l'ormone che, a braccetto con le endorfine – i nostri analgesici naturali –, guida il travaglio, perché solo con lei in circolo il cervello primitivo e animale può fidarsi del fatto che la mamma è al sicuro, e con lei il bambino. È il segnale di partenza perché un travaglio abbia inizio e l'acceleratore venga premuto per farlo continuare.

Protocolli di sicurezza

Davanti a un caffè con un'amica possiamo indulgere in grandi disamine di sentimenti ambivalenti, ma col sistema tronco-limbico no, meno che mai in un processo tanto delicato ed evolutivamente fondamentale come la nascita. Non possiamo essere in sistema-relax-ma-anche-un-po'-tese: i due sistemi si escludono a vicenda. Con troppa l'adrenalina in circolo il travaglio non parte oppure, una volta partito, può rallentare o fermarsi. Il sistema tronco-limbico è intransigente, segue linee ferree collaudate nei millenni: la sicurezza, la pretende completa, la calma, la vuole assoluta, ha una vita da preservare.

Un numero elevato di cose che la nostra corteccia prefrontale processa come normali non lo sono affatto per il sistema tronco-limbico quando quest'ultimo è al comando del parto. Luoghi e persone sconosciute? Campanello di allarme. Adrenalina. Luci accese all'improvviso? Campanello di allarme. Adrenalina.

Utero e cervice rispondono in maniera immediata, istintiva e irriflessa agli stimoli della tensione. Conoscere il modo di funzionare della cervice è perciò imprescindibile per chi si prepara a partorire. I suoi muscoli, infatti, seguono quelle che Ina May Gaskin riassume come "le regole degli sfinteri":[18]

- non obbediscono agli ordini, che passano dalla corteccia prefrontale;
- funzionano meglio in un'atmosfera intima e familiare;
- si possono chiudere all'improvviso quando la persona è disarmata o spaventata;
- il benessere favorisce la loro apertura.

Noi italiani siamo maestri assoluti nel rendere un significato con un gesto. E quale abbiamo per indicare la paura? La mano girata verso l'alto che apre e chiude le dita a becco: uno sfintere in azione!

In una pubblicazione diventata ormai un classico, l'ostetrica americana Beth Barbeau ha raccontato la sua esperienza della nascita di un puledro in un allevamento.[19] I protocolli per proteggere i cuccioli al momento della nascita nel mondo dell'allevamento animale sono ferrei: nessun estraneo, luci abbassate, libertà di movimento, ambiente familiare, cibo illimitato, silenzio rispettoso, niente interruzioni. Sono protocolli eseguiti senza esitazioni perché altrimenti è possibile causare stress inspiegato o addirittura l'improvvisa morte del cucciolo. Queste condizioni ben ponderate per le cavalle sono la norma, insieme a un'attenta osservazione che determini quando servono esperienza e tecnologia in caso di emergenza.

Se guardiamo con il filtro del sistema tronco-limbico il modello di assistenza al parto che consideriamo "normale", scopriremo che, con molti protocolli e usanze – su cui torneremo in dettaglio nel capitolo 7 sul parto – si è costruito un modello che ha come effetto collaterale la stimolazione del sistema *freeze-fight-flight* e la corrispondente produzione di adrenalina.[20] Se questo per le cavalle è inaccettabile, per le donne non facilita certo le cose e, anzi, spesso si rivela essere proprio la spinta alla pedina di partenza di un domino di interventi che poi diventano effettivamente necessari.

Godiamo con gioia della liberazione sessuale dell'epoca postfemminista, ma dimentichiamo troppo spesso che anche il parto è un momento della vita sessuale di una donna. Ci aspettiamo che siano rispettate le nostre esigenze, i nostri bisogni, i nostri gusti al momento dell'amplesso, ma al momento del parto consideriamo accettabile sottoporci a dolori e violenze inaudite. A volte lo chiamiamo addirittura progresso.

Nel suo essere unico e irripetibile, nel suo avere conseguenze a lungo termine che vanno oltre la sopravvivenza del bambino, anche il parto va salvaguardato per quello che è: una parte fondamentale della salute sessuale della donna. Necessita di un'interazione tra utero e cervello delicata, che deve avvenire in condizioni di sicurezza e calma assolute. E a decidere se si sente calmo e sicuro, è il cervello animale, il sistema tronco-limbico: sono suoi i paletti che vanno rispettati.

Il riflesso di eiezione del feto

C'è un ulteriore aspetto del lavoro dell'utero che risulta controintuitivo per la nostra cultura, si tratta del processo che spinge fuori il bambino: quel travaglio che era stato onda fino a poco prima, per aprire la cervice, diventa infine spinta, ma molto differente da quell'idea di sforzo consapevole che siamo convinte di dover fare. Siamo talmente abituate a pensare che il bambino possa uscire solo dopo che qualcuno avrà detto alla sua mamma di spingere, da aver perso per strada il fatto che il corpo sa spingere.

Spinge il bambino, mentre si confronta con il canale del

parto, e spinge a modo suo il corpo della mamma.[21] C'è uno "strizzare fuori" il bambino che coinvolge utero, cervice dilatata e muscoli del perineo, e allo stesso modo il bambino là dentro condivide le spinte. Il processo prende il nome di *riflesso di eiezione del feto*, ed è, in parole semplici, qualcosa che il corpo fa perché deve farlo, non perché noi lo decidiamo: un riflesso appunto. È un meccanismo istintivo che accade perché tutto il sistema è coordinato in modo molto sofisticato. Viene preceduto da un impeto improvviso di adrenalina, che risveglia la donna dalla trance del travaglio e la prepara ad accogliere il suo bambino e a riuscire in quell'ultimo sforzo di lasciarlo andare. Proprio nell'essere antagonista dell'ossitocina, quell'adrenalina è in realtà sua complice,[22] purché agisca in risposta al lavoro del corpo e non a interferenze esterne che la fanno aumentare.

Il riflesso di eiezione si manifesta quando la donna ha ancora riserve di energia, il che significa che è stata assistita in modo da potenziare il suo lavoro e supportare la sua forza. È inoltre un riflesso potenziato dalle posizioni verticali.[23] Quale che sia la posizione scelta dalla donna per quel momento, la tenerezza con cui viene assistita è parte integrante della sua sicurezza ed è tanto importante quanto la tecnica.[24] Il corpo guida la donna per puro istinto, la spinge verso posizioni antiche e sicure, quasi sempre verso il basso.[25]

È un riflesso che la mamma sa assecondare bene, se si sente potente e ben supportata. Poche parole di supporto e di rispetto sono indispensabili,[26] mentre il resto è irrilevante e anzi quelle più dure come "spingi" o "più forte" hanno potenziali effetti negativi.[27]

La nascita è un momento estremo: emozioni potentissime, forza del corpo incontenibile, istinto puro e allo stesso tempo bisogno di sostegno e di poter fare affidamento. È il momento in cui è più chiara ed evidente la stretta connessione tra sessualità e parto.[28]

Lasciare lavorare l'utero

Il sistema tronco-limbico, con la sua interazione tra ossitocina e adrenalina, segue linee a volte lontanissime dalle idee che abitano la nostra corteccia prefrontale e la parte consapevole di noi. Non serve che la tigre con i denti a sciabola stia ringhiando fisicamente nella stanza perché la mamma entri in tensione e il processo non funzioni. Ogni pensiero, emozione o suggestione nella mente ha un corrispettivo fisiologico e chimico nel corpo.[29]

Possiamo immaginare la parte di cervello che presiede il parto come la base sommersa di un iceberg. La parte emersa è costituita dai pensieri di cui siamo consci e che possiamo articolare. Sotto l'acqua sta tutto quello che ci guida in incognito. Non stiamo facendo riferimento alle teorie dell'inconscio[30] o alla legge di attrazione.[31] Stiamo parlando di elementi osservabili e misurabili, come i marcatori somatici di Damasio, il *priming* e la memoria procedurale,[32] di cui parleremo più approfonditamente in seguito (vedi a p. 94). Ci sono le reazioni istintive, le aspettative e i movimenti irriflessi.

E cosa c'è sotto il filo dell'acqua per la maggior parte delle donne incinte oggi? Una bella scorta di dati che sparano adrenalina a mille. Storie di parto negative, racconti di nascite tragiche, immagini televisive tutte improntate al parto di urgenza. Da "Friends" a "Grey's Anatomy", ognuna di noi ha visto scene di parto traumatiche fin da quando l'idea di avere un figlio apparteneva al futuro remoto di un'età adulta lontana – quando, a maggior ragione, il nostro cervello raccoglieva informazioni. Le abbiamo prese e messe là sotto, dove teniamo le scorte per il futuro, senza metterle in discussione.

Quello che non sapevamo è che da quel database avremmo continuato ad attingere nei mesi e negli anni futuri, e che quelle immagini di parto andavano a stratificarsi sopra ai racconti delle nostre mamme, reduci troppo spesso dell'assistenza aggressiva degli anni Ottanta. Il nostro immaginario contemporaneo intorno al parto è tutto costruito intorno alla paura, a un'attesa negativa e spaventata di qualcosa che viene da fuori e possiamo solo subire affidandoci alla nostra buona stella. Peggio ancora, i parti televisivi sono quasi esclusivamente patologici, quando non semplicemente assistiti male, eppure per noi sono "normali". Tutto questo sembra irrilevante: in un momento fondamentale come quello di mettere alla luce un bambino mica staremo a ripensare a "Friends", no? E invece quelle immagini stanno lì: primi mattoni di un muro davanti a noi stesse, alle nostre pance e ai nostri bambini.

La forza occulta dell'esperienza: il priming

Se vediamo qualcosa tantissime volte, soprattutto se ci è stato presentato come la normalità e non abbiamo sentito campanelli d'allarme, il nostro cervello lo assorbe come normale.

Per quanto riguarda il parto, l'inghippo sta nel fatto che le cose si sono messe un po' di traverso negli ultimi cento anni e quello che si considera "normale", quello che il nostro cervello si aspetta a forza di averlo visto accadere intorno a noi, è in realtà una situazione patologica. La conseguenza pratica è che non troveremo oltraggioso che, senza alcuna condizione medica diagnosticata, ci si chieda di stenderci su un lettino e alzare le gambe per partorire. Se lo abbiamo assorbito come normale, penseremo che stringere i pugni e usare tutto il nostro fiato e le nostre energie per urlare forsennatamente alla luce accecante di un neon sia necessario quanto ragionevole.

Certo, il parto dell'orrore fa più audience. Allo spettatore medio serve un pizzico di adrenalina per non addormentarsi o cambiare canale davanti alla calma e alla potente lentezza di un parto dolce. Ma con quelle immagini, la parte del cervello che presiede il parto non solo ha elaborato un'aspettativa più o meno implicita di come gestire i movimenti del corpo, ma anche su cosa provare durante il parto: paura, quindi una buona base di allerta per il sistema dell'adrenalina.

Salvo rare e fortunate eccezioni, oggi una donna italiana probabilmente affronterà la propria gravidanza già armata di una piccola (o più probabilmente grande) scorta di allerta e preoccupazione, un bagaglio ben equipaggiato di adrenalina. Il suo corpo sarà pronto a combattere o fuggire, proprio nel momento in cui lei ha bisogno di lasciarsi andare.

Il termine tecnico riferito a tutto questo è *priming*: il fenomeno per cui l'esposizione a uno stimolo influenza la risposta a stimoli successivi. Per esempio, se chiedi a un bambino di ripetere tante volte "galleggia", quando all'improvviso gli chiederai: "Cosa fa un sasso nello stagno?", ti risponderà: "Galleggia!". Il suo cervello fornirà una risposta velocemente, basandosi su quanto gli è stato utile fino a quel momento. Ma c'è di più: questo effetto può protrarsi nel tempo e arrivare a influenzare il nostro comportamento anche a distanza di giorni, che si accumulano poi in settimane, mesi e anni di piccole nascoste influenze sul nostro comportamento.[33]

Guidato dalla sua base profonda di abitudini e aspettative, il nostro corpo tende a seguire vie brevi che riconosce come note e a entrare in azione in modo istintivo e irriflesso. Questo fatto, unito all'azione di quel cervello profondo che guida il parto di cui si diceva sopra, ha conseguenze molto precise e concrete sul modo di percepire – sia fisicamente sia emotivamente – ogni fase del travaglio. Contrarre tutti i muscoli e urlare potrebbe non essere più una risposta davvero istintiva, ma un replicare, più o meno consapevolmente, modelli assorbiti dall'esterno. Senza saperlo, molte donne si trovano a adattare corpo e comportamento a un'aspettativa, che a sua volta impatta il modo in cui il corpo funziona insieme ai suoi ormoni: un circolo che può essere virtuoso o vizioso a seconda degli assunti di partenza.

L'importanza del linguaggio: parlare bene per partorire bene

Uno degli effetti di *priming* più potenti viene dall'uso delle parole. Le parole creano pensieri, che a loro volta diventano convinzioni ed emozioni, che si traducono in comportamenti – e questo lo sanno bene i pubblicitari.[34]

E quale è stata per tutta la nostra vita la narrativa intorno a parto e gravidanza? Tutta la lingua italiana è influenzata da quell'atteggiamento tra il deferente, lo spaventato e il rassegnato che tantissime donne, senza nemmeno rendersene conto, assumono al momento del test di gravidanza, quell'atteggiamento che aggiunge il "se potrò" al desiderio di un parto normale.

Abbiamo ancora in mano il test di gravidanza e già ci chiediamo quando sarà *la scadenza*. Come se fossimo diventate all'improvviso degli yogurt pronti a inacidire.

Una donna che stia preparando un VBAC (*Vaginal Birth After Cesarean*, ovvero parto vaginale dopo il cesareo) sentirà presto parlare di "travaglio di prova": questo è un ossimoro, un'espressione insensata, eppure fa parte della lingua base dell'assistenza al parto. Travaglio di prova è un'espressione che non regge non solo da un punto di vista di logica pedante, ma anche per una ragione fisiologica. Come ci si sente durante una prova? Rilassate e potenti o piuttosto sotto stress?

Una mamma che per mesi si è convinta di dover superare una prova difficilmente potrà mettersi nella condizione di rilassamento profondo richiesto dal "sistema dell'ossitocina" che regola il parto. È molto probabile che il *priming* alla base sia dominato da dubbio, paura, ansia da prestazione, e che il corpo risponda con l'adrenalina.

Il problema del *priming* riguarda tutte, perché gli ostacoli che la comunicazione quotidiana dissemina di fronte a un cervello che oggi si prepara a partorire, per qualsiasi tipo di parto e qualunque sia il numero dei figli, sono tanto piccoli quanto insidiosi, e proprio nel loro sembrare inezie nascondono gli spigoli più appuntiti.

"Quello è il dottore che ti ha fatta nascere." C'è forse qualcosa di strano in questa frase? Eppure proprio qui c'è il primo grande buco da colmare sulla strada che porta il cervello di una donna a integrare quel senso di potenza immensa del sapere di essere in grado di mettere al mondo un essere umano. Semmai: "Quello è il dottore che mi ha assistita mentre mettevo al mondo mio figlio".

La parola "contrazione" è un altro esempio lampante: basta dirla per tendere contemporaneamente tutti i muscoli del corpo e mettersi in assetto di difesa chiamando a raccolta tensione e adrenalina, abituate come siamo a pensare di doverla combattere e resistere. Per cavalcare i movimenti del nostro utero come onde, è necessario prepararsi a farlo davvero, allenando un'aspettativa positiva e fiduciosa nei loro confronti. Iniziare a pensarli come onde non è pensiero magico: ci ricorda che stiamo imparando a cavalcarle, determinate a vivere la gravidanza in modo costruttivo e a preparare l'utero a lavorare senza l'ostacolo dell'adrenalina.

Correggere continuamente il ginecologo che ci parla di "scadenza" potrebbe rivelarsi una pratica poco divertente, quindi non sempre serve farlo ad alta voce. Dentro di noi, nella nostra conversazione interna e nel filtrare ciò che viene da fuori, possiamo farlo: correggere mentalmente tutti quei piccoli pulsanti di adrenalina che il linguaggio comune dissemina intorno a noi. E quando parliamo, possiamo, invece, dare il buon esempio.

Anche la nostra conversazione interna ha effetti potenti sul nostro assetto ormonale e sulla parte nascosta dell'iceberg. Tenere alta l'attenzione anche nel privato diventa doveroso. "Ho paura di non farcela" non contribuisce affatto alla dose di ossitocina necessaria per farcela davvero. Anzi, erode alla base quel senso di fiducia di cui il nostro cervello ha bisogno. "Sto creando un essere umano dal nulla, di sicuro so anche farlo nascere" muove altre corde, e con loro altri ormoni.

Con le parole, come con le immagini, il cervello umano non scherza. Le usa come stampo iniziale per impostare quello che saprà e potrà fare il corpo. Lo sforzo consapevole di parlare e pensare in una forma in grado di nutrire positivamente e costruttivamente la parte profonda del cervello è un primo passo essenziale perché quel cervello possa poi funzionare al meglio delle sue possibilità, e guidare l'utero con efficacia.

La paura del parto: smascherarla e lavorarci

Comprendere il fenomeno del *priming* nella sua interazione con la parte più antica e istintiva del cervello, che presiede i meccanismi del parto, ci permette di afferrare davvero l'enorme impatto che cose impalpabili come aspettative, emozioni e pensieri hanno sull'esperienza reale del mettere al mondo un bambino.

Abbiamo visto che tramite il sistema nervoso simpatico e parasimpatico, la mamma in attesa traduce istantaneamente in fenomeni tangibili pensieri che spesso non si è neanche resa conto di pensare. Sia in vista di un benessere psicologico ed emotivo, sia in vista di una salute fisica, diventa allora fondamentale prendere a picconate quell'ospite non gradita, la paura, che torna protagonista, col suo bagaglio ingombrante di adrenalina, in tante, troppe, conversazioni di donne in attesa. Sorellastra di quel "se potrò" che accompagna il desiderio di un parto naturale, la paura del parto ha radici antiche. Ma esiste veramente?

Da una parte c'è lo scocciante pensiero che tutti dobbiamo morire, che effettivamente è un problema irrisolto, dall'altra avere nella pancia un essere umano nuovo venuto dal Nulla è una di quelle cose che può facilmente metterci sulla soglia dell'abisso. E mai come quando si parla di inizio della vita si sfiora col dito l'altra sponda:[35] questo è un fatto e anche una delle cose più grandi e belle dell'essere umani. Scrive Heidegger: "L'animale non muore, finisce; esso non ha la morte né davanti a sé né dietro di sé";[36] siamo solo noi che afferriamo la grandezza della vicenda di aggirarci con i nostri due piedi su un puntino che gira in tondo nello spazio. Solo noi possiamo sentire l'eco dei passi rimbombare in quello spazio, soprattutto quando i piedi non riusciamo più a vederli sotto il pancione. Le mamme sono soglie metafisiche senza neanche sapere cosa sia la metafisica: avere un po' di tremarella è una reazione ragionevole.

Molte donne oggi hanno paura del parto perché culturalmente sono abituate a considerarlo un pericolo, una prova da cui fuggire; se non altro un dolore atroce senza via di scampo. "Di parto si moriva" dice la voce comune. Dimentichiamo, però, che questo accadeva quando la possibilità di diagnosticare condizioni patologiche in gravidanza era vicina allo zero. Non esisteva un esame delle urine e forse nemmeno la parola "glicemia". Se il corpo della mamma o del bambino avevano un problema di base, saperlo prima era quasi impossibile. E anche avendolo saputo, il rimedio più concreto che molti sapessero trovare era accendere un cero.

Il problema non era solo la diagnostica prenatale: qualora anche il parto fosse andato bene, cioè in modo normale, le infezioni post partum per mamme e bambini erano all'ordine del giorno. Le case, ma anche gli ospedali, fino a una manciata di decenni fa erano semplicemente sporchi. La compagnia dei topi non scandalizzava nessuno. Lavarsi le mani non era ovvio nemmeno negli ospedali. Lenzuola pulite? Un lusso da signori. E nel caso di un'infezione, prima della comparsa degli antibiotici – la penicillina risale solamente al 1928 – c'era ben poco da fare.

Durante la gravidanza, il corpo fa quello che la mamma farà per il resto della vita: mette davanti il bambino. Quando mangiare tutti i giorni non era poi così scontato, meno che mai carne e frutta fresca, si poteva facilmente arrivare al parto talmente prosciugate che, nei casi più gravi, il corpo cedeva.

Se stai leggendo questo libro fai parte della fetta più privilegiata di sempre nell'intera popolazione femminile della storia umana: significa che vivi in un tempo e un luogo che ti hanno permesso di saper leggere anche se sei donna e puoi informarti. Qualsiasi sia la tua condizione sociale, oggi in Italia hai accesso a una varietà e qualità di cibo mai esistite in migliaia di anni. In tutta la storia dell'umanità siamo le donne con le maggiori possibilità di affrontare in salute gravidanza e parto.

Certamente questi sono momenti della vita di una donna che la rendono vulnerabile in tantissimi aspetti: nella vita di tutti i giorni, nel corpo e nel cervello (vedi "Progesterone: dove mi porta questa lentezza" a p. 13). La certezza che un giorno moriremo anche noi è forse un po' più vivida in questi nove mesi, ma è soltanto un accento calato con più forza su una delle grandi verità che riguardano tutti i viventi (mamme, papà, bambini, ragazzi, nonni, professori, postini, filosofi, scienziati, pesciolini rossi, betulle...) e che nemmeno il progresso dell'ultimo secolo ha potuto modificare. La dobbiamo allora guardare negli occhi questa grande paura: non solo abbiamo nel cervello un coraggio nuovo (vedi a p. 24, "Dopamina: un nuovo tipo di coraggio"), ma sappiamo anche che il nostro corpo ha bisogno che noi osiamo davvero affrontare quel salto nel vuoto che si chiama fiducia.

Questa paura esistenziale può essere usata in modo positivo per spingerci a fare del nostro meglio per noi stesse e per le persone che amiamo, ma dobbiamo invece congedare tutte le paure nate dagli anni di *priming* ansiogeno che abbiamo ricevuto passivamente. Ora che sappiamo rispondere alla domanda "Cos'è l'utero?", ora che abbiamo capito che cosa serve al nostro corpo e al nostro cervello per lavorare in modo efficace, ora che sappiamo distinguere fra fatti fisiologici e dicerie, più o meno benintenzionate, finalmente possiamo costruire su basi più solide la strada che ci porterà a dare alla luce il nostro bambino.

3
Bambino: la persona che oggi non si può più ignorare

Scegliere di rivendicare in modo informato il più efficace funzionamento del nostro corpo è un passo importante. Dedicare del tempo ad allenare corpo e mente per un parto dolce è essenziale e può rivelarsi anche molto utile. Non abbiamo, però, ancora parlato di un aspetto fondamentale che riguarda gravidanza, parto e puerperio. Adesso che abbiamo fatto il punto sulla nostra mente e sul nostro corpo, è il momento di dedicarci ad accogliere consapevolmente quello che mente e corpo stanno di fatto già accogliendo: il nostro bambino.

Quello che state leggendo è un capitolo che manca in tanti libri, e soprattutto nella nostra serie di aspettative implicite sulla gravidanza. Siamo portate, infatti, a concentrarci sul corpo che cambia e sugli aspetti materiali dell'arrivo del bambino: corredini, passeggini, tutine, bavaglini e così via. Spesso si sentono frasi come: "Quando sarai mamma...", "Un giorno incontrerò finalmente il mio bambino". E così si tende a non mettere a fuoco che il bambino è già con noi, è già qualcuno che vive e fa esperienza dentro di noi. La pancia non è una stanza che fluttua altrove: è un luogo fisico, dentro di noi, in cui abita qualcuno.

Molti intorno a noi si focalizzano sull'attesa con tanto ardore da farci dimenticare il fatto che lui c'è già. Oggi nell'utero, allo stadio di sviluppo iniziale, è la stessa persona che sarà il giorno in cui nascerà, spegnerà la prima candelina, conseguirà la maturità, diventerà genitore, troverà il primo capello bianco, perderà la memoria e acquisterà la saggezza degli anziani. Allora, come facciamo con tutte le persone con cui stiamo entrando in relazione, prendiamoci il tempo di conoscerla.

Bambini: breve storia di un'identità negata

Preadulti e pure bruttini

Per molti secoli i bambini sono stati considerati dei preadulti, generalmente ignorati, mai davvero ammessi nella cerchia di interesse di chi si occupava di qualcosa di importante. Secondo Platone l'anima si è già giocata tutto prima di incarnarsi, quando ha contemplato il mondo perfetto delle idee. A seconda di quanto tempo ci ha speso davanti, sarà l'anima di un bruto o di un amante della verità: quale delle due solo l'età adulta lo svelerà.[1] Esiste qualche rarissima eccezione di sguardo umile verso i piccoli nella letteratura sacra: Cristo che riprende i suoi discepoli quando vogliono scacciare via i bambini come se fossero animali, e rincara la dose annunciando che in paradiso hanno più speranza di andarci quei piccoli mendicanti che i grandi sapienti.[2] Ma non sono certo questi gli aspetti da cui la cultura occidentale, fuori e dentro le chiese, si è lasciata ispirare di più. Per secoli e secoli i bambini non sono stati considerati persone, né fuori né tanto meno dentro alla pancia. Per la stragrande maggioranza della popolazione erano manodopera, investimenti per il futuro, eredi: semplici pedine nel gioco della vita degli adulti.

Questo non vedere i bambini si è riflesso anche nelle raffigurazioni artistiche: i primi a dipingere i bambini in modo naturalistico sono stati gli artisti del tardo Rinascimento.[3] È solo da cinquecento anni che *vediamo* i bambini per come sono e non attraverso i filtri dell'immaginazione e soprattutto dell'utilità nell'immediato. Ci sono voluti secoli per togliere quella patina di giudizi, valori e aspettative culturali che ancora nel Quattrocento impedivano ad artisti geniali, Jacopo Bellini per citarne uno, di vedere i bambini con la stessa chiarezza con cui vedevano gli adulti.

A un certo punto, grazie a Raffaello e colleghi, si è colta la bellezza dei bambini nell'arte, ma da lì a considerarli persone nella società, il passo era ancora lungo. Ci sono voluti molti secoli prima che qualcuno iniziasse a interrogarsi seriamente sul modo in cui i bambini percepissero e interpretassero il mondo.

Tabula rasa o confusione fiorita e ronzante?

Nel Seicento il filosofo britannico John Locke brancolava ancora nel buio. Anticipatore dell'Illuminismo, Locke era uno che osservava, rifletteva, si interessava genuinamente ai suoi simili. È stato il padre dell'empirismo, pronto a rigettare le sue teorie appena ricevesse prova del contrario, l'inventore del metodo dell'introspezione, il teorico della tolleranza religiosa; insomma, si è messo seriamente a cercare di capire l'umano.

Per quanto riguarda i bambini, Locke definiva il neonato una *tabula rasa*, una "tavoletta vuota". Secondo lui all'essere umano appena nato non mancavano solo idee e informazioni, ma addirittura i principi per poterli elaborare. Solo l'esperienza dei sensi avrebbe poi costruito tutto questo.[4]

Eppure, l'intuizione che tali percezioni iniziassero già nel grembo materno, Locke l'aveva avuta: abbiamo un concetto di dolcezza, scrive, perché ne abbiamo fatto esperienza fin dai mesi nell'utero.[5] Non è però riuscito a seguire la sua intuizione fino in fondo perché aveva a disposizione metodi e strumenti molto meno potenti di quelli che abbiamo oggi. Se potessimo mostrargli qualche dato neuroscientifico, molto probabilmente sarebbe lui il primo a gettare nel fuoco quella parte delle sue teorie basata su osservazioni rudimentali.

Invece è passato alla storia il concetto di *tabula rasa* e si è radicata la convinzione che i bambini venissero al mondo vuoti, e che crescerli e educarli significasse riempirli di concetti, idee, informazioni.

Che ci fosse qualcosa in questi neonati però non si poteva negare: tutto quel rumore, una cosa vuota non può crearlo. Un essere senza idee non può coglierci così sistematicamente di sorpresa.

Chissà se era con umiltà o arroganza che Williams James, il padre della psicologia moderna, definiva quello che c'è nella mente del neonato come "una confusione fiorita e ronzante".[6] Siamo nell'Ottocento, anche lui nella corrente dell'empirismo e anche lui affascinato dalla religione, William James è il maggior esponente del pragmatismo. Passando con grande nonchalance da scoiattoli aggrappati a tronchi d'albero all'esistenza di Dio, si è posto la domanda metafisica per eccellenza: che cos'è la verità?[7] Ma davanti al neonato si è arreso pure lui e si è limitato a descrivere quello che deve passargli per la testa, appunto, come "una confusione fiorita e ronzante".

Il suo punto di vista non è poi tanto differente da quello di John Locke: il nulla e il caos in fondo non sono così lontani. Anche per William James il neonato è dotato esclusivamente di meccanismi sensoriali e di un calcolatore statistico molto potente – il cervello – che individua e immagazzina le associazioni fra gli input in modo molto efficace. E così, giorno dopo giorno, la confusione ronzante si riordina e si costruisce la mente ordinata di un adulto.

A Locke e a James forse erano sfuggiti alcuni aspetti profondi dell'esperienza umana ai suoi albori, ma ne avevano certo intuito l'importanza e il potenziale. I nostri pionieri erano forse stati attirati da questioni – che cos'è innato? cosa si impara? – che ci sembrano meno pertinenti in questo momento delle semplici ma fondamentali domande: come sta il bambino? Cosa sente?

Da scatole nere a persone

Ma le cose dovevano andare peggio prima di poter cominciare a migliorare. Nella prima metà del Novecento sono accaduti dei fatti che hanno avuto conseguenze abominevoli per l'intera umanità. Erano tempi in cui la rivoluzione industriale aveva fatto passi da gigante: la tecnologia sembrava poter dare una soluzione a ogni problema; "far funzionare le cose" sembrava la chiave di tutto.

Che fossero antibiotici, camere a gas, bombe atomiche, scuole statali o reparti di ospedale: con grande dedizione ci si applicava a costruire sistemi che trasformassero in modo efficace e ripetibile una serie di input in una serie di output. Cosa succedesse fra l'input e l'output era considerato una distrazione inutile. In mezzo ci stava una scatola nera, sulla quale non valeva la pena interrogarsi, neppure per i luminari della psicologia dell'epoca. Per i comportamentisti[8] infatti, l'unica cosa che fosse possibile osservare in modo sensato era, appunto, il comportamento, quindi l'esterno degli individui. Se esseri umani adulti e capaci di esprimersi, a volte addirittura di ribellarsi, venivano tranquillamente considerati scatole nere, figuriamoci i bambini.

John B. Watson, comportamentista per eccellenza, dichiarava: "Datemi una dozzina di bambini di sana e robusta costituzione e un ambiente organizzato secondo miei specifici principi, vi garantisco che sarò in grado di farne un medico, un avvocato, un artista, un imprenditore, un delinquente".[9] Secondo i comportamentisti, il bambino va costruito a suon di abitudini, premi e castighi. Il vissuto di una scatola nera non importa a nessuno e il suo contributo al processo di apprendimento è nullo.

Quali fossero le esperienze di vita di un feto o di un neonato non solo era considerato poco interessante, ma fuori tema. Il feto doveva muoversi, il neonato doveva pesare a sufficienza, piangere quando gli si spruzzava acqua fredda in faccia, e stare zitto quando lo si metteva in culla. Tutto il resto poteva starsene comodamente nella scatola nera.

Si spiega anche così la diffusione di pratiche come l'uso

di morfina e scopolamina per sedare le partorienti, la separazione prolungata e sistematica di mamma e bambino dopo il parto, l'utilizzo dello zucchero per far "pazientare" i bambini fino alla seguente poppata programmata, le operazioni chirurgiche senza anestesia sui neonati, perché "tanto loro non hanno i nervi abbastanza sviluppati per sentire dolore". Se urlano, è solo un riflesso.

Le molte pratiche mediche e sociali introdotte nei primi decenni del Novecento sono state considerate a lungo conquiste di benessere e indice di progresso a prescindere: il vissuto presente e a lungo termine non importava. Quello che contava, invece, era l'effetto misurabile a breve termine.

Pensare che ormai è passato un secolo da allora e che tutto questo non ci riguardi più è un'illusione. La mentalità condivisa impiega molto tempo a mutare forma.

Lo stereotipo dell'ostetricia aggressiva degli anni Ottanta ne è stata una ulteriore manifestazione concreta, e sono stati gli anni in cui hanno partorito le nostre mamme. Siamo dovuti arrivare al 1985 perché l'OMS raccomandasse attenzione psicologica ed emotiva in sala parto. Al 2007 perché fosse aggiunta alle linee guida del NICE (National Institute for Health and Care Excellence, punto di riferimento europeo) la riga: "L'esperienza emotiva della donna al parto è importante e deve essere tenuta in considerazione".[10] E finalmente al 2018 perché di nuovo l'OMS scrivesse nero su bianco: "Che il parto sia un'esperienza positiva per la donna, il neonato e la sua famiglia dovrebbe essere il primo obiettivo dell'assistenza intrapartum".[11]

Intanto però c'era anche chi cercava di capire cosa ci fosse dentro quelle scatole nere. Qualcuno che guardava i risultati dei test di intelligenza dei bambini, non con la smania di trovare i migliori, non necessariamente con il desiderio di aiutare tutti ad avere punteggi più alti. Qualcuno che guardava con interesse e meraviglia gli errori dei bambini, perché aveva capito che erano preziosi narratori di un modo di pensare e funzionare tutto diverso da quello degli adulti.

Questo qualcuno si chiamava Jean Piaget. Nel 1919 insegnava ai bambini di strada a Granges-Aux-Belles. Ma non insegnava soltanto, osservava. E in lui nascevano delle domande che suonavano forse più o meno così: "E se l'implicita ipotesi comunemente adottata, secondo la quale i bambini pensano come gli adulti ma solo meno bene, fosse falsa?", "E se i bambini avessero un modo tutto loro di percepire e capire il mondo?".[12] Come Raffaello cinque secoli prima, Piaget iniziò a guardare i bambini per come erano. Solo che invece di concentrarsi sulle proporzioni e le rotondità del corpo, lui si focalizzò sui meccanismi e le strategie della mente.

Da questa prima intuizione a passare ore e ore a osservare e descrivere i comportamenti dei suoi figli fin dalla nascita, il passo fu breve. Fu più lungo per arrivare all'elaborazione, alla diffusione e al successo globale del suo modello di sviluppo intellettuale.

Dagli anni Sessanta in poi, le teorie di Piaget raggiunsero tutti i dipartimenti di psicologia: lo sviluppo cognitivo nei primi anni di vita venne finalmente visto come una sorta di spirale ascendente in espansione, in cui le idee formate a livelli precedenti vengono costantemente ricostruite sulla base di concetti nuovi e più sofisticati.

La nuova generazione di scienziati si è formata sulle teorie dei discendenti accademici di Piaget, come Mark Johnson. Nella sua "teoria della specializzazione interattiva", genetica, cervello, corpo e ambiente interagiscono costantemente a partire dalla gravidanza per dare vita all'essere unico e irripetibile che si realizza con ogni bambino.[13] Il bambino non è più una scatola nera da far funzionare a nostro piacimento, né a scuola, né a casa, né in utero. Il bambino è qualcuno la cui esperienza esiste e conta, è un essere competente e in divenire. Nei dipartimenti di psicologia il bambino è considerato finalmente una persona.

Nella pancia c'è qualcuno

E come vive questa persona? Come sta dentro la pancia? Sapere un po' di più su come funzionano il corpo e il cervello di questo piccolo inquilino può aiutare a mettere a frutto i nuovi superpoteri materni nel modo migliore. La cosa bella è che i benefici sono evidenti sia a breve termine – quel senso di connessione e complicità con il bambino è forse l'elemento fondamentale di una gravidanza positiva –, sia a lungo termine: imparare a conoscere la persona che ci cresce accanto è un'avventura che ci accompagnerà per tutta la vita di genitori. E visto che non si finisce mai di imparare, meglio cominciare il più presto possibile.

... che tocca, annusa e gusta

Pensando al tatto, di solito ci vengono in mente i polpastrelli delle dita, dimenticando che la pelle di tutto il corpo sente. È proprio il sentire della pelle il primo senso ad aprirsi al mondo. Intorno alla 5ª settimana, più o meno quando scopriamo di averlo dentro di noi, l'embrione può già percepire pressione sulle labbra e sul naso.[14] I recettori cutanei appaiono un paio di settimane più tardi e, intorno all'8ª settimana, il corpo del bambino percepisce il nostro calore e movimento. La pelle del bambino in pancia è un organo di apprendimento e comunicazione molto sofisticato. Là dentro sente tutto con tutto se stesso. Persino la voce della mamma, che noi siamo abituati a considerare solo una questione di acustica, per molte settimane invece è una vibrazione. L'ultima area del corpo a sviluppare una consapevolezza tattile è quella della nuca e della cima della testa, che matureranno solo poco dopo il parto. Che l'Ammasso Casuale di Atomi abbia messo lo zampino anche qui, in vista del passaggio nello strettissimo canale del parto?

Dentro questa pelle sensibile e aperta al mondo, alla fine dello stadio embrionale, intorno all'8ª settimana di gestazione, il sistema olfattivo è già quasi maturo. Indicativamente intorno alla 13ª settimana, il bambino inizia a percepire una cosa nuova: un profumo, un aroma più o meno acre, forse dolce, se prendiamo per buona l'intuizione di John Locke raccontata all'inizio di questo capitolo. È l'odore interno della mamma, che muta con quello che lei mangia e ha sempre il fondo del suo specialissimo odore umano.

Alla 15ª settimana circa, quell'odore è anche un sapore. E il mondo che prima lo circondava inizia a entrare dentro, a porre già le basi per i gusti che quel piccolo essere umano svilupperà nella vita.

In gravidanza il cibo è un ponte tra il mondo interiore e quello esteriore, e non solo in senso simbolico.[15] Se la nostra cultura scientifica esclude alcuni cibi sulla base di possibili e reali motivazioni mediche, in quasi ogni cultura troviamo cibi esclusi nella convinzione che possano recare danno al bambino: conigli evitati per scongiurare il labbro leporino a certe latitudini e fragole rifiutate per proteggersi da macchie della pelle ad altre. In modo più o meno articolato, l'intuizione che il cibo che mangiamo influenzi il bambino fa parte delle storie di gravidanza da sempre.

Oggi sappiamo che non è soltanto una relazione meccanica quella tra il cibo e il corpo del feto, e le fragole, ben lavate, ce le gustiamo con piacere. È una relazione di gusto ed emozioni. I sapori noti fin dall'epoca prenatale, infatti, saranno non solo riconosciuti, ma anche apprezzati una volta fuori. Gli scienziati ci hanno provato con l'anice e la carota: i neonati che hanno già incontrato questi sapori nel liquido amniotico della mamma li riconoscono con piacere anche dopo. Quelli per cui sono un sapore nuovo, invece, li rifiutano.[16]

Laggiù, in quell'origine dentro la sua mamma, il bambino si apre al mondo a poco a poco.

Dà le vertigini pensare che ciò che la mamma vive e sente durante la gravidanza entrerà a far parte delle prime esperienze di vita del bambino, lasciando nella sua personalità segni profondi. Un cibo assaporato a tavola con qualcuno che la fa ridere non è una gioia solo della mamma e di chi è con lei: a questo piacere e a questa gioia, grazie al rilascio di ormoni come la serotonina e la dopamina, partecipa anche il bambino. Già in utero si mette il primo mattoncino che associa i pasti alla gioia di condividere nutrimento con le persone care.

Persino il ricordo nostalgico di un'estate tardo-adolescenziale, evocato da una *piña colada* (rigorosamente *virgin*!), non è più una cosa del tutto privata. Perché quando con qualcuno condividi il sangue – con il suo carico di informazioni ormonali, oltre che nutritive –, condividi anche parte delle esperienze che vivi, emozioni comprese.

Possiamo scegliere di ignorare questo fatto e continuare la nostra vita quotidiana fingendo di essere sole, oppure possiamo riconoscere la realtà e portarla con noi come un pensiero e un dialogo privati: là dentro c'è qualcuno che *sente insieme* a noi. E per quanto ci possa venir voglia di gridare all'invasione della privacy, per quante sane ambivalenze questo possa alimentare in noi, è proprio la condivisione stretta, la simbiosi, fisiologica e psicologica, a costituire un punto di forza potentissimo, un tassello fondamentale che permette di avventurarsi verso una gravidanza positiva, già a partire dalle primissime settimane.

... che ascolta

Con l'avanzare dei mesi, aumentano considerevolmente le cose che possiamo condividere con il nostro bambino. A metà gravidanza, intorno alla 20ª settimana, in quel buio umido e ovattato iniziano a distinguersi più chiaramente anche i suoni. Il bambino sentirà rumori diversi, più o meno ovattati: tintinnii di chiavi e voci varie. Ma il ritmo che da questo momento farà parte della colonna sonora di tutto il resto della gravidanza, è uno solo: il battito del cuore della mamma. E una sola è la voce che tornerà sempre, l'unica che arriva direttamente da dentro. Il bambino è il solo essere umano al mondo, insieme ai suoi eventuali fratellini, ad aver ascoltato la voce della sua mamma dall'interno. A un giorno di vita saprà mostrare una chiara preferenza per quella voce.[17] E per il resto della sua esistenza sarà connessa al rilascio di ossitocina, l'ormone dei momenti felici. Quella voce attiverà aree del cervello ben al di là di quelle deputate esclusivamente all'udito: attiverà quelle deputate alle emozioni e legate alle informazioni su di sé.[18] E quel "per il resto della sua esistenza" comincia subito.

Da questa voce, inoltre, il bambino inizia già a imparare. Quando si parla di lingua madre, si dice qualcosa di molto più grande di quanto si tende a immaginare: dentro la pancia il bambino sta già imparando la lingua della mamma, che comparirà già nei suoi primi vocalizzi. Il pianto di un neonato ha già un accento. Se ne sono accorti degli studiosi tedeschi che hanno analizzato e comparato il pianto di neonati in diverse parti del mondo, scoprendo differenze costanti.[19] Per capirci, i neonati francesi mettono già l'accento sull'ultima sillaba (*Buà buà buà*) mentre i tedeschi sulla penultima (*Bùa bùa bùa*). Nella pancia l'essere umano non impara solo ad ascoltare. Inizia persino a imparare a parlare!

Lì dentro il bambino ascolta i suoni con le sue orecchie e, insieme alle sue reazioni personali, vive anche quelle della sua mamma. I due organismi sono così strettamente connessi che quando percepiscono una voce che fa sentire la mamma al sicuro, l'ossitocina in circolo farà sentire al sicuro anche il piccolo. Le emozioni che sentiamo sono fatte di cambiamenti fisiologici – ormoni, battito cardiaco, pressione, tensione cutanea... –, e quei cambiamenti sono condivisi da mamma e bambino. Dentro la pancia il bambino sta imparando associazioni che resteranno con lui. Voci che la mamma ama, musiche che la fanno stare bene, gli ricorderanno una bellezza già conosciuta, che saprà riconoscere e cercare nella vita.

... che vede (poco)

La vista, così centrale per noi adulti, è l'ultimo dei sensi ad aprirsi nel periodo prenatale. Il suo sviluppo iniziale si avvia intorno ai 28 giorni di gestazione, circa alla 4ª settimana. In quel periodo si formano le primissime cellule ottiche. Il loro sviluppo continua con un picco intorno al secondo mese, quando gli occhi si formano dietro il cranio e gradualmente arrivano alla posizione frontale.[20]

Tra la 14ª e la 28ª settimana, nel giro di un mese e mezzo,

il corpo della mamma supporta lo sviluppo di circa cento milioni di neuroni per il sistema visivo. Ci vorrà tempo per mettere a punto tutte le connessioni fra di loro fino a quando finalmente, durante l'ultimo trimestre di gravidanza, il piccolo sarà in grado di distinguere la luce attraverso il liquido amniotico.

Alla nascita il bambino sa però vedere il minimo indispensabile: la configurazione di chiari-scuri tipica di un viso, se si trova a circa 20 centimetri dalla sua faccia. E che viso è probabile che si ritrovi a quella distanza – guarda caso la distanza media tra il seno e la faccia di una donna – dagli occhi di un neonato? Quello della proprietaria di quell'odore, di quel sapore, di quella voce che sono stati l'unico ponte fra il dentro e il fuori.

Grazie a quel ponte, il bambino ha un bagaglio di informazioni, idee e meccanismi che lo rendono perfettamente competente per affrontare la grande avventura della vita. Altro che *tabula rasa*! Altro che "confusione ronzante"! In sala parto – che sarebbe ora di iniziare a chiamare "sala nascita" – viene alla luce uno dei sistemi di apprendimento più potenti che ci siano. Durante il primo anno di vita, nel cervello del bambino si creano più di un milione di nuove connessioni. Ogni secondo. E quest'esplosione di apprendimento viene messa, fin da subito, al servizio delle sue relazioni con i suoi compagni di viaggio.[21]

... che comunica

Aristotele ha detto che l'uomo è un animale sociale,[22] probabilmente senza sapere fino a che punto avesse ragione. Sta diventando sempre più chiaro che fin dall'inizio il cucciolo d'uomo usa i suoi mattoncini di conoscenza per la cosa che lo interessa più di tutte, da cui dipende la sua sopravvivenza, il suo benessere, il successo e il progresso della sua specie: mettersi in relazione. [23]

E la personcina, già nell'utero, lo fa. Un gruppo di ricercatori – casualmente composto da tantissime donne – ha considerato le gravidanze gemellari come un'occasione unica per indagare l'esistenza di un'embrionale interazione sociale prima della nascita.[24] Grazie a tecnologie impensabili ai tempi di Piaget, sono stati misurati con precisione i profili cinematici – accelerazione, durata e decelerazione – dei movimenti dei piccoli. La domanda a cui i ricercatori hanno cercato di rispondere era se questi movimenti fossero il risultato casuale di interazioni in un piccolo spazio o rispondessero invece a una forma più organizzata di azioni. La conclusione a cui sono giunti sembra fantascientifica: già a 14 settimane i movimenti di un embrione non avvengono a casaccio, ma seguono un piano preciso, in cui "io", "tu", "il mondo" sono associati a comportamenti chiaramente distinti. Il bambino in utero tocca il suo gemello con gesti più lunghi e più lenti rispetto a come tocca il proprio corpo o le pareti dell'utero. Il bambino tocca il fratello in modo diverso dal resto del mondo. Lo tocca come fa con le parti più delicate e sensibili di se stesso. Se hai dei gemelli in utero, sappi che sanno già farsi le carezze.

Attenzione: cemento fresco!

Finora abbiamo visto come l'esperienza del bambino nel ventre della mamma sia vissuta e condivisa fin dalle prime settimane, e come si rifletta nel sua comportamento sociale. L'esperienza nell'utero influenza il modo in cui i suoi geni si esprimono e in cui le vie neurali si connettono nel cervello.

Negli ultimi anni si è sentito parlare sempre più spesso di "epigenetica", cioè di come l'ambiente abbia un effetto sul modo in cui i geni si esprimono . Si è capito che non ha senso chiedersi, come si è fatto per secoli, che cosa sia predeterminato dai geni e che cosa si possa influenzare con la cultura e l'educazione. È ormai assodato che geni e ambiente – predisposizione e educazione – interagiscono per creare quella manifestazione concreta, unica e irripetibile che è ogni individuo. E questo processo inizia in utero.

Già nell'utero, il bagaglio genetico del bambino si modula: il suo DNA non è, come si è a lungo pensato, solo la somma del 50 per cento circa di geni di mamma e del restante 50 di geni di papà. L'esperienza può determinare quale parte del DNA si esprimerà, cioè può fare la differenza tra la manifestazione o meno di eventi – un comportamento, uno schema cognitivo, una reazione allergica – associati a geni specifici.

Grazie a uno studio condotto su donne incinte durante l'attacco alle Torri Gemelle, per esempio, si sa che se la mamma soffre di PTSD (Disturbo da stress post traumatico), il neonato mostrerà livelli di cortisolo nella sua saliva tipici di un elevato rischio di sviluppare a sua volta PTSD. Quello che si riteneva un fattore di rischio biologico, è in realtà influenzato dall'esperienza nell'utero.[25]

Prendiamo questo dato per quello che è: un'indicazione che ciò che avviene in utero importa. Non mettiamoci a comparare l'attentato al World Trade Centre e la nostra ultima lite coniugale. Non deduciamone che per mettere al mondo un bambino felice dobbiamo offrirgli una gravidanza perfetta. Cerchiamo semplicemente di riconoscere ciò che può avere un impatto positivo e di usarlo a nostro vantaggio.

Gli studi sugli effetti dell'esperienza materna sullo sviluppo del bambino si riferiscono tutti a casi di estremo disagio, trauma o patologia.[26] Per fortuna gli scienziati si concentrano sui casi limite, quelli in cui interventi tempestivi possono fare differenze abissali. La maggior parte di noi non sarà sottoposta a livelli di depressione e ansia patologici, e possiamo ragionevolmente sperare che nessuna delle nostre lettrici si trovi nel mezzo di una catastrofe naturale o sia vittima di un attentato terroristico durante la sua gravidanza.

Questi studi, però, riguardano tutte noi, perché sapere cosa succede quando il bambino è esposto ad alti livelli di stress materno prima della nascita ci dimostra quanto siano fondamentali i periodi critici della vita prenatale e quanto sia importante per ogni donna in attesa prendersi cura della propria salute mentale. I dati neuroscientifici non lasciano dubbi: se la mamma sta male in gravidanza, la fisiologia del bambino si altera in modo tale da impattare sullo sviluppo del cervello e di tutto il sistema nervoso, e questo può sfociare in disturbi neurocomportamentali come l'autismo, i disturbi dell'attenzione, la tossicodipendenza, la depressione, la schizofrenia.[27]

Al contempo tutto non è determinato in modo meccanico da ciò che è avvenuto in gravidanza, quando si forma una prima mappa neurale. Le esperienze postnatali rafforzeranno o al contrario elimineranno le connessioni che si stanno creando in utero. Resta il fatto che la responsabilità che abbiamo è *davvero* così grande. Il cervello del nostro bambino è come cemento fresco, e quello che facciamo oggi lascerà impronte per tutta la sua vita.

Nessuna di noi è perfetta. Durante l'arco della nostra gravidanza almeno qualcosa che impatti lo sviluppo dei nostri bambini in un modo che non avremmo voluto, be', è quasi certo che succeda.

Quindi che facciamo? Neghiamo l'evidenza? Non ci sembra una strategia molto lungimirante. Ci disperiamo e influenziamo il bambino ancora più negativamente? Meglio di no. Siamo in un vicolo cieco.

Già, ma sappiamo ormai che uno dei superpoteri delle mamme è quello dei vicoli ciechi. Anche quando ci sembra che tutto sia incomprensibile e irrisolvibile, c'è sempre una dimensione pratica di vita quotidiana su cui concentrarci per fare il prossimo passo avanti sul filo teso sopra le nostre paure di genitori.

L'unico passo sensato per uscire da questo vicolo cieco sembra sia proprio *prendersi cura*: la cosa bella della gravidanza è che per avere cura del suo bambino, una mamma deve prendersi cura di sé esattamente come se fosse la cosa più importante per la persona che ama e che la ama di più al mondo. Perché per il suo bambino semplicemente lo è.

Il nostro bambino dalla nostra pancia non ci giudica, ci vive. Allora viviamoci anche noi, con tutta l'indulgenza, la gioia, la curiosità di cui siamo capaci. Sorridiamo dei nostri errori: è il modo migliore per smussarne le conseguenze e magari trasformarli in occasioni di crescita. Ambivalenza ed emozioni negative esistono e sempre esisteranno, sono parte integrante della vita: allora, prendiamoci cura di noi facendo loro spazio quando si manifestano, riconoscendole e accettandole con forza e onestà. Non possiamo mettere nostro figlio al riparo da ogni esperienza negativa, né ora che è dentro la pancia né quando sarà fuori e si confronterà da solo con il mondo, ma possiamo fare la nostra parte per proteggerlo ed equipaggiarlo a superare le sfide.

Al contempo, concediamoci di godere delle cose che oggi ci fanno piacere, anche se alla noi di un anno fa sembrerebbero ridicole. Le commedie romantiche? Un detersivo con un profumo buonissimo? Le culottes più comode che occupano spazio nel cassetto dei tanga di pizzo? E quando non capiamo, non arrabbiamoci. Sospendiamo il giudizio, facciamo un passo indietro, un respiro profondo e giochiamo a indagare.

E già che comunque stiamo facendo così tanto per il benessere nostro e del bambino, approfittiamo di questa occasione per fare la nostra parte nel provare a raddrizzare anche la società in cui entrambi siamo e resteremo. Se il benessere della mamma è fondamentale per quello del bambino, non vuole certo dire che la responsabilità e, meno che mai, eventuali colpe siano tutte sue. E invece tante, troppe, neomamme raccontano che la cultura intorno a loro manipola e rigira le informazioni scientifiche sullo sviluppo del feto in una forma di colpevolizzazione: "È nato prematuro perché hai lavorato troppo" o "Non angosciarti che fai male al bambino". Questo modo di fare mette già in luce come venga dato per scontato che tutte le acrobazie logistiche e mentali per tenere in piedi la famiglia siano dovere della donna – quell'isolare che giudica e addita, ma si guarda bene dal sostenere davvero. Possiamo fare molto per modificare questo atteggiamento se lo riconosciamo intorno a noi.

Con un approccio indulgente e giocoso, e anche generosamente critico nei confronti di chi ci sta intorno, possiamo finalmente esplorare tutto ciò che possiamo fare per prenderci cura del mondo in cui sta crescendo nostro figlio e che per ora siamo noi. Per porre insieme le fondamenta, certo non perfette, ma belle e solide, sulle quali si svilupperà la persona che ora se ne sta nella nostra pancia, e sulle quali si costruirà il nostro rapporto con lei.

4
Hypnobirthing: la pratica che oggi non si può più ignorare

Ora che abbiamo acquisito le conoscenze e la motivazione giuste, è arrivato il momento di mettersi al lavoro!

La gravidanza e il parto si affrontano innanzitutto con il corpo. Certo, per preparare un parto dolce può essere utile informarsi, riflettere e confrontarsi; un canale aperto di comunicazione e di scambio con il papà del bambino e chi ci assisterà sono elementi utilissimi, ma non è in quegli scambi che il nostro corpo fisicamente si allena.

Per preparare un buon parto, non basta *sapere*. È fondamentale anche *saper fare*. Diventa centrale la pratica concreta di azioni positive.

La buona notizia è che esiste già un approccio che ha efficacemente impiegato la realtà fisiologica dell'interazione tra utero e cervello, restituendola alle donne come uno strumento efficiente di preparazione e gestione del travaglio e del parto. La brutta notizia è che questo approccio ha un nome straniero che suona un po' hippie e che potrebbe mettere tanti fuori strada, soprattutto se dotati di un forte spirito razionale, di volontà e capacità di controllo sviluppate e di un approccio pragmatico alla realtà (insomma... quasi tutti noi!). A conti fatti, la buona notizia ha ben più peso della cattiva, quindi vale proprio la pena di cercare di capire quale sia davvero la strada indicata dall'hypnobirthing, perché oramai l'avrete capito tutte che stiamo parlando di questo. E no, chiamarlo ipno-parto non ci convince.

L'hypnobirthing è un'utilissima cassetta degli attrezzi dall'efficacia dimostrata, messa a disposizione negli ultimi decenni da varie scuole. Tutte sono unite nell'intento di restituire alle donne una dimensione attiva di parto, lontana dalla medicalizzazione forzata – ma grata per ogni intervento medico necessario –, nella quale la fiducia della partoriente possa essere riposta all'interno di se stessa e non delegata passivamente a terzi.

Qualche premessa sull'hypnobirthing

Hypnobirthing è un nome generico, come dire "danza", "mindfulness", "meditazione" o "yoga". L'hypnobirthing è una pratica con un approccio comune alla fisiologia, alla respirazione, al rilassamento, alle visualizzazioni, ma declinata in modi diversi a seconda di chi la propone.

L'origine della parola "hypnobirthing" risale al 1987, accreditata all'americana Michelle Leclaire O'Neill,[1] ma la sua diffusione a livello mondiale si deve al lavoro di Marie Mongan.[2] Per prima, infatti, Mongan ha creato una rete di professionisti per entrare in contatto con le coppie in attesa, e a partire dal suo lavoro l'hypnobirthing si è diffuso capillarmente. In ogni continente ci sono diversi centri di riferimento. Per esempio, oggi in Inghilterra le principali scuole di hypnobirthing sono addirittura cinque.

- HypnoBirthing-The Mongan Method: il training internazionale ancora spiccatamente improntato alla sua prima elaborazione. Efficacissimo e sistematizzato, è particolarmente rigido nel modo in cui i contenuti possono essere trasmessi.
- Natal Hypnotherapy di Maggie Howell: il primo programma sviluppato solamente in UK e pensato per le linee guida della loro sanità pubblica.
- KG Hypnobirthing:[3] sviluppato da una delle primissime studentesse di Mongan, è una rielaborazione dell'approccio americano in chiave più snella e tipicamente inglese.

- Mindful Mamma:[4] caratterizzato da una maggiore valorizzazione degli aspetti di mindfulness rispetto ad altre scuole.
- The Wise Hippo Birthing Programme: dalla comunicazione particolarmente scanzonata con un focus speciale sull'elemento della positività e del possibile divertimento di ogni esperienza di genitori.

L'efficacia dell'hypnobirthing per vivere un parto positivo è documentata da diverse statistiche: in un'indagine comparativa svolta nel 2006 solo per il 18 per cento delle donne del gruppo hypnobirthing c'è stato bisogno di intervenire per velocizzare il travaglio, quasi la metà rispetto al 36 per cento del gruppo di controllo.[5] Un'altra indagine del Royal Wolverhampton Hospitals NHS Trust, che paragonava le esperienze di parto di un gruppo di mamme che avevano praticato l'hypnobirthing a quelle della popolazione generale, ha mostrato un considerevole aumento dei parti naturali (+20 per cento!) e una notevolissima riduzione degli interventi di emergenza.

Molti altri studi hanno inoltre mostrato come nell'ambito dell'hypnobirthing le donne ricorrano meno all'epidurale e ad altri metodi di analgesia,[6] manifestando invece livelli di fiducia e rilassamento più alti, meno paura, una sensazione di controllo e concentrazione, la soddisfazione per il coinvolgimento del partner – tutti fattori che contribuiscono a una percepita "facilità" e al benessere durante travaglio e parto.[7]

In Italia, Il Parto Positivo (IPP) porta l'hypnobirthing alle coppie dal 2015 attraverso una capillare rete di Referenti sul territorio. Più recentemente sono nate anche altre realtà che offrono l'hypnobirthing in Italia, a riprova del grande successo di questo approccio. L'approccio del Parto Positivo si caratterizza per coniugare le efficaci pratiche dell'hypnobirthing con un lavoro di *empowerment* cognitivo fondato sulle neuroscienze. Questo libro raccoglie tutta la base teorica e le informazioni concrete dell'approccio Hypnobirthing&Neuroscienze IPP, ma non può sostituire in nessun modo il valore esperienziale di un laboratorio IPP frequentato di persona con una Referente Certificata.

Modalità "hypno"

Torniamo alla parola "hypnobirthing". Evidente è il riferimento all'uso dell'ipnosi o dell'autoipnosi come strumento di supporto, e su questo elemento le varie scuole scelgono di focalizzarsi in misura variabile.

Per molti il termine "ipnosi" evoca palcoscenici e maghi che costringono a compiere ridicolaggini. Secondo questa versione popolare dei fatti, ipnotizzare vuol dire "spegnere la volontà di qualcuno per poterlo manipolare". E, comprensibilmente, potrebbe essere proprio tale definizione a far pensare a molti che l'hypnobirthing non faccia per loro.

Eppure, le statistiche citate nelle righe precedenti ci dicono che l'efficacia di questo approccio è tangibile e i racconti delle mamme sono tutt'altro che storie di delega e annientamento.

Come conciliare queste due facce della medaglia? Osservando con attenzione ciò che è misurabile. E da questa necessità di vedere oltre l'autosuggestione e il dubbio generati dalla parola stessa, nasce il matrimonio tra hypnobirthing e neuroscienze che caratterizza unicamente Il Parto Positivo rendendolo uno strumento adatto a tutti.

È urgente iniziare sfatando qualche mito sul prefisso *hypno*. Derivata dal termine greco *hypnos*, che significa "sonno", questa parola si riferisce a quello stato di coscienza di quando stiamo per addormentarci, che tutti conosciamo bene. Quel dormiveglia nel quale seguiamo il filo dei nostri pensieri in modo così chiaro e limpido che sembrano vividi sogni, quello stato nel quale se il nostro compagno ci avvicina con intenzioni erotiche non c'è spazio per la riflessione: il sì o il no del corpo sono chiari e immediati. Si potrebbe descrivere come lo stato mentale nel quale siamo più vividamente presenti a noi stessi.

Questo stato di distanziamento dal mondo non avviene solo prima di addormentarci, ma succede anche quando siamo così assorti in un libro o in un sogno a occhi aperti, persi in luoghi e tempi noti solo a noi, che dobbiamo essere chiamati diverse volte prima di uscire dalla nostra bolla, o banalmente quando guidiamo su una strada che conosciamo bene e ci perdiamo nel flusso inarrestabile dei nostri pensieri. I pendolari sanno esattamente di cosa stiamo parlando: l'ipnosi stradale!

A pensarci ancora meglio, quello stato di presenza assoluta nel qui e ora dell'esperienza del corpo è proprio quello che fa la differenza fra il sesso scarso e quello buono. Se mentre facciamo l'amore, iniziamo a pensare: "Ora metto la mano qui e giro la gamba là", "È proprio ora di cambiare le lenzuola", "Ah, finito qui, poi passo a portare la spesa alla nonna", un orgasmo magari lo abbiamo lo stesso, ma non potremo certo dire di aver goduto con tutte noi stesse. Appena iniziamo a pensare a cose che vanno oltre il presente fisico e immediato, ne risultano goffaggine, imbarazzo e scomodità nella mente, seguite da secchezza, tensione e rigidità nel corpo.

Non dovrebbe stupirci scoprire che durante l'accoppiamento umano il cervello funzioni proprio come durante il parto. In questi momenti fondamentali per la procreazione e la perpetuazione della nostra specie, il cervello pensa bene di lasciare la corteccia prefrontale a riposo. Chi prende il sopravvento è il sistema tronco-limbico più profondo, quello che abbiamo in comune con tanti altri animali. Quando ci accoppiamo entriamo in "modalità *hypno*" e usiamo la parte del cervello che comunica tramite ondate di ormoni che causano reazioni fisiche potenti, le quali a loro volta guidano il nostro corpo sulla strada giusta, verso il successo della specie.

Insieme alla straordinaria normalità della nascita, all'utero e al bambino come persona è finito nell'ombra anche il sapere del corpo.

L'hypnobirthing serve a supportare quello che il corpo già intende fare in travaglio: mandare la corteccia prefrontale a riposo, così che il nostro sistema di riproduzione possa lavorare indisturbato nel qui e ora, nell'esperienza sensoriale chiara e vivida. Come quando stiamo per addormentarci, come quando siamo assorti in un libro, come quando guidiamo, come quando facciamo l'amore: "Sono nella mia bolla, ci sto bene e voglio rimanerci".

L'hypnobirthing serve anche a valorizzare e proteggere quello stato non razionale ma concentrato che si fa spazio in noi dal primo giorno della gravidanza. Abbiamo già visto (vedi alle pp. 13-14) che il progesterone ha un effetto ipnotico e sedativo che fa diminuire la vigilanza a favore di una sonnolenza tutta particolare. Questo stato di coscienza fa parte di un bagaglio utilissimo per la donna in attesa ed è importante sostenerlo e usarlo a buon fine, per noi stesse e per il nostro bambino.

Ai fini del travaglio ciò significa costruire una bolla dentro alla quale essere fortemente presenti a noi stesse, e perciò assenti nelle interazioni con chiunque altro. Questo è il processo che il nostro corpo è naturalmente programmato a fare: l'hypnobirthing ci aiuta proprio a trovare il nostro modo di costruire e sentire questa bolla per far lavorare in armonia profonda il nostro corpo e il nostro cervello, a dispetto di tutta l'adrenalina che ha infestato l'immaginario e le esperienze di parto nell'ultimo secolo.

Accettare di *essere* – prima ancora di *avere* – un corpo e un cervello così potenti, primitivi e determinati a lavorare senza troppe interferenze della nostra parte razionale, a volte può essere una sfida. Però è essenziale. Supportare questo loro funzionamento è possibile: significa che per avere veramente il controllo si deve lasciar andare. E per mettere a frutto questo ennesimo paradosso materno, ovviamente, si deve sapere cosa si sta facendo e ci si deve fidare di chi c'è intorno mentre lo facciamo.

Il cervello della mamma in attesa si sta mettendo in assetto non-verbale per partorire e per interagire con un piccolo umano anche lui in assetto non-verbale, ma con un corpo apertissimo a comprendere e comunicare. Si può scegliere di esplorare e massimizzare questa potenza del cervello con un uso potente del corpo e di prepararci a supportare mente e corpo al momento della nascita come i nostri migliori alleati. Non tutto durante il parto dipende da noi, è vero: ma come abbiamo vissuto e preparato la nostra mente e il nostro corpo, quello proprio sì.

Per Il Parto Positivo l'hypnobirthing è una cassetta degli attrezzi a disposizione della mamma che desidera darsi l'opportunità di stare bene nel suo corpo che partorisce, di non perdere il filo, di rendere più sostenibile il dolore. E questo è il modo più efficace di proteggere la salute e il benessere propri e del bambino.

Non c'è davvero bisogno di aggiungere sovrastrutture al percorso del parto. I veri esperti di ogni parto sono quella mamma e quel bambino, solo che spesso quella mamma non lo sa. Rimetterla al centro, con il suo corpo e la sua mente concentrati su se stessa e sul suo bambino, è il nostro obiettivo.

Come non ci sono tecniche per fare l'amore, non ci sono tecniche per partorire. L'hypnobirthing, quando è usato bene, non è una tecnica in vendita, ma uno strumento messo al servizio delle mamme che permette loro di essere se stesse alla massima potenza, di sentirsi e capirsi a fondo, consapevoli del senso che ha per loro, per il proprio parto e per il proprio figlio quello che stanno facendo. Nessuna lista di cose da fare, nessuna tecnica imbattibile, nessuna delega del proprio controllo: solo guide concrete per imparare a controllare da sé il processo con cui ci si lascia andare per essere presenti nel luogo in cui conta di più: a se stesse e al proprio bambino.

Preparare corpo e mente

Il corpo non è altro che un ammasso di cellule, ma la relazione specialissima che lo lega alla mente è sotto i nostri occhi con tutta la sua immensa vitalità. Sul filo di questa relazione ogni donna in attesa può prepararsi ad accogliere il suo bambino. Ed è su questo filo invisibile e potentissimo che si innestano le azioni necessarie quando si prepara un parto positivo. In quel particolare momento c'è bisogno, infatti, che *tutta* la mamma sia connessa e concentrata: corpo, mente e spirito raccolti intorno allo sforzo della nascita, perché sta lasciando andare alla sua vita indipendente un intero essere umano, con il suo corpo, la sua mente e il suo spirito.

Un elemento cardine di ogni percorso di hypnobirthing è proprio quello di coinvolgere la donna tanto sul livello della mente quanto del corpo. Tutte le pratiche di hypnobirthing esplicitano l'intento di raggiungere "la parte inconscia del cervello";[8] alcune pratiche elencano le "potenti leggi della mente"[9] tra cui la legge di attrazione, altre fanno un generico riferimento alla mente intuitiva e all'inconscio.[10]

Il percorso del Parto Positivo si caratterizza nella sua unicità per il rigore dell'approccio, avendo individuato gli elementi neuroscientifici concreti (*priming* e memoria procedurale in particolare) alla base dell'efficacia dell'hypnobirthing.

Partendo dal corpo, la mamma si può preparare *tutta* a partorire in salute e benessere grazie a tre elementi chiave: respirazione, rilassamento e visualizzazioni.

I soliti tre punti di qualsiasi corso preparto degli ultimi cinquant'anni?!? Già. Da sempre qualche forma di respirazione, rilassamento e persino visualizzazione è stata inclusa nei programmi dei corsi preparto. A volte queste tecniche sono state efficaci, ma i parti negativi sono rimasti lo stesso tantissimi, a causa di due problemi fondamentali:

- nella maggioranza dei casi sono state trattate come tecniche superficiali da applicare con razionalità, spesso solo al momento del parto;
- respirazione e rilassamento sono potentissimi, se chi ci assiste ci lascia usarli in pace. Con le gambe alzate su un lettino, sotto una luce al neon, davanti a quattro estranei che ci dicono: "Respiri, signora, respiri", c'è poco da respirare, e ancora meno da rilassarsi.

Non molti corsi preparto degli ultimi decenni hanno messo le donne in condizione di farsi assistere con il rispetto dovuto a chi sta rischiando la sua vita per il futuro della specie, ma sugli aspetti che riguardano chi ci assiste torneremo più avanti (vedi a p. 148). Ora ci concentreremo invece sull'unica cosa che dipende esclusivamente da noi: preparare mente e corpo al meglio. Per prepararsi al parto come esperienza fisica radicale bisogna proprio allenarsi, come ballerine, calciatrici e trapeziste. Sì perché quello che hai letto finora è registrato nella tua memoria episodica – quella consapevole, che ti dice luogo, ora, presenti e assenti di ogni evento della tua vita che ricordi –, ma il giorno del parto questa se ne andrà a riposo per lasciarti entrare in modalità *hypno*.

La buona notizia è che esiste un modo per preparare già da adesso le nostre reazioni così da poter partorire in quella bolla di presenza sensoriale che protegge i parti sani: bisogna lavorare sulla memoria implicita, quella che il nostro corpo segue automaticamente, come quando per esempio andiamo in bicicletta.

La memoria procedurale: allenarsi a seguire il corpo

Il punto fondamentale affinché quello che facciamo sia davvero utile è che deve essere un fare che arriva a interagire con la parte profonda della nostra mente, quella che comanda veramente il corpo nel suo momento di massima vulnerabilità e potenza: il parto.

Il cervello non immagazzina solo episodi di vita di cui siamo consapevoli e che possiamo raccontare. A costruire le nostre aspettative, le nostre abitudini, la nostra identità contribuisce in modo fondamentale anche un altro tipo di memoria: la memoria procedurale.[11]

Come dice la parola, è una memoria che riguarda le *procedure*. E queste cosa sono? Sono sequenze di azioni che, eseguite in un ordine costante, danno un certo risultato. Un po' come quelle descritte in un libretto di istruzioni.

Il nostro corpo si muove e vive grazie a un numero infinito di procedure che lo guidano in modo automatico, senza che la parte consapevole del nostro pensiero debba essere coinvolta nella faccenda. Da cosa faccio la mattina quando suona la sveglia, a come metto insieme le lettere su questa pagina, a come reagisco quando vedo una persona conosciuta per strada, tutte queste azioni e reazioni sono scritte nel nostro cervello sulla base dell'esperienza, sono uniche per ciascuno di noi e ci guidano quasi a nostra insaputa.

La memoria procedurale è legata al corpo e si sviluppa e manifesta con le nostre abitudini. Non è la memoria del cosa, ma del come – una volta impostata, specifica cosa aspettarsi e come reagire in determinate situazioni. Parla poco con la parte consapevole di noi, preferisce abitare i nostri comportamenti e comandarli: la postura con cui ci muoviamo, le reazioni che abbiamo a input abituali, come interpretiamo un atto di gentilezza inaspettato. È tutto questo e molto di più.

È un libretto di istruzioni che iniziamo a compilare alla nascita, anzi prima, e che continuiamo ad aggiornare per tutta la vita. In questo metaforico libretto possiamo immaginare le procedure come associazioni di eventi che di solito avvengono in una sequenza ben precisa.

Come quando impariamo ad andare in bicicletta, a suonare uno strumento o a guidare, è necessario stare attenti alle istruzioni, ma solo agendo concretamente possiamo davvero imparare a fare, senza più dimenticarlo. Il nostro cervello prenderà nota della sequenza di azioni che produce un certo risultato e inizierà ad aspettarsi che una volta iniziata la sequenza essa continui nel modo abituale. Inizialmente ci è richiesto un grande sforzo per capire che cosa dobbiamo fare e come farlo bene, ma poi il grosso dell'apprendimento avviene attraverso l'esercizio.

Con il ripetersi della sequenza – l'allenamento –, le azioni si legheranno in modo quasi inestricabile in una procedura che entrerà in azione automaticamente ogni volta che le condizioni la solleciteranno. La procedura sarà talmente solida ed efficace che richiederà relativamente poco sforzo al cervello. Questo spiega perché possiamo guidare e intanto sforzarci di ricordare quale armadio aprire per recuperare quel cappotto della nonna tornato di moda, perché ci siano musicisti capaci di riprodurre melodie incredibili e com'è possibile che tu stia leggendo queste righe senza sforzo, concentrata solo sul significato che portano.

Sfruttare questo tipo di memoria può essere incredibilmente utile quando si prepara un parto. La gravidanza umana dura circa 40 settimane, un tempo più che sufficiente per fare un piccolo *update* della nostra memoria procedurale e provare a usarla a nostro vantaggio per preparare un parto positivo.

Se abbiamo sentito dire che durante il parto come respiriamo può fare la differenza, farsi spiegare qualche rudimento di respirazione può essere utile, ma se vogliamo davvero che il nostro corpo benefici di una buona respirazione, dobbiamo prenderci *adesso* il tempo per costruire e rinforzare la procedura adeguata. La memoria procedurale richiede ripetizione per avere quell'effetto di fluida semplicità che ha il gesto del ballerino.

La prima cosa che le donne in attesa oggi hanno bisogno di riscoprire è come gestire la logorrea della corteccia prefrontale e lasciare che la mente razionale – quando le circostanze sono adatte – lasci il posto di guida al corpo.

Ma come? La cosa incoraggiante è che, come abbiamo visto in precedenza, in realtà lo facciamo già tutti i giorni. Pedaliamo in bicicletta, guidiamo, allacciamo le stringhe lasciando che il corpo segua le sue sequenze abituali: facciamo tutto ciò per abitudine, senza pensarci. Come possiamo fare in modo che un meccanismo altrettanto automatico si innesti anche durante il parto, soprattutto considerando l'infinità di *priming* negativi che ci portiamo addosso?

Come abbiamo visto, un punto di partenza da cui iniziare è il linguaggio che scegliamo di utilizzare (vedi "L'importanza del linguaggio: parlare bene per partorire bene" a p. 65). Il discorso sul parto è caratterizzato da un livello altissimo di tecnicità medica e di negatività: dalla morfologica alla scadenza, dalle contrazioni ai protocolli, le donna in attesa si ritrovano sommerse da subdole stoccate ansiogene nascoste in parole apparentemente innocue. Anche quando è la donna a parlare, la lingua tende a essere rinunciataria in partenza. Un linguaggio di frasi fatte, costruite su un immaginario collettivo – guarda caso sviluppato negli anni Cinquanta – in cui la donna si fa o è messa da parte.

Sappiamo che le parole sono importanti. Chi parla bene pensa bene. E pensare bene è il primo importantissimo passo per evitare inutili bastoni fra le ruote a quel brontolone poco flessibile del nostro sistema tronco-limbico. Come disse Kipling, le parole sono le droghe più potenti.[12] Mentre ci esercitiamo a respirare e rilassarci con gli esercizi delle prossime pagine, ricordiamoci di pensare e parlare sempre nel modo che ci sostiene al meglio.

5
Dalla teoria alla pratica: la cassetta degli attrezzi dell'hypnobirthing

Arrivati a questo punto risulta evidente perché in gravidanza le abitudini a cui dare spazio quotidianamente sono fondamentali. La parola chiave è "quotidianamente": nessuno studio matto e disperatissimo dell'ultimo minuto può sostituire il fare quotidiano. Bastano dieci minuti al giorno, ma è necessario essere costanti. Solo così quel fare può diventare una procedura implicita e aiutare a crearsi una bolla personale anche durante la sfida del travaglio.

Non vorrai certo arrivare al travaglio con una lista di cose da controllare per ricordarti di farle tutte, meno che mai eseguire dei compiti meccanici solo perché qualcuno ti ha detto che funzionano – anche perché se applicate meccanicamente le pratiche utili in travaglio non sono efficaci.

Probabilmente vuoi, e certamente puoi, scoprire a poco a poco le risorse del tuo corpo e della tua mente e imparare a usarle al meglio, in relazione al tuo bambino e alla tua realtà. Se è così, in questo capitolo ci riferiamo direttamente a te, perché è arrivato il momento di passare all'azione. Le pratiche che troverai nelle pagine che seguono fanno proprio per te se sei d'accordo con questi due punti:

- desidero riprogrammare le aspettative negative della mia mente prima che si traducano in tigri dai denti a sciabola e sostituirle invece con il bagaglio di ossitocina di un'aspettativa positiva;

- desidero allenare il mio corpo e la mia mente a rilasciare velocemente ogni tensione, raggiungendo un livello di rilassamento profondo che supporti il travaglio e renda lo sforzo sopportabile e soddisfacente, preservando quel piacere unico che sa provare il corpo quando lavora con tutta la sua potenza.

Di fatto si tratta di insegnarti a fare qualcosa che il tuo corpo già sa e vuole fare, ma che tu devi imparare a lasciargli fare. Puoi sfruttare queste risorse iniziali e amplificarle, prendendo sì conoscenza degli aspetti negativi, ma smettendo di focalizzarti esclusivamente su quelli: puoi scegliere di concentrarti piuttosto sui molteplici e frequentissimi aspetti positivi. Sarà doloroso? Sarà potente.

Respirazione

Nasciamo con un'inspirazione. Moriamo con un'espirazione. Nel mentre, un ciclo di movimenti dentro-fuori tra naso, bocca e polmoni ci tiene in vita con meravigliosa efficienza, senza nemmeno che ce ne rendiamo conto. Grazie a questo scambio costante tra l'interno e l'esterno, il sangue si carica di ossigeno e lo trasporta in tutto il corpo. Nel respiro c'è qualcosa di unico: è al contempo volontario e involontario.

Respirare è talmente automatico e immediato che non tutti hanno dedicato del tempo a osservare come lo fanno: eppure, basta un solo respiro profondo per ricordarci quanto affidabile e meraviglioso sia questo meccanismo che trova nell'aria intorno a noi, senza nessuna ricerca spasmodica, tutto quello che serve affinché la polverina di atomi che siamo resti viva. Possiamo modificarlo, guidarlo, persino fermarlo per un po': ma se lo tratteniamo troppo a lungo, il sistema tronco-limbico prenderà il sopravvento obbligandoci a continuare a vivere.

L'ossigeno è il carburante più importante per tutti i muscoli del corpo, anche per quelli al lavoro durante il travaglio. Quando arriva un'onda (iniziamo a "parlare bene" e a chiamare così i picchi intensi di lavoro del travaglio, vedi a p. 66), sarà quindi fondamentale che il respiro sia fluido, non costretto a infilarsi fra denti serrati, come vediamo spesso nei film. Un respiro fluido permette all'ossigeno di raggiungere i muscoli dell'utero e di non andare sprecato in inutili contrazioni di viso, addome e chissà quale altra parte del corpo che potrebbe starsene serenamente a riposo.

Soprattutto, meno ossigeno sprechiamo, più ne rimane a disposizione per il bambino.

Con l'inspirazione immettiamo nell'organismo ossigeno ed energia, con l'espirazione rilasciamo anidride carbonica e quello che non serve. È su questo pendolo che possiamo giocare con efficacia, concentrandoci su quello che entra e sul rilassare ogni tensione per lasciare andare ciò che deve uscire: anidride carbonica, certo, ma anche il bambino quando sarà il momento.

Il respiro è tra le prime cose che sentiamo cambiare quando il sistema nervoso si sposta tra la modalità allerta e la modalità relax. E mentre il corpo si adatta agli input della mente – rispondendo con l'affanno alla paura di qualcosa, per esempio – è vero anche l'opposto: la mente si adatta agli input del corpo. Rendere il respiro lento e profondo può permette al cuore di rallentare, un segno chiaro a tutto il resto del corpo – e della mente – che non ci sono pericoli immediati da fronteggiare. Il sistema tronco-limbico si adatta e si mette in modalità relax.

Tra poche pagine scoprirai nel dettaglio come combinare respirazione e rilassamento, ma per il momento, ti invitiamo a focalizzarti solo sul respiro, che è la chiave più immediata a tua disposizione per connetterti a te stessa e al tuo bambino e per supportare il corpo a fare quello che deve senza il tuo controllo, ossia senza un intervento consapevole e volontario. Il respiro è il luogo dove il tuo corpo e il tuo spirito si incontrano e si parlano. È il tuo punto di contatto, sempre a disposizione, con il momento presente.[1]

È sul respiro che puoi andare ad agire e nel respiro che

puoi rifugiarti nei momenti di sfida maggiori come il travaglio. Quando tutto sembra sfuggire al controllo e alla comprensione, il respiro c'è.

Un rifugio per restare nel qui e ora

Prima ancora di esplorare i modi per guidare il tuo respiro, concediti una breve pausa per riconoscere il respiro che già c'è.

Nella vita come in travaglio, il primo passo è uno: fermarsi e stare nel corpo, a partire dal respiro. Non serve sapere nulla, aver studiato né deciso alcunché riguardo a gravidanza e parto per fermarsi a respirare: servi solo tu.

Spostare l'attenzione sul respiro è un cambiamento di prospettiva in grado di modificare l'assetto tra mente e corpo: passare dalla modalità *fare* alla modalità *essere* è uno spostarsi radicale ed efficace.[2]

Il respiro, nel momento stesso in cui ti fermi a registrare che c'è e ti concedi di dargli attenzione, è già un rifugio: ti ancora al presente e al corpo, a una forma di pace sempre aperta alla calma e alla connessione con te stessa (e che vale per tutti, non solo per le donne incinte).

Di seguito ti proponiamo un esercizio per compiere il primo passo alla scoperta di te stessa e del tuo respiro. Concediti un minuto per farlo, ovunque tu sia. Se stai leggendo questa pagina, è il momento giusto.

ESERCIZIO: **RIFUGIO NEL PRESENTE**

Qualsiasi cosa tu stia facendo, fermati. Sistema il corpo in una posizione comoda, ben supportata. Porta l'attenzione su tutti i punti di contatto tra il tuo corpo e la superficie che lo sostiene. Prenditi il tempo di sentire dove il tuo corpo è appoggiato e dove sostiene il peso. Senza modificare nulla, prenditi il tempo di sentire tutto il corpo, dalla testa ai piedi, in questo momento. Registra i punti di tensione e quelli di morbidezza. Puoi tenere gli occhi aperti, concentrandoti su un punto sotto l'orizzonte davanti a te, o chiuderli.

Dopo aver trovato questa presenza del tuo corpo com'è qui e ora, porta l'attenzione sul respiro: sulle parti che si muovono mentre respiri. Non fare nulla per modificarlo, prendi solo atto di dove accade. Porta l'attenzione sulle parti del corpo che si sollevano e si abbassano, e su quelle che restano ferme. Concentrati sull'aria che entra e che esce.

Qualunque sia il tuo modo di respirare in questo momento, va bene. Non giudicarti, non crearti aspettative. Osservati. Percepisciti mentre respiri. Scegli mentalmente una parte del corpo e ascolta cosa accade lì mentre tu respiri.

Se un pensiero ti distrae, com'è normale, prendine atto, fai un passo indietro dentro di te, come se volessi lasciar passare il pensiero, e riporta l'attenzione sul tuo respiro. Mantieni l'attenzione sulla sensazione del tuo corpo che respira, sulla sensazione dell'aria che entra e che esce. E se la mente ti distrae nuovamente, rifai un passo indietro e torna gentilmente al respiro.

Dopo qualche minuto, concludi la pratica con un respiro profondo e torna a occuparti di quello che ti circonda.

Imparare dai sospiri

Quando qualcuno o qualcosa ci richiede uno sforzo di pazienza, sospiriamo. Portiamo un attimo l'attenzione su quel gesto così banale e spontaneo. Il sospiro consiste in un'inspirazione dal naso, che ci fa riempire bene la cassa toracica, e in un'espirazione lunga e completa, generalmente rumorosa.

Considerare il sospiro ci permette di vedere bene i tre modi in cui caratterizziamo il respiro quando ci serve una dose extra di calma: lo rendiamo, infatti, più lento, più lungo e più profondo.* È un po' come aprire la valvola della pentola a pressione: il sospiro rilascia la tensione di quell'attimo, e contribuisce a ristabilire l'equilibrio interno al nostro corpo.

Ciò a cui puoi mirare per prepararti al travaglio ha l'efficacia di un sospiro: la profondità lenta e lunga di un respiro che ti culla. Per poter sfruttare al meglio la potenza dei respiri profondi il giorno del parto, ora è il momento perfetto per esercitarti. Datti il tempo di conoscerlo, il tuo respiro. Ti invitiamo a provare l'esercizio qui sotto con regolarità.

ESERCIZIO: **SOSPIRO**

Seduta con la schiena appoggiata comodamente a uno schienale ed entrambi i piedi a terra, fai qualche respiro lungo, lento e profondo. Valuta tu se ti viene più spontaneo respirare con il naso o con la bocca. Senti la pancia sollevarsi quando inspiri e scendere dolcemente quando espiri.

Espirando, lascia uscire l'aria come se fosse un lungo sospiro, rilasciando ogni tensione. Sentire l'aria uscire è il tuo segnale di totale rilassamento, per lasciarti semplicemente andare.

Al contrario dell'espirazione, l'inspirazione ti richiederà un piccolo sforzo. È probabile che l'inspirazione dal naso venga più spontanea. E l'espirazione? Può essere che, per tenere un respiro così lento a lungo, ti venga presto voglia di passare a espirare dal naso. Ed è un bene: per cavalcare le onde ti serve il respiro più rilassato che tu sappia produrre. Se ti viene spontaneo farlo dal naso, come quando dormiamo, ancora meglio. Fai degli esperimenti per trovare

* Nel nostro primo libro *I miei quattro trimestri* (Ouverture, 2017) trovi spunti pratici di hypnobirthing e neuroscienze: simbolicamente uno a settimana dal concepimento al terzo mese del bambino.

il modo che ti è più congeniale. Ricordati: il tuo obiettivo è arrivare a un respiro il più lento, lungo e profondo possibile, ma senza sforzarti di raggiungere una meta prefissata. Puoi provare a contare lentamente mentre espiri, cercando di arrivare al numero più alto che ti riesce. Vedrai che con la pratica scoprirai di riuscire a rallentare sempre di più.

Cavalcare le onde

Come abbiamo già visto, i movimenti dell'utero sono movimenti muscolari involontari. Il compito per il quale ti stai preparando non è facile ma, nella pratica, è semplice: devi "solo" lasciare lavorare l'utero, fornirlo di tutto l'ossigeno e l'energia disponibili nel tuo corpo e accogliere ogni onda con calma.

Da un punto di vista fisico, è importante che gli altri muscoli del corpo non interferiscano con l'utero, mentre da un punto di vista mentale, è essenziale che la mente sia allineata al lavoro del corpo. Questo allineamento comporta lo sforzo consapevole di tenere la mente concentrata a sentire e vivere il corpo: per esempio, se durante un'onda lasci a metà la frase che stavi dicendo all'ostetrica per concentrarti sulle sensazioni del tuo corpo e per farti attraversare senza cadere preda della paura, la tua mente e il tuo corpo sono allineati.

Se invece ti sforzi per continuare il discorso nonostante i richiami potenti del tuo corpo, la tua mente e quella dell'ostetrica sono magari allineate... ma il tuo corpo va per conto suo.

La chiave è il respiro: ti concentri su questo, porti la mente nel corpo e insieme mente e corpo tendono verso un lavoro comune. L'obiettivo è cavalcare ogni movimento dell'utero, ogni onda, con una respirazione che parta dalla pancia, profondissima e lentissima, molto fluida, che lasci massimo spazio e ossigeno ai muscoli dell'utero.

Respirare per assecondare le onde può supportare il lavoro verso l'alto dei muscoli dell'utero, ed è come un movimento circolare: l'inspirazione inizia non appena l'espirazione è finita, come se fossero unite in un cerchio.

Inspirazione ed espirazione avvengono preferibilmente dal naso, come nel sonno, e il corpo si solleva all'altezza dell'addome: quando l'aria entra, la pancia si gonfia (in travaglio seguirà il ritmo delle onde). Quando parliamo di espirare dal naso non intendiamo certo che si debba soffiare come quando usiamo un fazzoletto. Non è un respiro superficiale, al contrario: durante l'espirazione lenta e lunga dal naso, abbiamo la sensazione di dirigere il respiro all'interno del corpo, verso il basso, come se passasse dietro la gola. Certo, è solo una sensazione, visto che l'aria sta in realtà uscendo dal naso, ma sono moltissime le discipline che utilizzano questo tipo di immaginario per descrivere e canalizzare il vissuto della respirazione con efficace potenza. Respirare in questo modo crea spesso un lieve suono gutturale, dovuto alla vibrazione dell'aria dietro la gola.

Ci stiamo perdendo in divagazioni troppo pseudo-yogiche per i tuoi gusti? C'è una sola cosa da fare: provare per credere!

ESERCIZIO: **CAVALCARE LE ONDE**

Mettiti in una posizione comoda e ben supportata. Puoi stare seduta o, ancora meglio, distesa su un fianco.

Connettiti al tuo respiro nel qui e ora, fai un bel sospiro per liberare la tensione e inizia a inspirare lentamente dal naso; mentre l'aria entra, gonfia la tua pancia, come se al suo interno ci fosse un palloncino. Il resto del corpo deve rimanere morbido e fermo. Mira a rendere ogni respiro il più lungo e lento possibile. Non trattenere il respiro, lascialo solo fluire. Quando l'aria è al massimo lasciati scivolare direttamente nell'espirazione. Lascia uscire l'aria lentamente e senza nessuno sforzo. Non devi soffiarla fuori, solo lasciarla andare, lentamente. Con l'espirazione che si dirige immaginariamente verso il basso e verso l'interno, lasciando ammorbidire ogni muscolo del corpo, sentirai chiaramente ogni parte di te abbandonarsi e ammorbidirsi. Quando l'espirazione è finita e la pancia si è riabbassata, torna a inspirare di nuovo e a sollevarla ancora, con un andamento fluido e circolare.

Dedica a questa pratica almeno 10 minuti al giorno (anche solo 5 al mattino e 5 alla sera).

Se praticato con costanza e il più possibile, questo respiro diventa talmente lungo da poterti accompagnare su ogni singola onda, che può durare anche un minuto. In gravidanza puoi essere tu a dare il ritmo al respiro, cercando di raggiungerne uno il più lento possibile. In travaglio, invece, durante la fase di apertura della cervice, porterai tutta la tua attenzione ad assecondare l'onda per seguirla sollevando la pancia quando l'utero lavora. Per aprire la cervice, l'utero tira verso l'alto: sentire l'onda morbida nella pancia respirando in questo modo massimizza il lavoro dei muscoli verticali, focalizza la tua attenzione e rilassa tutto quello che non sta lavorando.

Praticare questa respirazione il più frequentemente possibile durante la gravidanza è essenziale: significa essere in grado di recuperare il ritmo più lento e profondo possibile per te in modo talmente automatico che riuscirai a riattivarlo anche quando sarà il momento di farlo insieme allo sforzo dell'onda.

Respirare fuori il tuo bambino

L'espressione "respirare fuori il tuo bambino" significa supportare al meglio l'ultima fase del travaglio, quando il lavoro di apertura della cervice è finito e l'utero cambia la sua azione. Per i muscoli intorno al bambino non si tratta più di tirare verso l'alto, ma di "strizzarlo" fuori, lasciarlo andare con un riflesso di espulsione naturale.

Prepararsi a respirare fuori il bambino è molto diverso da prepararsi a spingerlo. Potrebbe risultare un'idea controintuitiva, lontana com'è dall'immaginario dell'assistenza al parto degli ultimi decenni. Eppure, rilasciare il bambino è il meccanismo di base messo a punto dal tuo corpo.

Non c'è alcun bisogno che una persona esterna ti dica quando è ora di spingere: quando sarà il momento lo saprai. Anzi, spingerai ancora prima di saperlo. Infatti il bambino esce principalmente perché il corpo lo rilascia. È quello che i medici chiamano riflesso di eiezione del feto (vedi a p. 60).[3] Ogni cosa che deve uscire in modo fisiologico dal corpo (come anche urina, feci o sperma), si può trattenere per un po', ma arriva un momento in cui deve proprio uscire: così succede anche al bambino.

Mentre per il lavoro di apertura della cervice il tuo respiro lento e profondo ti cullava su e giù con le onde e tanto l'inspirazione quanto l'espirazione erano importanti per mantenere il tutto rilassato, per il lavoro di espulsione le cose sono diverse: è nell'espirazione che il respiro si fa più potente. Per questa ragione non servirà più che l'inspirazione sia lenta, è l'espirazione a diventare lunghissima per assecondare con tutta la sua energia il rilasciare dell'utero. Per questo motivo, per supportare al meglio quel potente lasciar andare che è il rilasciare il proprio bambino nel mondo, è più efficace immaginare che il respiro fluisca all'interno del corpo, attraversi la pancia ed esca dal basso.

La TV ci ha abituati a vedere ogni parto finire esattamente all'opposto rispetto a ciò che il corpo richiede. Ci ha abituati non solo a gambe alzate, contro ogni forza di gravità oltre che ogni istinto, ma anche a urla e grida che vanno verso l'alto, a disperdere ogni energia. Oppure, ancora peggio, alla "spinta viola"[4] della mamma paonazza che tiene il fiato e spinge. Invece il respiro che supporta un parto sano è un respiro che scende, che lascia andare verso il basso. È possibile imparare a usare tutta la forza dell'espirazione, immaginando di canalizzarla dal naso all'interno del corpo come se fosse il respiro stesso a spingere fuori il bimbo mentre intorno tutto è completamente rilassato.

Nella fase finale, quando senti l'onda dell'utero, ti prepari non più solo a cavalcarla ma a farti riportare in basso, verso riva. Inspiri, ma questa volta più velocemente e profondamente dal naso, ed espiri sempre dal naso il più a lungo e lentamente possibile. L'espirazione è la parte più importante: senti l'aria uscire dal naso, e la immagini fluire dentro di te, verso il basso, come un canale che esce con il tuo bambino sotto di te, leggermente in avanti, tra le tue gambe. Forse la tua gola emetterà dei suoni, o forse no. L'essenziale è continuare a respirare all'interno e potentemente dal naso: produrrai con ogni probabilità un suono gutturale, forse un ruggito rauco e profondo, forse persino un sospiro di piacere, che usa l'energia del respiro a tuo favore – l'esatto contrario delle urla che senti nei film.

Segui l'espirazione come se avvenisse nel tuo corpo, dentro e giù, e mentre scende rilassa tutti i muscoli, in particolare quelli dell'area vaginale e del perineo. Avrai come l'impressione che il respiro esca da lì, portando il tuo bambino. È essenziale che tutta l'area pelvica sia profondamente rilassata, cosa che contribuirà anche a conservarne l'elasticità e la salute.[5] Nel frattempo continui a respirare in questo modo con tutta l'onda dell'utero, finché non è passata. Senti l'energia del respiro all'interno e verso il basso, come se stessi letteralmente scendendo dentro di te a respirare fuori il tuo bambino. Sentilo uscire e più lo senti più rilassi tutta la zona. In basso, verso l'interno, potentemente. Focalizzare la respirazione durante le onde è essenziale: è quello il momento in cui l'utero sta lavorando. Spingere quando l'onda non c'è significa sprecare la pausa che il tuo corpo vorrebbe prendersi, e non aiuta l'utero.

Se ascolti il tuo corpo, tutto questo te lo dice lui molto chiaramente.

Diversamente dalla respirazione delle onde, davvero utile per tutta la gravidanza, la pratica del respiro per rilasciare è consigliata solo dopo la 37ª settimana. Provala con l'esercizio seguente.

ESERCIZIO: **RESPIRARE FUORI IL TUO BAMBINO**

L'unica occasione che abbiamo quotidianamente per rilasciare qualcosa dal nostro corpo in modo fisiologico è quando andiamo in bagno. Dopo la 37ª settimana, usa quel momento - sì, hai capito bene, proprio quando fai la cacca - per fare pratica.

Inspira brevemente e usa tutta la durata di un'espirazione lentissima per immaginare il respiro che scende dentro di te, a partire dalla gola e verso il basso, lasciando andare e rilassando il resto del corpo. Mentre lo fai concentrati nel rilassare l'ano e nell'ammorbidire i muscoli.

Scoprirai che respirare così è benefico anche in relazione a certi disturbi molto comuni a fine gravidanza, come emorroidi o stitichezza. Con la pratica capirai meglio come dirigere il respiro "dentro di te" e soprattutto cosa significa per il tuo corpo non spingere ma rilasciare.

Tutte le informazioni su utero e cervello, insieme alle pratiche che ti suggeriamo di introdurre in gravidanza, hanno senso solo quando sappiamo verso cosa ci stanno guidando. Un corpo rilassato, fiducioso e ben supportato sia fisicamente sia dall'ambiente circostante fa l'atto più coraggioso e potente di cui l'essere umano è capace: si apre e lascia andare la cosa più preziosa che ha.

A questo punto conosci tre tipi di respirazione che potranno davvero aiutarti non solo nelle prossime settimane, ma per tutta la vita: bisogno di connessione tra mente e corpo, colpi di stress, stitichezza non finiscono con il parto. Ti invitiamo a esercitarli per fare di questa conoscenza teorica un'abitudine pratica quotidiana. Siamo certe che ne trarrai grande beneficio.

Sulla base della conoscenza del tuo respiro, potrai poi scoprire anche il tuo modo di rilassarti profondamente.

Rilassamento

Dovrebbe ormai essere chiaro che in gravidanza chiudere ogni giorno il mondo fuori e concentrarsi solo sull'abitare il corpo e il respiro non è un atteggiamento un po' hippie né capriccioso. Per un cervello che si sta preparando a comportarsi come quello di tutti i mammiferi, per un utero che si sta preparando a lavorare in autonomia, e per un corpo, una mente e uno spirito che devono supportare tutto questo, sapersi chiudere in se stesse e lasciare fuori tutto il resto è il piano fondamentale.

Ora che conosci meglio il tuo respiro e hai capito come trarne il massimo beneficio, puoi usarlo per rilassare profondamente il tuo corpo.

Ci sono almeno quattro motivi per cui concedersi almeno dieci minuti di rilassamento profondo ogni giorno fa davvero bene, e sono tutti reali e scientifici. A trarne beneficio in modo diretto e tangibile sarete sia tu sia il tuo bambino.

MOTIVO N. 1: FA BENE ALLA MENTE E AL CERVELLO

È stato dimostrato che una pratica di meditazione o mindfulness quotidiana di otto settimane è associata ad alterazioni positive sia del corpo sia di alcune aree del cervello, con benefici a lungo termine che rimangono anche nello stato non meditativo.[6] Inoltre, sono stati notati miglioramenti nell'abilità di reagire a traumi, nella capacità di memorizzare, nella gestione dell'ansia e nell'attenzione,[7] oltre a una maggiore abilità di regolare le emozioni e una riduzione considerevole dei sintomi depressivi.[8] Tutti elementi che possono tornare utili durante la maternità. L'hypnobirthing ha in comune con meditazione e mindfulness sia la pratica del respiro sia la ricerca di una consapevolezza nell'uso della mente. Vale la pena provare.

MOTIVO N. 2: PREPARA IL CERVELLO PER IL PARTO

Come abbiamo già avuto modo di vedere, in gravidanza il nostro cervello si prepara a lasciare che la parte istintiva, primitiva e animale prenda il sopravvento su quella logica e razionale. Si possono sfruttare questi nove mesi per introdurre fra le nostre abitudini dei momenti piacevoli nei quali lasciamo consapevolmente che la mente si metta in stand-by, in modalità *hypno:* assenti dal mondo e, al contrario, presenti a noi stesse e al nostro bambino. Questo non assicurerà soltanto dei momenti di piacere e meritato riposo, ma inizierà a creare nella memoria procedurale l'aspettativa, la fiducia e l'abilità di mettere la corteccia prefrontale in stand-by e lasciarsi andare al corpo.

MOTIVO N. 3: ACCORDA CERVELLO E CORPO

Mente e corpo non sono due entità sconnesse e indipendenti, ma due aspetti interconnessi di un'unica persona. Ogni emozione è uno scambio chimico reale che avviene nel corpo. Se abbiamo interiorizzato aspettative negative, corpo e cervello si sono accordati per affrontare il travaglio come un pericolo, armati di adrenalina. Questo, in termini ormonali, è uno dei primi motivi concreti per cui nella nostra cultura il parto è una sofferenza atroce e un pericolo reale per molte donne. Un travaglio affrontato con tensione e paura è molto più duro da gestire fisicamente e mentalmente, oltre che meno efficace e più lento. Offrire ogni giorno al cervello e al corpo un momento di calma profonda, associato a messaggi positivi su gravidanza e parto, ha il potere di agire in profondità, sulle aspettative, più o meno consce, nei confronti del parto, contribuendo ad affrontarlo serenamente.

MOTIVO N. 4: È UN ALLENAMENTO PER CAVALCARE LE ONDE

Lo sforzo fisico e mentale richiesto per accogliere le onde e accompagnarle non è cosa da poco. È stato detto giustamente che il parto è il monte Everest del corpo umano.[9] A differenza di una scalata, tuttavia, per partorire non servono un equipaggiamento costoso né un allenamento sovrumano – una buona guida, però, sì! – perché si ha già tutto dentro di sé. Durante un'onda non è possibile rilassare l'utero, si hanno però campi di azione alternativi: insieme a una respirazione efficace, è possibile intervenire su altri muscoli del corpo, facendo in modo che non ostacolino l'utero, privandolo di ossigeno e risorse di energie. Saper rilassare tutto il resto, come i muscoli della pancia, supporta il grande lavoro che accade per la nascita.

Come qualsiasi cosa che riguarda l'agire volontario del corpo, il rilassamento profondo si può imparare solo facendolo. Scoprirai così cosa voglia dire rilassarsi davvero per te, nel tuo corpo e nel tuo vissuto unico e irripetibile. La cosa divertente è che se farai pratica tutti i giorni scoprirai presto di poterti rilassare molto più di quanto avessi mai pensato. Con ogni rilassamento, raggiungi un livello di abbandono sempre più profondo.

E non serve essere incinta per godere di tutti i benefici del rilassamento: quando sarà diventato parte della tua vita, lo avrai sempre a tua disposizione. Tornerà utile in qualsiasi momento tu desideri spostare l'assetto del corpo da adrenalina e tensione a calma e serenità: magari quando sei bloccata nel traffico, o alle prese con un figlio adolescente... Per ora concentriamoci sull'essere pronte per il travaglio.

Rilassamento progressivo: iniziare a mettersi in gioco

Come abbiamo visto, il respiro è il nostro primo rifugio e la guida per riportare il focus all'interno. Anche tutto il corpo può essere però coinvolto nella respirazione, per entrare in quella bolla dove corpo, mente e spirito sono totalmente allineati.

Portare gradualmente l'attenzione su ogni parte del corpo, più in dettaglio possibile, è il modo più semplice e immediato per ottenere questo risultato. Immaginare di scannerizzare mentalmente le parti del corpo segue una linea logica che chiunque può esplorare e praticare con facilità.

Molte persone trovano particolarmente efficace iniziare dai muscoli intorno agli occhi e dentro la bocca, concentrandosi in particolare nel lasciar andare innanzitutto la lingua (rilassarla e staccarla dal palato è un gesto immediato e può essere una buona ancora) e nell'ammorbidire le labbra, per poi partire da lì e proseguire verso il resto del corpo. Un paradosso che capita spesso, infatti, è quello di sforzarsi talmente tanto di rilassarsi da avere la faccia tutta tesa e concentrata.

Prenditi allora il tempo di passare mentalmente nel dettaglio ogni parte di te: leggi più volte le istruzioni dell'esercizio che segue e falle tue, poi mettiti comoda e comincia a fare pratica.

ESERCIZIO: **RILASSAMENTO PROGRESSIVO**

Questo esercizio dura 10 minuti. Siediti comoda, trova una posizione ben supportata e lasciati andare.

Quando sei pronta, chiudi gli occhi e fai qualche respiro molto profondo e lento. Lascia uscire l'aria senza sforzo, come un sospiro lungo, lento... E mentre espiri di' a te stessa: "Lascio andare".

Se qualche pensiero ti distrae, lascialo passare nella tua mente, prendine atto e lascialo lì, fai un passo indietro dentro di te e torna a focalizzarti sul respiro continuando a dirti: "Lascio andare"... Allo stesso modo, se senti suoni o rumori esterni, usali come un segnale per tornare a concentrarti solo sul respiro e sul pensiero "Lascio andare".

Mentre continui a respirare con lentezza, porta l'attenzione alla testa. Senti ogni parte, fuori e dentro le ossa del cranio, rilassarsi, distendersi... Sentila completamente calma e rilassata. A poco a poco porta l'attenzione al tuo volto, sulla pelle, sui muscoli e rilassa ogni singola parte: la fronte, i muscoli intorno agli occhi, lo spazio sotto il naso, le guance... Rilassali sempre di più. Poi porta l'attenzione sulla lingua, che si stacca dal palato e si rilassa... Con il prossimo respiro, lento e profondo, lascia andare il collo e la nuca. Porta l'attenzione al retro della testa, sulle spalle, che si distendono e rilasciano ogni tensione... Falla scendere sulle braccia: rilassale e distendile dalle spalle fino ai polsi... Concentrati sulle mani. Rilassa il palmo, il dorso, arriva fino alla punta di ogni dito e agli spazi tra le dita. Con un altro respiro lento e morbido porta l'attenzione sul petto. Sentilo rilassato e calmo. Più giù, senti la pancia, che si rilassa e si ammorbidisce cullando il tuo bambino. Scendi sempre più dentro di te, fino all'area pelvica, che ora si rilassa e si ammorbidisce. E mentre ti lasci andare sempre di più, porta l'attenzione alle gambe, all'interno coscia, al retro, alle ginocchia, agli stinchi e ai polpacci... Senti ogni cosa distendersi e rilassarsi. Scendi giù fino alle caviglie e prosegui fino ai piedi: tallone, pianta e ogni singolo dito... Ammorbidisci e distendi ogni singola parte del tuo corpo.

Concediti di sentire tutto il tuo corpo completamente calmo cullare il tuo bambino con dolcezza. Concediti di sentire il ritmo del tuo respiro lento, calmo. Lascia andare... Concediti di rimanere così per qualche minuto, assapora la pace, la calma, e poi riporta l'attenzione sul tuo corpo, e a poco a poco riprendi a muoverti.

Rilassamenti lunghi (altrimenti detto: la pagina dove finalmente qualcuno ti dice cosa fare)

Seguire una voce che ci guidi risulta molto pratico per moltissime persone: è il modo generalmente più efficace per tenere occupata la corteccia prefrontale e darsi il permesso di rilassare tutto il resto. Se ti fa piacere, trovi uno dei nostri rilassamenti seguendo questo codice QR.

Qui di seguito ti proponiamo invece dei testi che puoi farti leggere da qualcuno con cui ti senti molto a tuo agio.

Se scegli di fare il rilassamento di sera, a letto, può capitare che ti addormenti e, se te lo puoi permettere, va benissimo così. Se invece scegli di farlo in altri momenti della giornata, puoi avere la sensazione di addormentarti, ma ti accorgerai che invece è un sonno particolare, dato che quando la voce ti richiama ti risvegli. Puoi divertirti a esplorare i vari gradi di rilassamento che sei in grado di raggiungere, e puoi scoprire e costruire il modo per farlo che ti piace di più.

ESERCIZIO: **RILASSAMENTO PER RILASCIARE LE PAURE**

Mettiti comoda.

Fai qualche respiro profondo, con calma. Lascia che il corpo si sistemi e si abbandoni e decidi semplicemente di lasciarti andare.

Inspira lentamente, profondamente, e lascia l'energia del respiro scivolare su tutto il tuo corpo, portando benessere, serenità e ossigeno a ogni parte di te... E ti lasci andare... E ancora, inspiri con calma ed espiri profondamente, senza sforzo, e lasci scorrere il respiro dentro di te, per ammorbidire ogni tensione...

E ora senti che con ogni respiro il tuo corpo si riempie di una luce dorata e tiepida... Inspiri e la senti entrare nella testa... E quando espiri la luce scivola giù nel tuo corpo... E tu rilasci ogni tensione... Puoi sentire la luce scaldare, illuminare e rilassare ogni parte di te... Tutto il viso, la fronte, le guance, persino dentro la bocca, dove la lingua si stacca dal palato e si rilassa... Il collo... Le spalle... La schiena... Il petto... La pancia e il tuo bambino e giù, giù... Fino alla punta dei piedi... Anche la tua mente si illumina e si calma...

Se qualche suono ti distrae, usalo come un segnale per tornare a focalizzarti sul respiro e sulla tua luce e lasciarti semplicemente andare... Anche ogni movimento del tuo bambino è un segnale, per connetterti con lui e rilassarti ancora un po' di più...

E ora immagini di essere in riva al mare... Guardi le onde incresparsi all'orizzonte sotto un cielo grigio e nuvoloso... Senti le onde muoversi avanti e indietro, avanti e indietro e ti rendi conto che si muovono allo stesso ritmo del tuo respiro... Avanti e indietro... Ti concedi di guardare il mare e sentire il rumore delle onde muoversi al ritmo del tuo respiro... Fino a quando ti rendi conto che onde e respiro sono una cosa sola.

Avanti e indietro...

La luce che è dentro di te si riflette sulle onde... E a poco a poco brilla sempre più dolce e tiepida... Ti senti piena di calma e di luce... Il tuo respiro rallenta e con lui rallentano le onde... Il mare si sta calmando... La luce che emana da te riscalda ogni cosa intorno a te... Le nuvole si diradano... Spunta il sole... E ti rendi conto che le onde sono sotto il controllo del tuo respiro... Avanti e indietro... Il mare è calmo... Ogni parte di te è calma...

Resti così, sulla spiaggia, a godere di questo momento di completa calma... Il suono delle onde ti culla... E il sole lentamente tramonta sul mare... Un tramonto meraviglioso e pieno di colori... Mentre il sole scende dietro l'orizzonte, sul mare che ora è completamente calmo...

E ora vedi davanti a te una scala meravigliosa, che scende incredibilmente dentro il mare... È una scala perfettamente sicura... Avvolta dalla tua luce calda e luminosa, magicamente puoi scendere sotto le onde, come una sirena... Respirando con calma... Io conterò i gradini da 10 a 1 e con ogni gradino ti rilasserai ancora un po' di più finché, con l'ultimo passo, ti ritroverai in uno stato di rilassamento completo...

Sai che con ogni gradino ti concedi di scendere ancora più profondamente dentro di te e di lasciarti andare ancora un po' di più... E allora 10... posi il piede sul primo gradino e inizi a scendere... 9... un altro passo, ancora più giù... ancora più rilassata... 8... scendi un altro gradino... ti lasci andare ancora più giù... 7... ancora un passo, ancora più giù... 6... scendi e ogni parte di te scende e si rilassa con te... 5... piano, dolcemente... ti lasci scendere sul prossimo gradino... 4... libera, calma, leggera, luminosa... 3... scendi con dolcezza, ti lasci andare... 2... pensieri liberi, mente leggera... corpo rilassato... 1... in fondo alla scala nella calma e nel tepore più completi… ti lasci galleggiare come una sirena nel mare… Il respiro è profondo e lento… Corpo e mente allineati… Lasciati andare…

Ti ritrovi a galleggiare in uno stato di rilassamento completo… Intorno a te l'acqua azzurra e cristallina… Sopra di te i riflessi del sole che filtrano dalla superficie… Un profumo dolce di mare… Un senso di pace e di rilassamento completi che non avevi mai provato prima…

E mentre galleggi assapori la calma e la magia di questo momento… e ti accorgi che ogni volta che espiri, lentamente e dolcemente, una piccola bolla esce da te e va verso la superficie… A poco a poco ti ritrovi in mezzo a tante bellissime bolle iridescenti… Le guardi muoversi intorno a te… Lente, belle… E mentre le osservi, ti accorgi che ogni bolla contiene l'immagine di un tuo ricordo o di un pensiero… Riconosci una bolla con un ricordo bellissimo, forse il giorno del tuo matrimonio, o il vostro primo bacio… Un ricordo dolcissimo passa, proiettato su una bolla, lentamente, davanti ai tuoi occhi…

E ti concedi un momento per riconoscere altri ricordi e altri pensieri… Le bolle sono tante e ti accorgi che alcune di loro portano immagini di paure e preoccupazioni, ricordi di cose che hai letto, o sentito (o di tue esperienze di parto passate)…

Una bolla molto vicina contiene una tua grande paura… La osservi, la vedi passare davanti a te… La riconosci… E mentre guardi la bolla fluttuare l'immagine gradualmente svanisce dalla bolla, che si svuota a poco a poco… La bolla perde consistenza, perché né la bolla né l'immagine che portava hanno più alcuna importanza… E infatti all'improvviso… la vedi scoppiare.

E ora un'altra bolla passa ondeggiando davanti a te… E anche questa porta l'immagine di una tua preoccupazione… Lentamente, vedi accadere la stessa cosa… L'immagine della tua preoccupazione sfuma lentamente, la bolla perde consistenza e poco dopo… *Pop*, scoppia.

Ti accorgi che tutte le bolle davanti a te ora portano immagini delle tue paure… Le riconosci a una a una… Tutte le paure legate alla nascita del tuo bambino... Le preoccupazioni... Ogni cosa che ti crea dubbi o tensioni... Le vedi chiaramente sulle bolle che ondeggiano davanti a te... E a poco a poco vedi che tutte, lentamente, scolorano e scompaiono... Le bolle perdono consistenza e tutte insieme... scoppiano. *Pop*.

Svanite per sempre. Portando con sé quelle paure e preoccupazioni che hanno perso tutta la loro consistenza.

Galleggiando in quest'acqua azzurra e cristallina guardi con meraviglia tutte le bolle che si muovono intorno a te... Portano solo immagini felici... Ricordi belli... Cose positive...

Riconosci i volti delle persone a cui vuoi bene... Come per magia chiami verso di te tutte le bolle che hanno il volto delle persone che sei felice di avere nella tua vita e che ti supportano... Le riconosci... C'è la tua dolce metà... I tuoi genitori... Altri familiari a cui sei legata... Ci sono tutti quelli che ti hanno offerto aiuto e supporto nella tua vita... Persino da bambina... Vecchi amici... Ci sono tutti quelli che ti accompagnano e supportano verso il tuo parto, forse il ginecologo o la tua ostetrica... Sei circondata da persone che ti vogliono bene e ti supportano...

Galleggi sentendo questo supporto, e riconosci un'infinita gratitudine verso tutte queste persone. Ti senti così piena di fiducia... In queste bolle di amicizia e supporto ti accorgi che però tu galleggi con le tue forze... Sei tu che sorreggi il tuo bambino... Ed essere così leggera e tranquilla ti permette di sentirti davvero piena di fiducia in te stessa...

A poco a poco lasci che le bolle con tutte le tue persone di fiducia si allontanino, le lasci andare dolcemente, sapendo che puoi chiamarle in qualsiasi momento... Tu sai come le persone possono aiutarti, se e quando hai bisogno del loro supporto o della loro esperienza... Ma senti una grande potenza riempire la tua mente e il tuo corpo... Sai che il primo e più importante supporto dipende da te. Senti che sei creata per dare la vita con calma e con dolcezza... Assecondando le onde con la stessa potenza con cui hai controllato le onde del mare... Riconosci una saggezza profonda in te... Senti una connessione completa con il tuo bambino... Sai che sei pronta per accoglierlo nel mondo nel migliore dei modi.

Intorno a te restano solo le bolle dei tuoi momenti felici... Le osservi serenamente... Un'immagine di te che sorridi... Un'immagine di voi che vi abbracciate... E altre immagini di piccoli e grandi momenti di completa felicità...

E una bolla particolarmente luminosa passa ora davanti ai tuoi occhi... La osservi con curiosità... Porta l'immagine di te che partorisci... Stai respirando con una dolcezza e una potenza complete... Chi ti assiste è dolce e rispettoso... Tu assecondi il tuo corpo e sei morbida e potente.

E un'altra bolla fluttua davanti a te ora... Riconosci l'immagine della tua famiglia, ci siete voi con il vostro bambino. Raggianti, pieni d'amore e di serenità. La bolla a poco a poco si avvicina e ti assorbe, diventi parte di questa bolla luminosa e felice, dove tu e la tua famiglia siete semplicemente insieme e semplicemente felici. Assapori questo momento: sai che ogni cosa è come la desideri...

E la bolla a poco a poco ti riporta in superficie, dove sei pronta a riprendere la tua giornata, ma portando dentro di te un senso completamente nuovo di fiducia in te stessa, nelle tue capacità, nel tuo corpo e nella tua famiglia.

E così mi senti contare dal 5 all'1, e quando dirò 1 riaprirai gli occhi:

5... Senti il peso tornare nel tuo corpo...

4... Riprendi coscienza dell'ambiente e dei rumori intorno a te...

3... Le tue dita iniziano a muoversi un pochino mentre un'energia buona riempie i tuoi muscoli...

2... Ti senti calma e fiduciosa mentre ti prepari a tornare...

1... Riapri gli occhi, serena e positiva, rilassata ora e pronta per il tuo parto positivo.

ESERCIZIO: **RILASSAMENTO CON AFFERMAZIONI POSITIVE**

Mettiti comoda e lasciati andare... Inizia a respirare con calma... profondamente... Senti il respiro entrare e uscire lentamente e con ogni espirazione, che dal naso si espande all'interno di tutto il corpo, lasciati cadere in un rilassamento completo... Con un altro bel respiro lasciati scivolare giù e semplicemente lascia andare ogni pensiero... Concentrati sull'aria che entra, e porta ossigeno e luce a ogni parte di te... e concentrati sull'aria che esce... portando con sé ogni stress e tensione...

Il respiro rallenta...

Con ogni inspirazione, porti alla mente una certezza nuova, la fai tua...

Lascia che il tuo corpo respiri in autonomia, potente... E concediti di dirti e ripeterti tutto quello che dipende da te, concediti di ritrovare dentro di te una forza e un istinto che non sapevi neanche di avere. Scendi giù, dentro di te, e permettiti di dirti: io, del mio corpo, mi fido... Sono un essere umano, ho un cervello e un corpo meravigliosi, potenti ed efficienti...

Un istinto antico e ancestrale è dentro di me...

La gravidanza, il travaglio e il parto sono processi naturali, che il mio corpo conosce e sa affrontare... So partorire, come so respirare, come so digerire.

Il mio bambino si fida di me. Del mio corpo.

Mi lascio andare, rilascio ogni tensione... Ora e per tutto il percorso del parto...

Accetto ogni sensazione del travaglio con grinta, grazia e gratitudine... Accolgo ogni onda con un respiro profondo...

Ogni onda è un passo che mi avvicina al mio bambino...

Mi godo le pause tra un'onda e l'altra per riposare... Con un sorriso...

So che il mio bambino è della dimensione perfetta per il mio corpo...

Con ogni movimento dell'utero mi sento sempre più connessa e potente...

Con ogni movimento dell'utero mi lascio andare e aprire un po' di più...

Inspiro profondamente e lascio che l'espirazione sia lenta e profonda... Con l'espirazione ammorbidisco ogni muscolo, ora e per tutto il travaglio...

Inspiro profondamente per accogliere ogni onda ed espiro lentamente per lasciarla andare...

Lascio il mio corpo molle, abbandonato... So che l'utero funziona da solo... Gli lascio tutte le energie...

Ogni movimento del mio bambino è un segnale per rilassarmi ancora di più...

Durante il travaglio uso le onde come segnali per lasciarmi andare ancora più giù...

Riconosco forza e fiducia in ogni parte di me. Accetto il mio travaglio e il mio parto, positiva, consapevole...

So lasciarmi andare, aprirmi... Morbida, potente...

So di sapere respirare fuori il mio bambino al momento giusto.

Sentirmi così positiva mi concede di lasciarmi andare ancora un po' più giù... Mi stupisco della saggezza del mio corpo...

So molto più di quanto pensassi di sapere...

Scelgo il supporto migliore per me...

Scelgo il luogo per partorire che sento più mio...

Le persone che mi assistono mi proteggono...

So di potermi fidare.

Porto un bambino come le donne di tutto il mondo, di tutta la storia... Una potenza infinita mi sorregge.

Una forza senza tempo è già mia.

So che devo solo respirare... Lasciarmi andare...

Ascolto il mio corpo e resto profondamente connessa al mio bambino...

Io partorisco, lui nasce. Condividiamo un'esperienza potente...

Con ogni onda dell'utero lo sento scendere... E rilassando ogni parte di me lo lascio scendere...

Un cocktail di ormoni perfetto mi supporta... Una voce interiore per lui e per me: "Va tutto bene".

Con il procedere della gravidanza accolgo i cambiamenti del mio corpo con gratitudine e pienezza...

Con il procedere del travaglio accolgo le sensazioni sempre più intense come segno della mia potenza...

Mi arrendo al potere della vita che mi attraversa...

Mi lascio attraversare dalla forza meravigliosa di una vita che nasce...

Accolgo il ritmo del mio travaglio...

Quando è il momento cavalco le onde del mio utero... Un lavoro muscolare che il mio corpo sa fare... Glielo lascio fare... Mi lascio andare...

Lo aiuto a emergere, con la forza di respiri profondi verso il basso... Dentro di me e fuori di me...

Apro il corpo, il cuore e la mente per accogliere il mio bambino nel modo più dolce...

Riconosco una connessione profonda con questa vita che sta crescendo...

È il mio bambino...

Sto facendo un intero essere umano...

Di sicuro so anche farlo uscire con dolcezza.

Sono pronta a lasciarmi andare...

Per dare la vita con potenza e con dolcezza...

Il mio bambino nasce nel posto e al momento giusto...

Accolto da occhi e mani amorevoli...

Riconosco la meraviglia dei primi momenti insieme...

Aspetto di guardarlo negli occhi e sussurrargli: "Benvenuto, sono la tua mamma".

Sento il respiro lento e fluido... E con la prossima inspirazione mi preparo a tornare.

5... Il corpo riprende peso.

4... Ci sono dei rumori intorno.

3... Le punte delle dita iniziano a muoversi.

2... Il corpo è pervaso da un grande benessere e l'energia ritorna a fluire.

1... Gli occhi con calma si riaprono e rimane una voce interiore: "Sono pronta per il mio parto positivo".

Gioco di squadra: rilassamenti di coppia

Per te, mamma in attesa, creare la tua bolla e conoscere talmente bene il tuo corpo e il tuo respiro da lasciarti andare completamente sono obiettivi che, a questo punto del libro, probabilmente già apprezzi e desideri raggiungere. Per chi ti sta intorno, però, può essere più difficile comprenderli. Le stesse immagini di parto da cui tu hai imparato a prendere le distanze fanno probabilmente ancora parte del bagaglio di conoscenze del papà o di chi c'è accanto a te.* Potrebbe risultargli difficile immaginare che il tuo travaglio sia una situazione in cui tu avrai bisogno di grande calma e silenzio. Eppure, è fondamentale che questo aspetto entri anche nel suo ordine di pensieri. Se desidera accompagnarti al parto ed esserti utile, è essenziale che anche lui conosca e sappia riconoscere il tuo rilassamento e che sia in grado di valorizzare e proteggere quel tuo essere corpo istintivo.

Accettare di essere il cervello razionale attivo nella coppia e usare quella razionalità per proteggere e supportare l'istinto animale del corpo di una persona che pensavamo di conoscere – ma che non abbiamo mai visto in uno stato corporeo tanto estremo nemmeno nei momenti di intimità più intensi – è forse una delle maggiori sfide per chi non vive le nascite in modo diretto e desidera supportare una donna durante il parto.

Mantenere la bolla anche nel momento delle onde può risultare più semplice se il papà sa cosa stai facendo e ha potuto comprendere perché sia così importante per il tuo utero, il tuo cervello e il tuo bambino, oltre che per te stessa. Se poi quel papà ha appreso anche qualche elemento concreto, integrato con la tua e la sua memoria procedurale, per supportare quella bolla, può essere molto bello oltre che utile.

Mentre gli esercizi precedenti possono essere fatti anche insieme – i papà infatti possono trarre grande benefi-

* D'ora in poi diremo "papà", ma includiamo chiaramente chiunque sia l'altra parte della coppia o la persona che sarà con te durante il parto.

cio dall'imparare a rilassarsi –, quelli che seguono sono tre esercizi di rilassamento di coppia, che richiedono perciò necessariamente la presenza di un'altra persona che li guidi e che includono momenti in cui questa persona tocca la mamma in modo guidato. Un rilassamento che passa oltre che dalla voce anche dalle mani di chi lo guida può essere una bellissima risorsa da esplorare e portare con sé il giorno del parto.

Coppie che mai avrebbero pensato di fare un'esperienza del genere insieme, a volte scoprono un nuovo modo di comunicare. Per molti accade dopo giorni di tentativi falliti: la voce del papà che cerca di farsi suadente e rilassante può scatenare risate inarrestabili (ma va benissimo anche così: è un sacco di ossitocina!). Per altre coppie semplicemente non è un'opzione: hanno modi di funzionare diversi e il loro benessere passa per altre vie. In quel caso magari, se la mamma desidera provare gli esercizi comunque, potrà trovare un'amica disponibile a darle una mano e una voce. Più spesso, a un sospetto iniziale segue poi curiosità e insospettabili uomini razionali e molto seri si mettono in gioco. Logicamente, del resto: diventare genitore ti porta talmente tanto fuori dalla comfort zone che un rilassamento di coppia non farà poi così tanta differenza!

Quale che sia la vostra realtà, esploratela. Gli esercizi sono molto diversi, scoprite quale tipo di tocco e interazione fa più per voi. Costruite il vostro modo unico e irripetibile di riconoscere, valorizzare e supportare quel cervello profondo che la mamma sta imparando a lasciar lavorare per la nascita del bambino.

E ora passiamo all'azione. Il testo è pensato per essere letto dal papà, o chi per lui. Le parti in corsivo danno istruzioni su come posizionarsi e su come compiere i gesti.

ESERCIZIO: **MANO CHE SORREGGE**

La persona che legge è di fronte alla mamma. Siete entrambi seduti. Quando il testo invita a farlo, chi legge prende le mani della mamma tra le sue e le sorregge in modo che lei sia comoda e abbia le braccia in posizione rilassata, né troppo alte né troppo tese.

Lascia che il tuo respiro si faccia lento e profondo. Inspira ed espira lentamente. Senti la pancia alzarsi dolcemente quando l'aria entra e abbassarsi quando esce, cullando il nostro bambino.

Chiudi gli occhi. Porta l'attenzione sulle palpebre rilassate e dolcemente adagiate sui tuoi occhi. Ora senti il rilassamento delle palpebre espandersi intorno agli occhi, sulla fronte che si rilassa completamente e diviene morbida e liscia.

Senti il rilassamento scivolare giù dalla fronte, scorrere sui muscoli del viso fin dietro le orecchie. Sentilo sugli zigomi. Senti le guance calme e rilassate. La mascella rilassata. Le labbra morbide e rilassate. Dentro la bocca, la lingua si stacca dal palato e si rilassa. Il rilassamento scivola sul mento e prosegue sul collo che rilascia ogni tensione. Ora è completamente morbido e rilassato.

Tutta la tua testa, tutto il tuo volto, ogni parte del viso e del collo sono completamente abbandonati e calmi. Senti i muscoli morbidi e un piacevole stato di calma e completo abbandono.

Mentre inspiri lentamente e profondamente, senti le mie mani prendere le tue (*unisci le tue mani a coppa e prendi le sue nelle tue, in basso, davanti a te, sostenendo tu il loro peso e lasciando che le braccia abbiano una curva rilassata*). Senti che le sto sorreggendo. Porta tutta l'attenzione sulle tue braccia. Ogni muscolo si distende. Ora spostala sulle mani e rilassale. Abbandonale. Sentile pesanti.

Porta l'attenzione su tutta la superficie della tua

mano, sui punti di contatto tra le nostre mani, sulle pieghe delle dita, sul palmo leggermente piegato. Le tue mani sono rilassate, calme… Talmente morbide e rilassate che si fondono con le mie. Senti il calore passare tra le nostre mani.

La tua mano è al sicuro. Tu sei al sicuro. Ti lasci sorreggere con fiducia dalle mie mani, siamo forti. Ti senti protetta. Sai che io sono al tuo fianco.

La tua mano è al sicuro. Tu sei al sicuro. Ogni carezza ti protegge, ogni tocco ti rilassa. E protegge e rilassa il nostro bambino. Un bimbo sano, tranquillo, rilassato.

Senti le mie mani intorno alle tue: ti proteggo. Ti sostengo. Ogni volta che senti le mie mani prendere le tue, sai che puoi lasciarti andare, sai che puoi rilassarti. Come farai al momento del parto. Sicura di te, sicura di noi. Calma… Completamente rilassata…

Senti le nostre mani insieme. Sono forti, sono calme. Sono mani dolci. Pronte ad accogliere il nostro bambino, ad accarezzarlo con dolcezza, ad accompagnarlo nella vita.

E mentre inspiri lentamente e profondamente, avverti le tue mani completamente abbandonate nelle mie, come se fossero una cosa sola. Si scaldano a vicenda, con calore ed energia, irradiano come una luce. Senti ora il calore e l'energia delle nostre mani unite salire dolcemente lungo il polso, una dolce luce che lo riscalda… E mentre espiri lentamente, lascia salire questa luce e questo calore lungo l'avambraccio e da lì lasciali illuminare e scaldare tutto il corpo: il petto, la schiena, il collo e le spalle… Tutto è calmo, caldo. Siamo insieme.

Senti il calore delle nostre mani raggiungere la tua pancia, scaldare il nostro bambino, proteggerlo, sorreggerlo, cullarlo.

Tu e il tuo bambino assorbite la luce e il supporto di questa mano. Ti accorgi di sentirti forte, calma, fiduciosa, sicura di te.

E lentamente avverti le mie mani staccarsi dalle tue (*lasci andare le sue mani*)… Riprendi il controllo del tuo corpo. Senti l'energia fluire. Riconosci i rumori intorno a te e sai che ogni volta che faremo questo esercizio ti rilasserai ancora più profondamente...

Quando sei pronta, riapri gli occhi. Calma e positiva.

ESERCIZIO: **TOCCO LIEVE**

La mamma è distesa e tiene una mano sulla sua pancia e chi legge appoggia la propria mano sulla sua durante questo rilassamento.

Quando chi legge troverà scritto di sollevarle il braccio, dovrà prendere la mano della mamma con dolcezza e sollevarla un pochino, tenerla e poi lasciarla cadere accanto a lei quando il testo lo suggerisce. Prestate attenzione a che la mamma sia stesa su un letto o che abbia un cuscino che attutisca la caduta del braccio.

Moltissime donne riportano che con il movimento del braccio abbandonato raggiungono livelli di rilassamento davvero profondi. Anche chi legge si accorge spesso di un grande cambiamento nella morbidezza e nell'abbandono tra la prima volta che solleva la mano e l'ultima.

Avverti il peso delle nostre mani sulla tua pancia, come una carezza per il bambino, concentrandoti su di lui e sulla dolcezza di averlo dentro di te, chiudi gli occhi... Senti il tocco delle nostre mani sulla tua pancia, una carezza che ti fa sentire sicura... Concediti un attimo per prendere atto della sensazione della tua mano, appoggiata e protetta tra la tua pancia e la mia mano, un tocco lieve che rilassa tutto il tuo corpo...

Ora immagina di sentire un tocco lieve sulla fronte, che si rilassa e si distende... Un tocco lieve sugli occhi, che si rilassano completamente... Un tocco lieve sulle guance, che si rilassano... Avverti un tocco lieve sulle labbra, che si separano e si rilassano... Ti accorgi che il tuo respiro rallenta, si fa più profondo... Avverti un tocco lieve sul mento, tutto il volto è rilassato... Il tocco gentile ti sfiora la gola... E la gola si rilassa... Il tocco gentile ti sfiora le spalle...

E le spalle si lasciano andare, morbide e rilassate... Lasciati sfiorare il petto... Completamente rilassata... Le gambe e poi i piedi... Ogni parte del tuo corpo riceve un tocco lieve, e si lascia andare del tutto...

Tutto il tuo corpo si abbandona a un rilassamento completo e profondo, confortevole, facile; una sensazione di benessere completo. Ti concedi di lasciarti andare.

Senti ogni parte del tuo corpo intorno al tuo bambino funzionare in modo sano ed efficace... Ti lasci attraversare da un senso di calma e di fiducia... Un tocco gentile unisce il tuo corpo, il tuo bambino e la tua mente.

Porta questo tocco con te, e ogni volta che senti una mano sulla pancia, riattiva questo stato di rilassamento profondo.

Ora osserva: il tuo respiro è rallentato, più profondo. Inspira ed espira... Inspira ed espira... Sempre più profondamente, sempre più rilassata e calma.

Ora senti che sollevo la tua mano. Lasciami reggere tutto il peso (*solleva il suo braccio*) e senti com'è pesante. Concediti di abbandonare la tua mano nella mia, fiduciosa, calma, rilassata. E sai che, quando lascio cadere la tua mano, puoi rilassarti ancora di più (*sposta la mano da sopra la pancia e lascia andare il braccio su un supporto morbido*).

Ora di nuovo, senti il tuo braccio sollevarsi dolcemente mentre io lo muovo (*alza il suo braccio*). E quando lo lascio cadere, ti lasci andare, rilassata anche tu... (*lascia andare il braccio*).

E ancora, sollevo gentilmente il tuo braccio (*alza il suo braccio*) e mentre lo lascio cadere tu ti lasci andare ancora di più (*lascia andare il braccio*), molto profondamente. Ancora più rilassata. Completamente calma e abbandonata.

Ti concedi di godere di questo momento di calma e completo rilassamento (*aspetta uno o due minuti*).

Concediti di tenere questa calma dentro di te, mentre gradualmente senti l'energia risalire nel tuo corpo, e a poco a poco riprendi contatto con l'esterno, inizi a muoverti e quando sei pronta riapri gli occhi, calma e positiva, ora e al momento del tuo parto positivo.

ESERCIZIO: **GUANTO DI ENDORFINE**

La mamma è sistemata comoda, seduta o sdraiata, con una mano appoggiata sulla pancia. Quando il testo guida a farlo, chi legge inizierà ad accarezzare la sua mano in modo leggero e costante fino a quando il testo indicherà di smettere.

Mettiti comoda e concediti di focalizzare l'attenzione solo sulla mia voce e sul tuo respiro.

Fai tre bei respiri lenti e profondi, riempi bene i polmoni e lascia uscire l'aria quasi in un sospiro, rilasciando ogni tensione...

Ora porta l'attenzione sul peso dei tuoi piedi sul letto (*sul divano* o *sul pavimento*) e concentrati su di loro... Porta l'attenzione alle dita, alla pianta, al tallone... Senti quali parti toccano il letto (*il divano o il pavimento*). Senti il peso del tuo corpo concentrarsi tutto sui tuoi piedi... Tutto il peso del tuo corpo si scarica nel punto in cui i tuoi piedi toccano il suolo... Li senti sempre più pesanti... La tensione del tuo corpo è trascinata giù, pesante come sabbia... Ti attraversa e scende, fino ai piedi... Lasci scivolare giù ogni tensione, peso e preoccupazione... Si accumulano nei piedi e con la prossima espirazione scivolano fuori da te... Si scarica tutto nel pavimento... Ogni tensione esce, pesante come sabbia, dai piedi, e al suo posto senti entrare dalla testa una luce dorata di calma e rilassamento... La senti scivolare dentro di te, dalla testa verso giù, giù... Spinge fuori ogni peso e ogni tensione... E al posto della sabbia pesante ti trovi piena di luce leggera. Una sensazione di benessere profondo ti riempie, rilassa ogni parte da te... Del tuo corpo... Della tua mente.

Ti accorgi che il tuo respiro è lento e profondo, e tu sei completamente rilassata.

Senti la mia voce e senti che inizio ad accarezzare la tua mano, molto dolcemente, con calma. (*Ora inizia ad accarezzarle la mano e il polso con una carezza lieve e ripetitiva.)*

Concediti semplicemente di godere la sensazione piacevole di una carezza sulla mano, un tocco calmo, e rilassante. Che ti dà sicurezza. Senti la tua mano avvolta e protetta da un guanto di velluto, morbidissimo... La calma fluisce in tutto il tuo corpo e arriva a riempire la tua mano morbida, calma, protetta, completamente rilassata...

Mentre continuo ad accarezzarti, ti accorgi che la tua mano è sempre più addormentata. Ogni sensazione inizia a sparire dalla tua mano. Puoi sentire la mia carezza, ma le uniche cose che davvero avverti nella tua mano sono tepore e rilassamento, forse un lieve pizzicore. E la tua mano diventa sempre più rilassata e insensibile. La lasci riposare, completamente rilassata, abbandonata e priva di sensi... E mentre io continuo ad accarezzarti, la tua mano si addormenta ancora di più... E ogni sensazione si fa lieve, ancora più lieve... E tu ti concedi di essere completamente rilassata, perché sai che la tua mano è completamente al sicuro e comoda... E a poco a poco tutta la mano diventa ancora più leggera e vuota, finché senti solo leggerezza e un piacevole torpore al posto della tua mano, che è completamente addormentata.

E dalla tua mano questo senso di calma e benessere si espande alla pancia... Tutta la zona tra il petto e le gambe è talmente rilassata da essere priva di ogni sensazione... Ci siete solo tu e il tuo bambino, sereni, felici, connessi. In qualsiasi momento puoi riattivare questa sensazione: l'unica cosa che devi fare è portare alla mente la parte del corpo che vuoi liberare da ogni tensione e rilassarla completamente, liberandola da ogni sensazione... Devi lasciare che ogni sensazione semplicemente svanisca...

Concediti di goderti questo momento. Benessere e abbandono. Calma e rilassamento profondo...

E ora che sei veramente rilassata, regalati un momento per te stessa e il tuo (*nostro*) bambino.

Concediti di riconoscere quel senso di pienezza e potere che riempie il tuo corpo, insieme alla completa fiducia nel travaglio e nel parto.

Concedi alla tua mente e al tuo corpo di allinearsi in completa armonia, per tutto il resto della gravidanza e nel momento dolcissimo del tuo parto, completamente rilassato.

(*Fai una piccola pausa, da 30 secondi a 2 minuti, a seconda di quanto la vedi rilassata, e poi smetti di accarezzarle la mano.*)

Ti accorgi che questo è stato un rilassamento molto speciale, che sei ancora più connessa al tuo bambino e completamente rilassata e positiva. Sei consapevole della tua potenza, sai che la tua mente può influire sul corpo, rilassandolo completamente e liberandolo da ogni sensazione.

Preparati a tornare in questa stanza, portando con te questo meraviglioso benessere e questa completa fiducia. Ti senti calma e positiva, piena di energia e di forza.

E ora, lascia che l'energia torni a fluire nel tuo corpo, riprendi contatto con l'esterno e, concedendoti il tempo che ti serve, riapri gli occhi. Calma e positiva.

Trovare un'ancora

C'è un libro in cui la Pimpa va in giro per la giungla e incontra vari animali.[10] A un certo punto vede uno strano grosso sorcio e gli chiede se è un topo, e lui le risponde sbadigliando che è un bellissimo capivara. Se dovesse mai capitarvi di avere un figlio appassionato al contempo della Pimpa e della giungla, potreste ritrovarvi a leggere questa storia diverse volte, forse per giorni, recitando le voci degli animali e ovviamente fingendo un bello sbadiglio al momento del capivara. In quel caso, dopo pochi giorni, scoprireste un fatto curioso: arrivati a quella pagina, prima ancora di iniziare a leggere la risposta del capivara, inizieresté a sbadigliare.

Il corpo è abitudinario. Mettici il *priming*, mettici la memoria procedurale, mettici il sistema tronco-limbico e mischia tutto insieme: se fai finta di sbadigliare di fronte alla stessa figura di topo per più volte consecutive, davanti alla figura sbadiglierai anche la volta successiva, senza aver deciso consciamente di farlo. Il corpo crea abitudini, le segue ed esegue con perizia finché non facciamo lo sforzo di togliergliele. Però vale anche il contrario: il corpo prende abitudini se noi gliele diamo.

Se l'obiettivo è che il corpo sappia già come mettersi nello stato ottimale per dare alla luce il nostro bambino e che la corteccia prefrontale non interferisca con il suo chiacchiericcio, noi vogliamo essere *abituate* a fare in modo che ciò accada. Un po' come schiacciare la frizione prima di cambiare marcia: due gesti, connessi l'uno all'altro in modo immediato e irriflesso.

L'esercizio che segue ti guida a trovare un'ancora – una parola chiave o un gesto – al tuo rilassamento profondo, come il capivara per il tuo sbadiglio.

Per esempio, se qualcuno dei rilassamenti di coppia presentati sopra fosse risultato utile, la tua ancora può essere una delle immagini o dei gesti fatti insieme al tuo compagno, soprattutto se il papà del tuo bambino, o la persona accanto a te, è disponibile ad aiutarti a riattivarli in travaglio. Questo varia da coppia a coppia: c'è chi funziona meglio in autonomia, chi in tandem. Non c'è nulla di giusto o sbagliato: l'importante è che tu riesca a trovare quello che funziona meglio per te.

Se viene ripetuto con costanza fino a diventare davvero un'abitudine del corpo, l'ancora diventa uno strumento davvero efficace e disponibile in qualsiasi momento: di fronte a ogni onda, e in qualsiasi momento in cui, durante il travaglio, qualcuno o qualcosa dovesse interromperti o distrarti. Il momento per iniziare a provarci è ora!

ESERCIZIO: **ANCORA E RILASSAMENTO SELETTIVO**

Questo è un esercizio essenziale da praticare spesso, quanto più lo praticherai tanto più intensa diventerà la sensazione di benessere che sarai in grado di creare; dura indicativamente 5 minuti. Si rivelerà uno strumento efficace per accogliere ogni onda dell'utero in modo consapevole e gestibile.

Con questa pratica puoi imparare a rilassare istantaneamente il corpo, in particolare la zona tra il petto e le cosce, a tal punto da farla addormentare e renderla libera da ogni sensazione, alleviando persino quelle del travaglio.

Si tratta di usare consapevolmente la mente e il corpo per sfruttare le tue endorfine, il tuo analgesico naturale.

Scegli una parola chiave o un gesto. Qualcosa di semplice, che rispecchi la tua personalità: può essere "Relax", "Mi rilasso", "Il mio parto", "Parto positivo", oppure "3, 2, 1..", abbassare le spalle, staccare la lingua dal palato, lasciar cadere un braccio come nell'esercizio di coppia. Sentiti libera di cambiare, ma quando trovi una parola o un gesto che ti piace mantienili e continua a usarli. La pratica frequente e costante è importantissima.

Fai 4 o 5 respiri lenti e profondi inspirando ed espirando dal naso. Se l'espirazione è lenta, tutto il corpo rilascia tensione quando espelle l'aria.

Con l'ultima espirazione chiudi gli occhi.

Continuando a lasciar fluire il respiro in modo lento e profondo, con un'altra espirazione di' mentalmente, o ad alta voce, la parola, oppure fai un gesto che hai scelto e focalizza l'attenzione nell'immaginare di mandare tutta l'espirazione in basso e verso l'interno del tuo corpo, sentila sul petto, sulla pancia, sulle gambe, mentre rilasci ogni parte del corpo. È come se tu respirassi all'interno del corpo ed espirando rilasciassi aria e tensione: un lieve suono gutturale – l'aria che pur uscendo dal naso vibra dietro la gola – può aiutarti a capire che stai usando il respiro nel modo giusto.

Usa l'energia dell'espirazione come un messaggio di rilassamento a tutta l'area del petto e della pancia, continuando così fino a sentire tutta quest'area morbida e rilassata, quasi informicolata e anestetizzata.

(*Dopo esserti esercitata diverse volte, quando avvertirai dei cambiamenti nel tuo corpo, potrai addirittura riaprire gli occhi continuando a mantenere questa sensazione.*)

Quando vuoi finire, conta mentalmente 1,2,3 e torna alla normalità.

Scendere sempre più dentro di sé

L'obiettivo del rilassamento è portare il corpo a uno stato di morbidezza assoluto, e quello stato di calma profonda e radicale può sempre essere portato a un livello ulteriore. Anche quando ci sembra di esserci davvero profondamente lasciate andare, possiamo scoprire che è possibile scendere ancora un po' di più.

E allora dopo aver esplorato il respiro e le sue potenzialità e aver iniziato a praticare l'abbandono e il rilassamento completi, possiamo decidere di esplorare livelli ancora più profondi. È un po' uno stato tra il sonno e la veglia: non dormiamo davvero – se per esempio stiamo seguendo un rilassamento audio ci sembra di dormire ma quando finisce ci ritroviamo svegli –, ma non siamo nemmeno sveglie. È lì che il cervello raggiunge un riposo assoluto e il corpo si rigenera.

Quanto più profondamente sapremo lasciarci cadere, tanto più sopportabili troveremo le onde e tanto più efficaci potranno essere i lavori muscolari del travaglio. È per questa ragione, d'altra parte, che statisticamente le donne che si sono preparate in questo modo hanno travagli più brevi della media.[11]

Scendere un po' più giù significa letteralmente questo: scendere dentro di sé, in quel luogo che tutti abbiamo ma raramente raggiungiamo, in cui *siamo* al 100 per cento quello che fa, anzi che è, il nostro corpo: con mente e spirito totalmente concentrati, allineati e rilassati nel lasciarlo essere e fare. In pratica significa partire dal respiro come rifugio, entrarci a fondo e trovare quel ritmo lento, profondo e circolare. E poi lasciarcisi andare.

Per riuscirci può esserti utile trovare l'immagine mentale più efficace per te. Ovviamente per scoprirla non ti resta che metterti all'opera e ascoltarti. Parti con un semplice rilassamento progressivo e con la respirazione lenta, e poi quando sei rilassata scegli di lasciarti cadere ancora più giù.

Puoi scegliere se:

- sentirti come se, dentro la tua mente, fossi in un ascensore, e quando espiri puoi lasciarti cadere come se scendessi dentro di te;
- sentirti scendere come su uno scivolo, e con ogni espirazione avvertire meno attrito sotto di te e scendere ancora un po';
- visualizzare all'interno di te un flusso di acqua/colore/luce che parte dalla testa e che scende dentro di te, come una grande cascata che fluisce giù.

Rilassarsi profondamente è uno strumento affidabile con il quale potrai affrontare le prossime settimane, mesi e addirittura anni in serenità e alla massima potenza.

A questo punto hai tutti gli strumenti per poterlo fare e, se ti eserciterai costantemente, riuscirai a rilassarti anche in situazioni strane, impreviste, faticose.

Visualizzazioni

Ora che sai usare il respiro e il rilassamento per metterti nello stato più favorevole per la gravidanza e il parto, manca un piccolo strumento alla tua cassetta degli attrezzi. O meglio, ti manca la consapevolezza di averlo, perché è qualcosa che sai fare e che fai fin da quando eri bambina: immaginare, visualizzare ciò che non è fisicamente davanti ai tuoi occhi.

Abbiamo tutti la capacità di creare immagini nella mente. È qualcosa di antico e ancestrale, forse la nostra prima fonte di comunicazione: prima ancora di produrre parole abbiamo trasmesso pensieri e informazioni con punti di riferimento visuali.

Questo rende la relazione mente/corpo ancora più intrigante: se il corpo va dove la mente dice, lo fa anche a partire da elementi che non sono fisicamente presenti. Abbiamo visto nel capitolo 3 che per rilasciare adrenalina e prepararci a fronteggiare un pericolo non è necessario che ci sia una vera tigre pronta ad azzannarci. Il cervello informa il corpo e lo spinge a reagire anche a partire da immaginario e memoria. E si può sfruttare questo fatto, in positivo.

Ma c'è di più: la relazione immaginario/corpo fisico coinvolge l'essere umano in modi trasversali. È dimostrato, per esempio, che quando sentiamo nominare cose associate a un forte odore, come "cannella" o "caffè", nel cervello si attiva anche la parte deputata al sistema olfattivo.[12] E anche il corpo, nei suoi meccanismi muscolari più sottili, si adatta alle immagini che introduciamo con la mente: concentrarsi su una parte del corpo e immaginarla e sentirla come se fosse fatta di un materiale molto morbido, come una nuvola, ne altera considerevolmente l'assetto. Immaginarla come se fosse fatta di qualcosa di duro e pesante, per esempio di pietra, lo altera in tutt'altro modo.

Tutto questo, combinato con respirazione e rilassamento, ha il potere di mettere al contempo corpo e mente in stati diversi, più o meno vantaggiosi. E ciò dipende quasi esclusivamente da noi.

Integrare quello che il corpo sta facendo con un'azione consapevole dell'immaginazione è uno strumento concreto per agire sui meccanismi psicologici e corporei coinvolti. Il modo più efficace di sfruttare questo effetto è allenarsi a percepire le diverse parti del corpo e ad attribuire loro le immagini e le caratteristiche che preferiamo o che ci sono più utili in quel momento.

Per esempio, quando abbiniamo la respirazione lunga, lenta e profonda a uno stato di rilassamento possiamo integrare l'immagine del respiro che entra nel corpo con quella di una luce calda e dorata che si espande in tutto il corpo. Una luce che entra dal naso e si espande gradualmente nella testa, in ogni parte del corpo, interna ed esterna, che abbraccia e scalda il nostro bambino nella pancia e scende fino a illuminare i piedi. È semplice, e a partire dall'attenzione al respiro arriva a toccare ogni nostra fibra.

L'obiettivo principale è quello di saper richiamare alla mente con grande facilità qualsiasi parte del corpo desideriamo per supportarla con il giusto immaginario. È semplice se ci si è allenati prima: diversamente, resta una sorta di tecnica applicata solo razionalmente, con l'attivazione della corteccia prefrontale: può rivelarsi utile lo stesso, ma se passa dal corpo-che-fa anziché dal cervello-che-sa è molto più potente.

IMMAGINI PER CAVALCARE LE ONDE

I muscoli dell'utero che stanno lavorando per sollevare e aprire la cervice hanno bisogno di leggerezza, fisica e mentale. Allenati allora a dare alla tua pancia gli input giusti. Scegli l'immaginario che ti rispecchia di più o crea il tuo personalissimo, ricordandoti che la cosa importante è supportare il lavoro dei muscoli dell'utero nel loro movimento verso l'alto. Ecco alcune immagini.

- Figurati la pancia come un velo azzurro, che viene sfiorato dal vento appena senti un'onda salire, e vola via verso il cielo quando l'onda raggiunge il suo culmine.
- Immagina la pancia come un palloncino o una bolla che gonfi quando inspiri per accompagnare l'onda e lasci volare via verso il cielo quando espiri.
- Visualizza e percepisci la tua pancia come un'onda, fluida e morbida. Quando senti l'onda salire, accompagnala col respiro e lasciala salire, per poi vederla allontanarsi sul mare calmo.

IMMAGINI PER RESPIRARE FUORI IL TUO BAMBINO

L'esercizio di respirazione per rilasciare visto poco fa è consigliato solo dopo la 37ª settimana, ma per tutta la gravidanza puoi allenarti per quella connessione mentale utilissima al corpo. In preparazione alla fase espulsiva, le aree importanti di cui allenare la visualizzazione sono quella vaginale e pelvica. Entrambe hanno bisogno di essere sentite come qualcosa di morbidissimo e soffice.

Quando espiri per rilasciare, accompagna quell'espirazione interna supportandola al meglio con un immaginario adeguato. Scegli qualcosa che ti rispecchi, ma mantieni l'attenzione focalizzata lì: morbidissima e verso il basso.

Puoi vedere e soprattutto sentire quella parte intorno al perineo come una nuvola bianca, qualcosa di morbidissimo e leggero che si sposta col respiro.

Oppure puoi sentirla come un fiore che si schiude, i cui petali morbidi circondano la testa del tuo bambino.

E insieme alla parte del corpo coinvolta, visualizza il respiro scendere dentro di te, verso il basso, come una cascata d'acqua o di luce, fluida e potente, che porta con sé il bambino.

R.E.L.A.X

Quasi la metà di questo libro è servita per convincerti ad allenarti a lasciare che quella parte di te meno razionale, ma molto sapiente, prenda il sopravvento durante il parto. Speriamo che questa sezione più pratica ti sia servita a fare davvero tuoi gli strumenti fondamentali dell'hypnobirthing: respirazione, rilassamento e visualizzazioni. Ti auguriamo di saper trovare ogni giorno quei preziosi dieci minuti e siamo certe che saranno ricchissimi di piacere e di scoperte per te e per chi vive nella tua pancia. Soprattutto, sappiamo che così starai mettendo i primi preziosi mattoncini che serviranno a prenderti cura della salute e del benessere tuoi e del bambino.

Per tenere a mente in modo organizzato i pezzi importanti di questo approccio, puoi memorizzare il nostro acronimo: R.E.L.A.X. Un modo sintetico per aiutarti a ricordare i cinque solidi pilastri su cui basare il tuo pensare e il tuo fare. Per il parto, e non solo.

- *R come Respirazione*: un bel respiro profondo è una risorsa preziosa per rilassarsi perché trasmette un messaggio biochimico immediato di calma. L'attenzione al proprio respiro, la presenza di se stessi nel corpo, è la base su cui poggiare stabilmente in ogni momento, in travaglio e nella vita.

- *E come Evidenze scientifiche*: chiedersi quali siano – se ci sono – le evidenze scientifiche che supportano ciò che facciamo, sappiamo (o crediamo di sapere), ci consigliano è un buon modo per filtrare i fatti e orientare al meglio le proprie scelte e le proprie opinioni.

- *L come Linguaggio*: le parole danno forma ai nostri pensieri, alle nostre aspettative, alla nostra cultura, alla nostra esperienza. È importantissimo quanto utile scegliere con cura le parole che si usano e riflettere bene su quelle che si ascoltano.

- *A come Abitudini*: il corpo è abitudinario e sviluppa automatismi profondi. Possiamo scegliere con cura le abitudini che preferiamo nutrire e allenarci a riconoscere gli automatismi che vorremmo disinnescare.

- *X come ✕, ovvero Niente tecniche, più relazione*: ogni strumento è veramente utile se lo utilizziamo non come una tecnica esterna o un metodo, ma come un modo per comunicare ed entrare in relazione con il nostro corpo e il nostro bambino. Solo così quello che facciamo diventa profondamente nostro.

6

Verso un parto positivo

L'assistenza a parto e maternità ha subito cambiamenti radicali negli ultimi decenni. Oggi le evidenze scientifiche e le linee guida internazionali puntano pesantemente il dito contro le inadeguatezze dell'attuale assistenza perinatale e indicano nuove vie verso gravidanze, parti e maternità più sani. In tutto il mondo, anche in Europa e in Italia, i professionisti si stanno aggiornando con zelo, a velocità variabili.

La realtà che si presenta di fronte alle mamme in attesa oggi è quindi molto variegata. Ci sono differenze enormi tra le varie regioni, e all'interno di esse tra le diverse città, e all'interno di queste, tra singoli ospedali e case maternità, e all'interno di questi, tra i singoli professionisti. In uno stesso ospedale si può trovare: chi, esasperato dalle richieste dei genitori, invoca pubblicamente la dittatura sanitaria; chi tira un sospiro di sollievo nel trovare una coppia informata che reclama il diritto di rifiutare un protocollo; e chi a una mamma in ansia per i dettagli dell'assistenza che riceverà ricorderà che, al di là di tutto, quella nascita la faranno lei e il suo bambino.

Affidarsi allora può essere una buona idea, ma non alla fortuna.

Non schierarsi ma scegliere

Basta prendere un argomento a caso, dalla scelta del luogo del parto allo svezzamento, e lanciarlo in una discussione di un gruppo di genitori sui social media: si avrà presto una dimostrazione piuttosto accurata di quanto accade sugli spalti delle tifoserie da stadio più accanite. Ci si schiera in fretta pro o contro, cercando di dimostrare che l'avversario ha torto e possibilmente di farlo stare zitto, anche a costo di bloccargli l'account. Nel silenzio che segue si celebrano vittorie personali, gli ego si gonfiano, le alleanze si rinegoziano, i prodotti si vendono. Ma sull'argomento trattato non ci sarà più chiarezza di prima, solo l'impressione di doversi schierare al più presto dalla parte degli illuminati: pena il ridicolo social-mediatico.

Il dibattito generale sul parto è uno dei più inutilmente polarizzati della nostra società. Non sempre si definisce l'oggetto del discutere: parto naturale e parto medicalizzato, per esempio, diventano oggetti molto differenti a seconda di chi li nomina. Il parto naturale, nei cori della tifoseria di un lato, è la fissa ingenua di un gruppo di donne un po' hippie, mentre la sola opzione possibile sarebbe il parto in ospedale con epidurale e neonatologia di terzo livello – chiaramente l'unica sensata alla luce delle conquiste della scienza e del femminismo. Per la tifoseria opposta, si ha l'esatto contrario: il parto ospedalizzato come persecuzione violenta di donne inconsapevoli e quello naturale come unica scelta libera e femminista.

Mentre qualcuno inizia a togliersi una scarpa per lanciarla agli avversari, qualcun altro alza i cartelli "Alla fine è solo una scelta personale!". Tutti ritrovano momentaneamente la calma e si distraggono con altro. Almeno fino a quando non si ricomincerà a parlare di seno e biberon. Solo che la scelta personale è una cosa complicata[1] e richiede l'esercizio di una certa responsabilità, che al più tardi in gravidanza è proprio il caso di iniziare a padroneggiare.

Schierarsi a priori significa trascurare la completa unicità di ognuno, dimenticare che le scelte fatte bene devono rispondere ai reali bisogni e ai veri desideri. Con la quantità di cose che si danno per scontate quando si è in gravidanza, non è raro che bisogni e desideri della mamma si trovino un po' lontani dal primo piano. Recuperarli è il primo passo per prendersi la responsabilità di scegliere davvero e seguire quell'esperienza umana, complicata e sempre diversa per ognuna che è mettere al mondo il proprio bambino.

Per esercitare queste nuove responsabilità con cognizione di causa dobbiamo innanzitutto prendere un po' di distanza, provare a sospendere il giudizio per qualche istante, rinunciare a schierarci.

La prima cosa che balza all'occhio allora è che non si può parlare di parto senza collocarlo in un'epoca precisa e in un luogo preciso, contrassegnati da una cultura specifica. Qualunque sia la scelta che dobbiamo fare, la facciamo sempre all'interno di una cultura che ci ha *in-formate*: ci ha trasmesso informazioni che hanno dato forma ai nostri pensieri. Non è solo una questione di sistema tronco-limbico e *priming*, è anche una questione di fatti e opinioni stratificati sotto quello che crediamo e sotto quello che facciamo.

La domanda fondamentale allora non riguarda cosa scegliamo, ma quello che pensiamo di sapere. È ora di mettere in discussione ciò che diamo per scontato. Per esempio, se ci troviamo a temere ogni grammo al di sopra della curva che ci ha mostrato il ginecologo è perché è una cosa veramente sensata, necessaria o almeno utile (e in certi casi può esserlo) oppure è un atteggiamento che abbiamo integrato come normale e a cui ci adattiamo senza filtrarlo? Quello che crediamo di sapere sul parto è un fatto reale o è l'opinione più comunemente accettata negli ultimi decenni? È un sapere vero o è l'abitudine che collettivamente abbiamo sviluppato?

Farsi queste domande è importante per il parto, certamente, ma è un allenamento essenziale per tutto quello che verrà dopo, dalle nanne alle pappe. Filtrare le nostre abitudini e scelte dal folklore sociale è una necessità reale, un atto di responsabilità a cui non possiamo sottrarci. "Si è sempre fatto così" non è un argomento più convincente di "La ricerca ci indica che...".

Empowerment

Un parto è positivo quando le tre figure veramente essenziali della sala parto – mamma, bambino e professionisti – ne escono con la stanchezza e serenità di chi sa di aver fatto il meglio per sé e per gli altri, sulla base di quello che era, sapeva e poteva.

Conoscere gli enormi cambiamenti che il nostro cervello dissemina nella nostra vita richiede un notevole sforzo, accettarli uno forse anche maggiore. Ma non basta. Occuparci della salute del nostro corpo e della nostra mente, esercitarli in modo da sostenerne al meglio il lavoro è un altro compito fondamentale. Ma neanche questo basta. C'è un ultimo tassello insostituibile durante il parto: le persone che si prendono cura di noi. Altri esseri umani entreranno a far parte del contorno emotivo, professionale e culturale che avremo scelto per noi e per il nostro bambino.

Una questione di responsabilità

"Nel mio ospedale non mi lasciano andare oltre la 41ª settimana" o "Le ostetriche da noi ti lasciano tenere il bambino due ore dopo il parto": la più semplice e banale conversazione tra mamme in attesa ha spesso l'andamento di una chiacchierata tra bambine nel bagno della scuola, uno scambio di racconti su cosa gli adulti ti lasciano fare o no. C'è qualcosa di gravissimo in questa realtà: ed è il fatto che molte persone la abitano non solo senza registrarla come problematica, ma proprio senza vederla affatto. Spesso e volentieri è una realtà già integrata nei corsi preparto di molti ospedali. Sono quei corsi preparto da cui la donna esce sapendo tutto di dilatazione di un centimetro all'ora e nulla delle linee guida dell'OMS, o quei corsi in cui affabilmente ti annunciano che loro fino alla 41ª settimana "ti lasciano arrivare" prima di indurti, ma non ti parlano di consenso informato.

La stragrande maggioranze dell'offerta al giorno d'oggi è fatta di corsi che spiegano come si fa, cosa si può fare e cosa no in una determinata struttura. Il che va anche bene, se il corso è pensato come un momento per presentare certi protocolli, ma non può essere considerata preparazione al parto.

Preparare al parto infantilizzando e deresponsabilizzando quella stessa donna che sta per mettersi al timone di una nuova famiglia è problematico da un punto di vista sia fisico sia etico: per la mamma, in quel modo di accettare passivamente il permesso o meno di fare qualcosa, c'è un branco di tigri dai denti a sciabola. Sono le tigri dell'assistenza basata sulla delega e la paura, che torneranno a ringhiare furiosamente intorno al cervello in travaglio se la donna si sentirà in tensione. Dentro quel modo di trattare le donne, prima ancora delle informazioni più o meno utili, c'è un modo di vedere e trattare le donne che riguarda l'intera società di oggi e del passato.

Dentro la deresponsabilizzazione della mamma c'è il parto considerato come un momento di (ri)produzione, in cui la donna è strumentalizzata per raggiungere fini diversi dal suo essere madre: produrre eredi, obbedire al primario, non interferire con i protocolli. In troppo pochi si sono accorti che portando rispetto alla donna, mettendosi al suo servizio in questo momento tanto cruciale per la sua vita personale quanto necessario al mantenimento della società, non solo si fa onore alla sua esperienza personale, ma si producono risultati ben più positivi e utili anche per la società intera.

Per decenni, donne adulte, chiamate alla responsabilità di mettere al mondo un figlio, hanno accettato, spesso senza neanche rendersene conto, di essere trattate come oggetti passivi. E siamo di nuovo alle scatole nere: è stato inserito un input e ci si aspetta, in data specifica, un output ben preciso, che sia sano e di circa 2,5 chili di peso per 50 centimetri di lunghezza. In questo quadro, il corpo della donna gravida viene misurato e *osservato* da altri con più diligenza e pignoleria di quanto si pensa possa essere mai *sentito* dalle dirette interessate. Il corpo della donna non sembra appartenerle, nemmeno mentre partorisce. Collettivamente abbiamo lasciato scivolare nell'ombra la voce della mamma:

infantilizzata, è considerata al confine con chi davvero in grado di intendere e di volere non è, quando invece è proprio lei l'unica che possa rappresentare non solo se stessa ma anche la nuova persona che porta in pancia.

Comportarsi da mamma e accettare di essere trattata contemporaneamente da bambina non funziona molto bene: è poco logico e altamente controproducente. Sarebbe come pensare che abbia senso chiedere a un cuoco professionista un aiuto per un'occasione speciale, senza dirgli che cosa ci piace, che cosa meno e a quali alimenti siamo allergiche, e soprattutto che nel giardino dietro casa abbiamo un orto rigoglioso pieno di erbe aromatiche e verdure fresche. Comportarsi da mamma e donna adulta non significa certo aspettarsi di poter sostituire chi è qualificato per aiutarci. Significa però conoscere le proprie risorse e pretendere che vengano rispettate e massimizzate. Significa non subire passivamente un'assistenza, ma collaborare con chi ci assiste per aiutarlo ad aiutarci, a mettere cioè le sue competenze al nostro servizio in modo davvero efficace e sicuro, nel modo che più rispecchia i nostri bisogni reali, il nostro desiderio e la nostra realtà. Significa scegliere con cura chi avrà il grande onore di assistere la nascita di questo nuovo umano che è nostro figlio.

A spingere la donna sulla traballante tavola dell'infantilizzazione possono essere vari elementi, isolati o tutti insieme. Ne basta anche solo uno, d'altra parte: un paternalismo indulgente, una generale disinformazione, una discriminazione di genere invisibile quanto violenta, un pizzico di incoscienza o incompetenza professionale, un tentativo maldestro di gestire l'ansia. La fragilità possibile della donna viene confusa con una sua incapacità di base di sapere cosa è meglio per sé. Da qui a intendere la donna come una malata bisognosa di cure il passo è molto breve.

E così passa prodigiosamente nel dimenticatoio anche il fatto che la partoriente è vulnerabile, sì, ma proprio perché è all'apice massimo della sua salute e della sua potenza.

Gravidanza e parto, i momenti in cui la salute e la pienezza del corpo raggiungono un picco ineguagliabile, sono l'unica occasione in cui persone sane sono percepite, trattate e fatte comportare da malate. Se dobbiamo farci operare d'urgenza a un polmone saremo ben felici e grate di affidarci al chirurgo che deve operare. Ma non ci portiamo il chirurgo ogni volta che andiamo a correre o a fare uno sforzo aerobico. Un parto è una faccenda naturale, un momento di sviluppo vitale del corpo che, come tutte le faccende naturali, ogni tanto può aver bisogno dell'aiuto medico: ma non è di per sé una faccenda patologica. La gravidanza non è una malattia. Il parto non è una crisi medica. Eppure ci siamo abituate in pochi decenni a sottintendere l'opposto, a dare per scontato che il corpo della donna non funzioni bene e l'intervento medico serva sempre.

Il primo pezzettino del puzzle di chi prepara un parto positivo allora ha la forma dell'assunzione di responsabilità per la propria salute. È un pezzo dalla forma specialissima, che si incastra alla perfezione con un sacco di altri pezzi. E cambia radicalmente tutto il quadro.

Sia da un punto di vista legale sia etico, è la donna che dà il permesso a qualcuno di assisterla. Non il contrario. Qualsiasi siano i nostri desideri (parto in acqua, epidurale, cesareo elettivo...), le cose che dipendono da noi e sulle quali ha molto senso che ci esprimiamo sono davvero molte. Non solo perché ne abbiamo il diritto, ma perché è meglio per tutti: bambino e professionisti in primis, se la mamma non bastasse. Dai dettagli minuscoli a quelli macroscopici. Essendo noi i genitori di nostro figlio, quel diritto di esprimerci si traduce nei suoi confronti anche in un *dovere*.

Il diritto delle donne di autodeterminarsi e partecipare attivamente alle decisioni di quello che sarà e non sarà fatto al loro corpo si riduce spesso, nella realtà, a una firma in fondo a un foglio scritto piccolo piccolo. È bene ricordare che quel modulo si chiama – ma non sempre davvero è – "consenso informato". Per essere davvero tale, però, non può limitarsi alla firma di un documento, deve presupporre un processo di informazione e di riflessione personale: implica prendere una decisione, sulla base della migliore evidenza scientifica sui rischi e sui benefici delle varie opzioni (quasi tutte hanno sempre sia rischi sia benefici) e delle esigenze uniche e irripetibili di questa famiglia a questo parto.

Il processo necessita tempo ed energie, quindi vale la pena giocare d'anticipo chiedendo di vedere il documento ben prima del giorno dell'ammissione in ospedale. Solo dopo una lettura attenta e una riflessione a tutto tondo, la firma sigla una serie di decisioni prese in piena conoscenza dei fatti e in accordo con le proprie esigenze.

Perché possa esistere un reale consenso informato deve poter esistere anche la sua controparte: il rifiuto informato. Spesso non viene contemplata la possibilità di dire "No, grazie", o anche solo di fare domande come "Me lo propone perché è prassi di routine o perché è realmente necessario nel mio caso?" o "Quali sono le evidenze a supporto di questa opzione?".

Come andiamo in sala parto, allora, rispecchia una visione intera del ruolo delle donne e delle mamme in una società. È al contempo una questione di impotenza e di potere:[2] da una parte ci sono cose che non possiamo controllare, dall'altra donare la vita è un atto di estrema potenza.

Tra *powerlessness* – impotenza – e *power* – potere –, l'inglese ha una terza parola che in italiano non ha corrispettivo: *empowerment*. Nel suo significato, intraducibile, si fonde una dinamica di potere e responsabilità che vengono acquisiti e si aumentano reciprocamente. La parola più vicina in italiano è "potenziamento". Non è *empowerment* poter usufruire della più moderna medicina anche quando non se ne ha bisogno. Essere *empowered* significa informarsi, processare l'informazione e capire come questa si traduca nella nostra unica e irripetibile realtà. *Empowerment* significa prendersi la responsabilità di essere libere perché ci si sente capaci di essere responsabili di sé.

Libertà e responsabilità: guarda caso due degli aspetti storicamente meno a disposizione delle donne. Cambiare il modo in cui è vissuto il parto oggi significa cambiare la relazione delle donne con la paura e l'impotenza, con il loro corpo, con i loro bambini. Le implicazioni di questo cambiamento sono immense: tanto per la singola donna in attesa quanto per tutta la società.[3]

Rischi e pericoli: modelli di assistenza in cambiamento

Quello che fa paura dell'esercitare la libertà di usare il nostro giudizio è che, se non usiamo bene questa facoltà, non solo i risultati saranno negativi, ma sarà pure colpa nostra. Temiamo il *fallimento* di un desiderato parto positivo, e il senso di colpa che potrebbe derivarne. Ma per sconfiggere la paura, ricoprirla di tante difese è molto più dispendioso e meno efficace che affrontarla e disattivarla direttamente.

Di fronte a quell'istintività travolgente e un po' animalesca che caratterizza il parto, di fronte a quell'inquietudine assoluta che è di per sé l'inizio di una nuova vita, illudersi che tutto possa essere controllabile e misurabile da qualcuno di esperto aiuta forse a sentirsi un po' meno impotenti. Intorno al momento della nascita si incontrano e scontrano incertezze e ansie, che a volte rendono meno visibili certezze e fonti di sicurezza: da una parte i genitori, di fronte a quella cosa enorme che è un figlio in arrivo, dall'altra i professionisti, con i loro titoli, competenze e qualifiche.

È qui che occorre andare contro corrente e ricordarci che fra medico e paziente c'è (dovrebbe esserci) una relazione di servizio. Il personale medico, come qualunque persona che voglia servirne un'altra, ha bisogno della fiducia del paziente. Ma la fiducia non si può esigere, in una relazione fra adulti va costruita.

Controllare: il modello adrenalinico

Abbiamo visto nel capitolo 2 che l'adrenalina durante il parto ci sta bene, ma in dosi ben calibrate e sincronizzate. Tanta adrenalina diffusa non fa altro che dire al nostro sistema tronco-limbico che questo non è un buon momento per lasciarsi andare e far nascere il nostro bambino. Eppure il modello di assistenza più frequentemente implementato in ospedali e cliniche con l'adrenalina ci va a braccetto. C'è un elemento fondamentale nella professione dei sanitari che spesso sfugge: un lavoro costantemente a contatto con il corpo, con la vita e la morte, significa una quotidianità inevitabilmente al confine con l'ansia.[4] È umano mettere in atto strategie difensive nei confronti di questo abisso, come per esempio negare o sopprimere i sentimenti propri e dei pazienti, o eseguire compiti e procedure formalizzate come rassicuranti routine che riducono il numero di decisioni da prendere e le responsabilità da assumersi.[5] L'aspetto emotivo rischia di perdersi, inevitabilmente, nelle maglie di istituzioni che devono darsi delle regole e dei protocolli; con medici e professionisti sanitari impiccati in orari e vincoli finanziari soffocanti. Non sempre, ma a volte è umano disumanizzarsi.

L'aspetto di contenimento dell'ansia va a braccetto con l'elemento della gravidanza gestita come una malattia, di cui abbiamo già detto. Indagare, controllare, affidare la gestione a un professionista specializzato che forse saprà ridurre i rischi sembra l'unico baluardo possibile contro ogni pericolo. L'Italia è il paese in cui si fanno più ecografie in gravidanza e la frase con cui spesso la donna è accompagnata alla porta è: "Va tutto bene. Per ora". C'è un'idea generalizzata che il rischio sia dietro l'angolo e che l'unico modo per tenerlo a bada sia un controllo accurato e costante. È questo il modello di assistenza adrenalinico,[6] alimentato dalla paura e improntato alla gestione della gravidanza da parte di chi l'ha studiata e sa sorvegliarne il processo meccanico. Questo modello però cozza pesantemente con le necessità biochimiche della donna in attesa e, mentre ci illude di risolvere problemi, applica a tutte le donne interventi e protocolli che aumentano in realtà il fattore di rischio[7] e causa a sua volta quei problemi che era nato per risolvere. L'aggettivo esatto che descrive questo meccanismo è "iatrogeno", ovvero ciò che diviene malattia come conseguenza della cura ricevuta.

L'origine di questo modello in ambito ostetrico risale al Settecento, momento storico in cui l'assistenza al parto è passata nelle mani dei dottori (maschi, ovviamente), mentre al contempo si rifiutava status professionale e diritto di parola alle levatrici, che fino ad allora erano state le uniche professioniste a conoscere le donne e il parto. "Per fortuna" si penserà, "almeno si è smesso di morire di parto!". In realtà, era il tempo in cui gli stessi medici che assistevano al parto studiavano l'anatomia umana dissezionando cadaveri. Era anche il tempo in cui nessuno aveva ancora scoperto la connessione, per noi così ovvia, tra batteri e infezioni. Dopo aver maneggiato un cadavere e prima di entrare a visitare una donna in travaglio, ci si poteva, volendo, lavare le mani in un secchio, ma non era certo una vera disinfezione. Risultato: due secoli di infezioni puerperali devastanti. Nel 1866, al Maternité Hospital di Parigi è morto un quarto delle donne; nella provincia francese di Lombardie, in un anno nessuna è sopravvissuta al parto.[8]

Nel 1861, un medico viennese di nome Ignaz Semmelweis scoprì che le donne povere che partorivano per le strade morivano molto meno delle loro compagne benestanti nei reparti più pregiati dell'ospedale di Vienna. Un'indagine più approfondita lo guidò sulla strada giusta, ma la richiesta di lavarsi le mani fu accolta dai colleghi con scherno, derisione e aggressività e lui venne isolato dalla comunità scientifica. Se c'era qualcuno di impuro, sicuramente si trattava delle donne, non certo dei luminari della scienza.[9]

All'inizio del Novecento, le donne arrivavano al parto sotto un'ombra di morte ormai di duecento anni: infezioni letali, causate dalle condizioni dell'assistenza, venivano chiamate morti di parto. Con l'avvento del modello industriale, si spalancavano le porte a un paradigma di assistenza tecnologica finalmente in grado di salvare le donne dalla loro presunta condanna.

Tutto questo si è tradotto in un modello medico postindustriale di assistenza adrenalinica,[10] rimasto predominante fino agli anni Novanta ma ancora molto presente oggi e non sempre riconosciuto come tale. Costruita su una percezione di pericolo totalmente avulsa dalla realtà, l'assistenza al parto non si basa più su prove di efficacia, ma su un sistema volto a sorvegliare e cercare di prevenire ogni rischio astratto sempre e ovunque. In questo contesto tutta la popolazione sana è trattata come potenzialmente a rischio e tenuta sotto stretta sorveglianza.[11]

Gestire il rischio non è la stessa cosa che supportare la sicurezza.[12] Il modello basato sulla gestione del rischio ha impedito alla fisiologia di funzionare e ha reso moltissime donne di fatto inabili al partorire.[13] Da un punto di vista strettamente fisico, ha inibito pesantemente il riflesso di eiezione del feto a tal punto da dimenticarne completamente l'esistenza.[14] I bisogni delle donne, all'interno di questo approccio, non sono né compresi né soddisfatti. Il loro potenziale non è considerato e viene quindi sprecato.

Insieme alle difficoltà, questo modello ha aumentato il dolore. Come ha specificato l'OMS nelle linee guida del 2018, il tipo di assistenza che una donna riceve in gravidanza ha un forte impatto sulla necessità di alleviare il dolore del travaglio e sulle scelte che le mamme fanno in relazione a questa necessità.

Proteggere: il modello ossitocinico

Sappiamo che la profusione di ossitocina per il sistema tronco-limbico è un segnale che tempi e luoghi sono opportuni a lasciarsi andare in tutta sicurezza. Ma come si fa a parlare di sicurezza quando un corpo si apre e da quello ne esce un altro vulnerabilissimo? Restiamo un attimo su questo abisso che ci guarda insistente: qui dove tocca dirci che la vita, effettivamente, è incerta. Non sappiamo veramente se stasera tutti i membri della nostra famiglia torneranno a casa sani e salvi. Non ci piace pensarlo, ma è vero. Quando eravamo bambini, i nostri genitori non avevano la certezza assoluta che sia la figlia che andava in motorino sia il figlio che attraversava la strada lo avrebbero fatto senza problemi. Avevano la ragionevole speranza che ci saremmo riusciti. E ci avevano equipaggiati supportando il conseguimento del patentino dell'una e le capacità di fermarsi e guardare prima di attraversare dell'altro. Avevano dato a entrambi una mappa di limiti e protezione entro cui muoversi con competenza e con fiducia. La stragrande maggioranza di noi ha attraversato strade e guidato motorini in sicurezza.

Ed è proprio questo massimizzare con amore le competenze, mentre si tengono sott'occhio i possibili segnali di imprevisto, che caratterizza il modello di assistenza più aggiornato che così tante ostetriche e medici stanno portando avanti in Italia e nel mondo. Sono professionisti che hanno smesso di stare sopra a *sorvegliare*, e hanno iniziato a mettersi accanto a *vegliare*. Non è un modello hippie o alternativo: è basato su tutte le evidenze scientifiche e le raccomandazioni mediche e scientifiche più recenti. Proprio perché rivoluziona di parecchio l'approccio adrenalinico tanto diffuso, il modello ossitocinico risulta lento da integrare, soprattutto là dove ancora lavora chi ha contribuito a creare il paradigma precedente e su quello ha costruito il proprio status professionale. Lo sa bene anche l'OMS, che nel 2018 ha incluso nelle sue raccomandazioni queste righe: "Nonostante gli studi, le donne in gravidanza in buona salute continuano a essere sottoposte durante il travaglio a interventi di routine inefficaci e potenzialmente dannosi".[15]

Il modello ossitocinico si basa sulla fiducia nelle risorse della donna e del bambino e su pratiche che supportano al meglio lo sviluppo e il funzionamento di queste risorse.[16] Questo modello di assistenza garantisce che vada sempre tutto bene? Certamente no. Siamo sempre "a rischio di essere a rischio".[17] Il rischio zero non esiste in nessun momento della vita umana. Da sempre conviviamo con quest'incertezza; ora che siamo mamme, la coabitazione diventerà sicuramente più impegnativa. L'ansia dell'imprevisto rischia seriamente di fagocitare gran parte del pensiero intorno a nostro figlio e di farci giocare al ribasso, nell'illusione di proteggerci dall'ignoto: da "Programmo un cesareo così non corro rischi" a "Piove: non usciamo perché ti viene la polmonite", il tentativo di prevenire ogni male può al contrario crearne? La buona notizia è che la gravidanza ci fa un corso intensivo di metafisica proprio per prepararci a vivere in equilibrio su quest'incertezza fondamentale.

Perché la verità è che anche la scienza non è che una disciplina umana, limitata e fallibile come tutti noi. Meravigliosa e potente come tutti noi. Quindi prendiamo il buono che ha da darci, ma non mettiamola mai sul piedistallo della verità assoluta.

Il modello che parte da questi presupposti si chiama "salutogenico"[18] e sta alla base di un tipo di assistenza che sostiene e potenzia i meccanismi sani e che si completa con la terapia medica solo quando ce n'è davvero bisogno. Questo si traduce per esempio in tempi di assistenza più lunghi, che rispondono alla situazione reale della donna e non a un'unica tabella di marcia predefinita. Riducendo gli elementi di stress si ha una riduzione degli arresti del travaglio nella fase di dilatazione. Libertà di movimento, disponibilità dell'acqua, intimità e sostegno empatico sono condizioni pratiche che non solo supportano la donna, ma prevengono anche le malposizioni fetali.[19] Un ambiente che supporta e rispetta i bisogni di mamma e bambino previene la maggior parte delle complicazioni e rafforza le risorse già a disposizione della donna. Con un parto guidato dal di fuori, l'espulsione spontanea del bambino risulta così inibita da averci abituati a pensare che il bambino incastrato nel canale del parto sia una cosa normale e comune. Un contesto di supporto autentico, invece, facilita il processo. Il ginecologo Michel Odent è arrivato a definire "ostetricia autentica" l'arte di creare le condizioni per un riflesso di eiezione del feto.[20]

La percezione che una donna ha di sé, come fragile e malata o potente e sana, in base anche al modello di assistenza che riceve in gravidanza, influenza e condiziona in modo profondo tutta la dinamica del parto, dell'allattamento e anche del primo anno di vita.[21] La ricerca mostra chiaramente che l'esperienza di parto di ogni donna cambia in modo determinante a seconda dell'atteggiamento di chi la assiste e della sensazione di controllo su di sé che riesce a percepire mentre partorisce.[22] Questi aspetti continueranno a influenzare sensibilmente l'esperienza del suo essere madre a lungo termine.[23]

Avere cura di scegliere un contesto basato sul rispetto della salute significa riconoscere l'incertezza dell'esistenza – che sempre ci riguarda – e vegliare con competenza per proteggersi dai pericoli. Significa anche utilizzare al meglio e sostenere a pieno le nostre risorse per vivere il presente e prepararci al futuro nel modo migliore. Una donna prepara il suo parto, ma poi il parto prepara lei.

Alla ricerca di un'assistenza per la donna

Quando guardiamo i diversi modelli di assistenza al parto e gli stili dei professionisti coinvolti, dobbiamo prendere in considerazione la possibilità che in sala parto si sia giocata, nel corso dei secoli, una partita ad armi impari tra donne e patriarcato. Quando il corpo funziona nel modo *normale*, una donna, infatti, esce dall'esperienza di parto con una sensazione di potenza ineguagliabile, descrivendo l'esperienza come radicalmente trasformativa.[24] Bisogna avere il coraggio di ipotizzare che storicamente si sia generata una forma di invidia da parte degli uomini per questo aspetto della realtà femminile così potente a loro precluso. Nei primissimi tempi dell'umanità il corpo femminile, con la sua miracolosa forza di creare altri umani, era osservato con la stessa meraviglia con cui si osservavano le stelle. È possibile che la parte maschile dell'umanità abbia provato un certo desiderio di controllare e sfruttare per sé questa incomprensibile meravigliosa potenza.[25]

Voci femministe molto critiche hanno argomentato che la storia dell'assistenza al parto può essere vista come un graduale tentativo da parte degli uomini di sradicare la nascita dalle donne e considerarla una cosa loro.[26] È plausibile che ridurre la donna a un'incubatrice che cammina verso un momento in cui "l'unica cosa che conta è che il bambino stia bene" si sia trasformato negli anni in una pratica che ha messo un po' da parte le donne, sotto il pretesto – probabilmente anche detto in buona fede – del "Ci penso io che ne so di più".

Questo mettere da parte le donne ha riguardato certamente tanto quelle che partorivano quanto quelle che le assistevano. Nel modello adrenalinico, infatti, l'ostetrica subisce una condizione simile a quella della partoriente: entrambe sono posizionate in basso nella scala gerarchica, da entrambe ci si aspetta adattamento e obbedienza passiva alle regole istituzionali stabilite dai superiori, tradizionalmente uomini.[27]

Nel 1760 una giovane levatrice inglese di nome Elizabeth Nihell scrisse un pamphlet appassionato contro la pratica sempre più comune di affidare il parto a strumenti tecnologici – sono gli anni in cui è entrato in uso il forcipe – messi nelle mani di medici. Questi uomini – che imparavano l'arte ostetrica su manichini di legno con borse di cuoio piene di birra, a simulare l'utero, e con una statua di cera come bambino – offrivano un'assistenza che lei descrive come "superficiale e senza affetto, frutto dell'interesse di acquisire un'arte".[28]

Elizabeth Nihell, inoltre, accusava i medici dell'epoca di usare il forcipe per forzare un travaglio prematuro o accorciare i normali tempi del parto per ragioni sperimentali, sulla base di quello che lei definisce il "fantasma inventato dell'incapacità delle donne". Le sue parole trasmettono tutta la frustrazione di non poter passare ai nuovi *esperti* almeno la testimonianza di quelle "mille piccole tenere attenzioni suggerite dalla natura e perfezionate con l'esperienza per alleviare il dolore", che infatti sono andate quasi perdute per molto tempo.

Il Settecento non è poi così lontano. Molte delle pratiche, e soprattutto la visione della donna che le supportava, considerate normali allora sono rimaste tali fino al Novecento. Non sono scomparse, si sono tradotte in una versione avanzata tecnologicamente ma sempre impostata più sullo sguardo di chi assiste che sui bisogni di chi partorisce:

sullo sguardo degli uomini più che sul corpo delle donne. Queste pratiche rispondevano all'esigenza di controllo su quello che era forse l'ultimo baluardo della potenza femminile: il parto. Proteggevano in qualche modo forse anche lo sguardo maschile da quella inquietudine assoluta che può provocare un corpo femminile apparentemente fuori controllo.

C'è qualcosa di animale, crudo e selvaggio in una donna che partorisce in modo naturale e assistito con rispetto: ci sono nudità, feci, sangue. C'è un senso di potenza suprema al confine con la divinità (mettere al mondo un figlio è forse l'atto più potente che un essere umano possa concepire), quello che non a caso ha dato forma a tanta arte preistorica.[29] È un lato animale che sfugge ogni misura e comprensione e che può essere difficile da sostenere. Questa inquietudine del parto non è misurabile, ma è plausibile che abbia contribuito non poco al tentativo di rendere il tutto asettico, pulito e controllabile.

È una questione di abitudini che si danno per scontate e che nel tempo si sono organizzate intorno al lavoro svolto prevalentemente da uomini.[30] Partorire a gambe alzate su un lettino è senz'altro molto comodo, per esempio, per il ginecologo che si siede sullo sgabello a guardare invece che doversi mettere a quattro zampe, in posizione poco consona al numero di ore passate a studiare sui libri e al prestigio sociale che questo ha comportato per secoli. E infatti quando viene introdotta la posizione ginecologica per il parto? Guarda caso, nel 1700, insieme al forcipe.

La battaglia contro i rischi oggi sembra in parte vinta: nella nostra privilegiata condizione di donne europee di questo secolo possiamo sentirci più al sicuro che altrove. Ma questa battaglia è stata pagata profumatamente, tutta con moneta che stava nelle tasche delle donne. Così come un tempo si diceva alle donne che il sesso serviva solo per procreare e nient'altro, si è creduto e fatto credere anche che il parto fosse solo per procreare e nient'altro.[31] La strada verso questo svuotamento dell'esperienza passava dalla necessità – vogliamo sperare inconscia – di mantenere il corpo e la mente delle donne in una condizione di debolezza e sottomissione – imprescindibile per tenere in piedi una società patriarcale.[32] C'è un'altra cosa che il sesso e il parto hanno in comune, oltre a tutti gli ormoni che abbiamo già visto nel capitolo 3: in quei posti c'è piacere e c'è potere.[33]

Oggi i medici non sono più solo uomini, e anche la professione ostetrica ha qualche esponente maschile. Il ginecologo Michel Odent sottolinea che il travaglio, la nascita e l'allattamento sono eventi sessuali e che il sesso delle persone presenti ad assisterli non è irrilevante. Secondo lui la presenza maschile può avere, anzi, un impatto negativo senza che la donna stessa se ne renda conto. Per quanto sia importante il loro sesso, però, la qualità essenziale di chi assiste il parto, uomo o donna che sia, deve essere la sua capacità di far sentire la donna profondamente a suo agio.[34] Come poteva essere a suo agio una donna assistita da medici profondamente a disagio di fronte alla sua vulva che si spalancava sotto i loro occhi? Quel disagio è rimasto, mai del tutto riconosciuto, in molte pratiche in uso fino a una manciata di anni fa. Quale altra spiegazione dare altrimenti all'usanza strampalata di depilare il pube, come si faceva fino a poco tempo fa, se non voler infantilizzare ancora di più il quadro? E no, non previene le infezioni, anzi tende addirittura ad aumentarle.[35]

Oggi quello su cui sarà più utile focalizzarsi per una donna in attesa non è solamente il sesso della persona che è con lei, ma il quadro di riferimento del loro lavoro. La mamma ha bisogno che la assista qualcuno capace di riconoscerle quel ruolo di protagonista che renderà il parto più sicuro e lei potente. Letta tra le righe, la storia dell'assistenza al parto è una storia politica: è la storia di una società maschile e maschilista che, più o meno consciamente, tenta di esercitare controllo su tutto, inclusi campi estranei alla sua pertinenza e competenza. Un'altra storia di maschi che, dando per scontato di "sapere meglio" e assumendo il proprio punto di vista come assoluto, dimenticano (o hanno paura) di osservare e informarsi. E soprattutto di chiedere un parere alle dirette interessate. Un'altra storia di un mettersi al servizio/curare che non è reale, ma un modo di acquistare ed esercitare potere.

L'immagine di una donna nuda, con le gambe aperte alzate su un lettino, a disposizione dello sguardo e delle mani di un uomo che sa più di lei e decide per lei, è l'immagine per definizione della sottomissione femminile: sessuale, mentale e sociale.[36] Questa sottomissione è ancora troppo spesso interiorizzata dalle donne stesse, che non la riconoscono, e viene replicata in tutta la gravidanza e nel momento del parto nella stragrande maggioranza delle interazioni che una donna incinta ha con chi la assiste.[37]

È meraviglioso che oggi l'80 per cento dei ginecologi siano donne, ma il sesso del personale medico non basta a garantire un approccio salutogenico. Molte ginecologhe si sono formate e operano in un sistema fortemente iatrogeno, che ancora dispensa potere e status sociale più che mettersi al servizio.

Il modello salutogenico, invece, si focalizza sulla persona, sui processi dinamici e vitali. Unisce, non separa; accoglie, non giudica; accompagna, non comanda; guida, non impone.[38] Ma questo approccio, così in linea con le evidenze scientifiche e i bisogni delle donne, suscita ancora resistenze. Questo modello è promotore di una rivoluzione culturale, necessaria e urgente, che mira a preservare la sicurezza anche attraverso il recupero della bellezza di un momento che ha al centro una donna.

Scegliere le persone che ci accompagneranno in gravidanza e durante il parto allora non significa tanto chiederci *chi* ma trovare innanzitutto una risposta chiara sui valori che sostengono il *come* ci assisteranno. Non si tratta di scegliere tra diversi livelli di sicurezza, ma tra qualità diversissime del modo di ottenerla.

Continuità dell'assistenza

Il parto è di per sé un momento chiave per la relazione: un nesso inscindibile tra la mamma e il suo bambino, che si estende a chi li assiste. Per supportare al meglio una gravidanza non come una malattia ma come un percorso che potenzia le risorse, perché il consenso informato non sia solo una formalità burocratica, è ovvio che la relazione di fiducia reciproca tra la donna e chi la assiste ha bisogno di tempo per crearsi e consolidarsi. Gli effetti di un'assistenza ostetrica continua sulla salute e il benessere delle donne e dei loro neonati sono stati sottovalutati e trascurati per molti anni,[39] ma iniziano finalmente a essere messi tra le priorità nelle linee guida internazionali.

Avere un ginecologo che ci fa un'ecografia al mese privatamente, che però potrebbe non essere la persona in sala parto con noi, può forse illuderci di aver avuto un rapporto di sostegno continuativo. Quello che spesso tendiamo a dimenticare, però, è che mamma e bambino sono le stesse persone in gravidanza, il giorno del parto e pure dopo. La scienza medica ha suddiviso questi momenti perché richiedono un tipo di assistenza con competenze molto diverse. E forse va anche bene così. Quello che certamente non va è che l'ombra di questa suddivisione medica si proietti sull'identità stessa dei protagonisti della storia.

Il parto viene presentato e percepito quasi sempre come la fine di un'avventura. "Quando sarò mamma" sembra una frase che si applica a un'altra persona, in un'altra dimensione spazio-temporale. "Conoscerò finalmente il mio bambino" evoca l'immagine della consegna di un premio. Il parto stesso è vissuto quasi sempre come una parentesi, una degenza all'ospedale nella quale si entra con il pancione, si vive qualcosa che si preferirà non raccontare e si esce con un ovetto pieno.

Mamma e bambino sono i protagonisti delle tre fasi del periodo perinatale: il modo in cui ne attraversano una avrà un impatto importante e continuo su come si svolgono le altre. Ricordarsene sembra banale, eppure i fatti provano che è davvero difficile (per professionisti e genitori) pensare e comportarsi di conseguenza. La continuità dell'assistenza dalla gravidanza, passando per il parto e arrivando fino al postparto è molto rara oggi nel settore pubblico in Italia; eppure avere un punto di riferimento di fiducia disponibile per tutto il periodo consentirebbe alla donna di approfondire la sua preparazione e a chi la assiste di farlo al meglio, in relazione non a numeri e statistiche ma alla sua persona.

Una conoscenza stretta tra chi assiste e chi fa, in un momento così intimo come il parto, è uno strumento reale di sicurezza. Solo una relazione intima e continua può trasformarsi in quell'assistenza personalizzata necessaria affinché il corpo e il cervello della donna possano essere supportati al meglio in travaglio e durante le loro eventuali sfide. Un'assistenza ottimale in termini di salute fisica, psicologica ed emotiva, non può occuparsi solo di un utero contenitore, di una cervice che deve aprirsi e di un feto che deve crescere: deve collaborare con due persone.

Nella storia della vita di una madre – età, situazione socio-economico-lavorativa, infanzia, eventuali abusi subiti o storie di gravidanze precedenti – c'è un bagaglio di risorse, di sfide, forse di difficoltà preannunciate o soluzioni disponibili che un professionista della nascita serio e appassionato sa cogliere e mettere a frutto.[40] Chiedere al personale sanitario di offrire il meglio dell'assistenza senza metterlo in condizione di offrirla in forma continuativa e senza fargli conoscere davvero chi deve assistere è un controsenso. Equivale a far scalare una montagna con uno zaino pieno di pietre: certo, passione e impegno possono colmare la lacuna e molti arrivano lo stesso alla meta, ma lo hanno fatto con un peso inutile sulle spalle e quindi certamente in modo subottimale. All'interno di un sistema sanitario che non prevede la continuità dell'assistenza la strada è in salita: non solo per la donna che deve partorire, ma anche per chi si trova ad assisterla. È difficile spiegare come sia stato possibile aver ignorato tanto a lungo una necessità così pressante e reale solo perché è complicato – ma non certo impossibile – ripensare il sistema dei turni e dei protocolli.

La ricerca supporta quello che in effetti è logica di base: le madri che si sentono parte di una catena impersonale hanno esperienze di parto meno positive di quelle che hanno sviluppato una buona relazione con la loro ostetrica.[41]

Quando tra mamma e ostetrica c'è invece una relazione personale di fiducia, si crea un circolo virtuoso che si riflette concretamente nell'esperienza del parto e continua ad avere effetti concreti nei primi mesi di vita del bambino.[42]

E qui entrano in gioco l'amministrazione, la politica, l'economia e tutte le discipline forse meno poetiche, ma assolutamente indispensabili, per rendere il periodo perinatale fisicamente e mentalmente sano per il maggior numero di persone possibile. C'è sicurezza se c'è assistenza personalizzata, ma proprio la personalizzazione dell'assistenza è la cosa più difficile da attuare in un sistema di protocolli basato sul modello della catena di montaggio. Cambiare protocolli è un grosso investimento, una fatica, tante volte una vera e propria gatta da pelare, per dire le cose come stanno e per non sminuire il lavoro davvero grosso richiesto alle nostre istituzioni. Eppure ne varrebbe la pena. Anche da un punto di vista amministrativo, politico ed economico: un modello di assistenza continua sviluppato con efficienza rende l'assistenza più efficace e aumenta la soddisfazione di professionisti e utenti, senza nemmeno impattare i costi.[43]

È chiaro che un cambiamento del modo di assistere il parto è qualcosa che dipende contemporaneamente dalle decisioni delle nostre istituzioni e dalle richieste dei genitori. Non possiamo, in quanto singoli genitori, cambiare da soli tutto il sistema. Ma non sottovalutiamo il nostro potere: ogni genitore in attesa è la pedina di un domino. Abbiamo non solo il diritto, ma anche il dovere, di esigere cambiamenti quando questi ci portano verso una società migliore. Se non lo facciamo per noi stessi, facciamolo per le figlie e i figli che stiamo mettendo al mondo.

Ostetriche e dottori

"Devo rifare casa, riorganizzare gli spazi e riarredare. Spero che mi capiti un bravo geometra, che abbia i miei gusti e mi faccia una casa bella. L'importante è che il tetto non mi cada in testa, l'esperto è lui. Ma spero che alla fine la casa mi piaccia anche..." Ha senso un ragionamento del genere? Non esiste nessun professionista a cui ci affideremmo passivamente per rifare casa nostra. Oppure, per fare un altro esempio, non sceglieremmo mai il catering per il nostro matrimonio sperando che il menu e i centrotavola scelti siano di nostro gusto. Anche se gli esperti sono gli altri, in tutte le circostanze della vita in cui li contattiamo facciamo sempre il possibile perché il loro lavoro ci rispecchi e ci soddisfi. Tranne quando mettiamo al mondo i nostri bambini.

Quando si tratta del modo in cui vengono trattate in travaglio, o di quello che viene fatto al loro corpo e a quello del loro bambino, inspiegabilmente, ci aspettiamo che le donne smettano di esprimere la loro personalità e di esercitare il loro senso critico.

Alle origini di questo affidarsi, ha giocato il suo ruolo anche l'enorme fraintendimento su cui si basa buona parte della cultura contemporanea intorno a parto e maternità. Si tratta della convinzione che i veri esperti di parto siano i medici ginecologi. Non è propriamente così. Un medico specializzato esercita forse la professione tecnicamente più dura e accademicamente più difficile. Specializzarsi in Medicina richiede la grinta e la tenacia di una vera passione interiore. Non è certamente un caso che tanti medici dicano di aver saputo che sarebbero stati tali fin da bambini: curare è un'identità, prima ancora che una professione. L'anima del medico ha qualcosa di epico: è quella del guaritore, del risolutore di problemi, dell'umano che non si arrende. E combatte per la vita. Specializzarsi in Medicina significa imparare a risolvere i problemi medici.

D'altro canto, un'ostetrica specializzata ha fatto un corso di studi diverso. Vale sempre la pena ricordare che è un corso di laurea completo, non un certificato qualsiasi. Chi ha scelto Ostetricia voleva imparare ad assistere, che è diverso da curare. Etimologicamente assistere implica il "fermarsi accanto": tecnicamente è essere presente a un atto senza prendervi parte.

Dietro l'ovvietà delle competenze differenti c'è un modo di vedere e porre se stessi diametralmente opposto. Saper assistere implica anche la competenza molto tecnica di riconoscere quando l'assistenza non basta più ed è il caso di intervenire. L'anima dell'ostetrica è epica in un altro senso: ha il coraggio umile di non fare nulla quando non ce n'è bisogno, la pazienza eroica di aspettare con sguardo vigile e mano carezzevole. È l'anima di chi offre accoglienza e protezione.

Con una gravidanza senza particolari indicazioni di rischio, volere un parto fisiologico assistito da un medico è legittimo. Ma è anche il caso di sapere che è un controsenso, una scelta socio-culturale. Il ginecologo, per professione, non è l'esperto del parto fisiologico, è l'esperto della patologia. Non è suo il compito sedersi ad assistere e facilitare la potenza istintiva di una donna in travaglio. Nei lunghi anni che ha passato a studiare non è né quello che voleva imparare né quello che gli hanno insegnato.

La rivista "The Lancet", nel settembre 2014, ha pubblicato una serie di articoli e commenti sul ruolo delle ostetriche:[44] il modello che prevede l'assistenza delle donne con gravidanza senza particolari indicazioni di rischio da parte delle ostetriche è il modello organizzativo più appropriato. Anche le linee guida del NICE specificano che "le gravidanze a basso rischio dovrebbero essere prese in carico dall'ostetrica perché il coinvolgimento routinario dei medici specialisti in ostetricia non migliora gli esiti perinatali". L'ultimo rapporto sullo stato della *Midwifery* (Assistenza ostetrica fisiologica) nel mondo conferma il ruolo cruciale delle ostetriche come figure professionali chiave nell'assistenza materna e neonatale.

Riportiamo questi fatti per ricordare alle donne in attesa che un'ostetrica non solo sa riconoscere quando serve un dottore durante la gravidanza e il parto, ma sa anche come prevenire la necessità di quel medico.

Papà in sala parto

Mentre le donne navigano le immense metamorfosi del loro corpo e del loro cervello nel bel mezzo della rivoluzione nell'assistenza al parto che sta attraversando la nostra epoca, un altro grosso cambiamento investe un altro protagonista essenziale di questa vita che si sta preparando. Il suo papà. Nessun uomo delle generazioni precedenti ha condiviso l'enorme privilegio, responsabilità e sfida di questa novità. Il gesto simbolico è quello di tagliare il cordone, ma c'è molto di più.

Circa il 92 per cento delle donne italiane oggi è accompagnata in sala parto dal papà del bambino, circa il 7 per cento da un familiare e circa l'1 per cento da un'altra persona di fiducia.[45] Ognuna di quelle storie che compongono quell'8 per cento dei casi in cui non è il papà ad accompagnare la mamma in sala parto ha caratteristiche uniche. Solo chi si ritrovi nella situazione di condividere il periodo perinatale con una mamma e il suo bambino saprà giudicare accuratamente quali aspetti dei paragrafi che seguono si applicano al suo caso, e quali invece no. D'altro canto, quel quasi 92 per cento di papà, unici e irripetibili come sono anche loro, si trovano a condividere una sfida comune: trovare l'onore, l'umiltà e la forza di riconoscersi al contempo del tutto protagonisti – è il proprio figlio che sta nascendo – e del tutto esclusi – per farlo nascere sembrano non avere nulla di sensazionale o eroico da fare. Esclusi dal centro dell'azione, ma forse con il disperato appello di essere presenti. Senza voler prescrivere desideri, compiti, ruoli a nessuno, la loro funzione si può forse descrivere così: conoscere e riconoscere il meccanismo *istintivo* necessario per il parto e supportarlo con *razionalità*.

Un momento un po' animale

Come reagite se il vostro compagno entra in bagno mentre state facendo la cacca? Per certe coppie è la cosa più normale del mondo, altre hanno installato una telefonata automatica all'avvocato divorzista. Però è lì, nel modo in cui ogni giorno chiudete o non chiudete la porta del bagno, il vostro punto di partenza per decidere di andare insieme in sala parto.

Niente come la nascita richiede una presenza del corpo, nel corpo e per il corpo così istintiva e libera dal pensiero razionale. Una donna che partorisce in modo rispettato, secondo il modello salutogenico, entra in uno stato radicalmente animale; una donna che partorisce in modo non rispettato, secondo il modello adrenalinico, rischia di soffrire moltissimo. In entrambi i casi, essere al suo fianco significa poter essere di vero supporto, ma vederla può rivelarsi quasi insostenibile. In entrambi i casi, avere qualcuno al proprio fianco può aiutare ad abbandonarsi con fiducia, ma può anche rivelarsi un fattore di inibizione. Non mancano le storie di mamme riuscite finalmente a partorire proprio nel momento in cui il papà ha lasciato la stanza. Esserci per una persona vuol dire darle lo spazio e il tempo di cui ha bisogno. A volte il contatto immediato è la risposta, ma a volte lo è anche l'attesa paziente al di là della porta. A ogni persona, a ogni coppia sta il compito di riconoscere i propri bisogni e incontrarli con il supporto appropriato.

Se la radicalità fisica del parto non ci sembra rispecchiare il nostro modo di essere coppia è giusto riconoscerlo serenamente. Se invece abbiamo deciso di attraversare insieme quella soglia, siamo chiamati ad accettare un ruolo chiave: è nella dimensione del corpo, molto più che in quella delle parole, che passa la comunicazione con una donna in travaglio. Mentre nei confronti del mondo esterno il papà ha il ruolo di ponte (o scudo) razionale fra mamma e tutto il resto, nei confronti della mamma è chiamato a essere tocco, presenza fisica, e al contempo a restare aperto ad accettare di essere rifiutato e respinto, se in quel momento il linguaggio del corpo della donna esprime un bisogno di distacco.

Alla donna in travaglio serve una comunicazione non verbale prima ancora della parola che informa. Essere presenti al parto non significa sedersi in prima fila in un teatro a veder agire gli altri: significa partecipare a un atto che è a tutti gli effetti sessuale, quindi crudo e un po' animale, dolcissimo e radicalmente umano. Significa sapere che l'uscita di un po' di cacca prima del bambino è un'evenienza altamente probabile, che piacere e dolore possono scolorare l'uno nell'altro in un modo che un osservatore può solo vagamente intuire mentre china il capo, commosso, orgoglioso e rispettoso.

Quello che i papà di solito imparano al corso preparto è a fare massaggi alla schiena. Il rischio, però, che diventino gesti ripetuti in modo meccanico anziché carezze partecipate e condivisione di un momento potente, resta alto. Se il papà avrà capito – e magari visto in qualche video – com'è davvero un parto fisiologico; se anche lui, insieme alla donna, avrà saputo sostituire il suo immaginario di lettini ginecologici e urla strazianti con quello più potente e reale di un parto rispettato, non c'è tecnica di massaggio che tenga. Un uomo che sta ricevendo dalla donna che ama un figlio è ben probabile che sappia intuitivamente cosa fare. Saprà come toccarle la schiena e la pelle per trasmettere quel senso di sicurezza e protezione di cui il suo corpo e cervello hanno tanto bisogno e che magari le ha già trasmesso quando quel bimbo lo hanno concepito.

Un altro aspetto di questo momento potente è l'adrenalina contagiosa: un papà teso e spaventato non è molto d'aiuto per la sua compagna. Saperlo rende possibile concentrarsi a esercitare quel senso di autocontrollo e pazienza che è poi bagaglio molto utile per accogliere un figlio che cresce. Soprattutto, sapere che l'adrenalina è contagiosa ci aiuta a individuare la nostra tensione come uno dei veri ostacoli per la mamma in travaglio e a non servirgliela su un piatto d'argento credendo di star facendo qualcosa di utile. Ci può aiutare a sostituire mille ansiosi "Cosa posso fare per te?", o "Facciamo qualcosa!" con un bel respiro profondo. A volte, uscire a prendere aria cinque minuti può essere la cosa più utile e gentile da fare.

Insomma, durante il parto siamo alle prese con cacca, urla, gemiti, paure e speranze di cui anche l'uomo è parte. Per non parlare del figlio in arrivo! È saggio pensarci e parlarne prima, con onestà sia verso se stessi sia verso l'altra metà della coppia.

Se è possibile, affidarsi a un'ostetrica in continuità di assistenza, allora, significa aprirsi per dare a chi ci assiste la possibilità di lavorare al meglio con le risorse della coppia e anche con le sue eventuali tensioni. Significa essere davvero insieme in sala parto: genitori, figlio e chi ha l'onore di assisterli. Ma non sempre questa conoscenza reciproca è possibile. Qui si trova l'altro aspetto assolutamente fondamentale del ruolo del padre, e di tutti coloro che accompagnano la donna, in sala parto.

Una botte di ferro per la bolla del parto

Più e più volte in questo libro è stato ribadito quanto istintivo e primitivo sia il funzionamento del cervello della donna in travaglio. Questo paragrafo invece riguarda l'atteggiamento di chi la accompagnerà in quel delicato momento. La bolla del parto ha quasi sempre bisogno di essere protetta da una botte di ferro. In altre parole, la mamma può mettere in stand-by la corteccia prefrontale solo se sa che c'è chi si fa carico di essere il suo portavoce e difensore.

Perché una donna possa davvero lasciarsi andare al potente funzionamento del suo cervello, la sensazione di essere in massima sicurezza e di godere di protezione assoluta è una necessità essenziale.

L'uomo di oggi ha certamente predatori diversi da cui difendere la sua famiglia rispetto all'uomo preistorico, ma durante il travaglio ha in comune con il suo antenato la necessità di proteggere la propria donna, costi quel che costi.

I predatori di oggi non hanno le zanne, ma possono minacciare la mamma e l'equilibrio ormonale del parto. Interruzioni, cambi di ambiente, voci estranee, luci accese, numeri, domande: sono questi predatori postmoderni a causare picchi di adrenalina disseminati nei luoghi dove il modello di assistenza di cui abbiamo parlato è ancora in aggiornamento. Non ringhiano e non sfoderano artigli, ma possono stimolare il cervello della donna esattamente come se fossero belve feroci, e così rallentare e bloccare il travaglio, o mettere il bambino in una situazione di stress.

Affinché la corteccia prefrontale della donna stia in modalità *hypno*, serve che lei sappia che la sua persona di fiducia sta di guardia, vigile e con tutte le facoltà cognitive del suo cervello razionale operative. La mamma in travaglio, per potersi abbandonare, ha bisogno di sapere che ha un avvocato difensore degno di Amal Clooney, una guardia del corpo che neanche Kevin Costner nel film con Whitney Houston e un amante delicato e focoso da soap opera argentina, tutto concentrato in una sola persona. Significa che, se la mamma ha detto chiaramente di voler evitare qualche cosa, deve potersi fidare del fatto che qualcuno veglierà affinché quel qualcosa non venga proposto per routine. Con le conoscenze di fisiologia, protocolli e raccomandazioni del caso, uniti alla prontezza d'animo e al coraggio necessario a intercettare un medico indaffaratissimo... senza dimenticare lo sguardo rassicurante e il tocco delicato che sussurrano: "Tranquilla! Ti proteggo io". Lo avevamo detto che bisognava pensarci bene prima di prendere la decisione di esserci al parto!

Oggi capita ancora che alcuni papà vengano rimandati a casa perché "tanto il travaglio non è ancora partito", in attesa che un'induzione faccia effetto. Come se, tanto per cambiare, la mamma fosse una scatola nera nella quale iniettare ossitocina e dalla quale attendere l'espulsione del bambino tot ore dopo. Come se l'ossitocina sintetica, prodotta in laboratorio e sparata in circolo da una cannula, potesse davvero fare lo stesso effetto di quella prodotta naturalmente dal corpo. Come se la presenza del papà, se desiderata, non fosse ancora più necessaria a riequilibrare una situazione ormonale con cui si ha interferito (forse per ottimi motivi) e che ha quindi ancora più bisogno di essere ribilanciata verso l'equilibrio della modalità *hypno*, in cui sicurezza e protezione giocano un ruolo fondamentale. La presenza del papà, invece, è un elemento concretamente connesso alla biochimica del travaglio. Se la sua presenza è fattore di stress, non si può imporla; se dà serenità alla mamma e lei lo richiede, è una reale necessità – oltre che diritto di entrambi – che lui ci sia.

Essere il portavoce del cervello razionale significa allora essere anche in grado di fare domande franche e fondate, richiedere di distinguere tra pratiche proposte per protocollo e pratiche specifiche offerte unicamente per quella donna. Essere in grado di riconoscere e fermare un'interferenza che mira a velocizzare le cose, a fini pratico-logistici totalmente avulsi dalla sicurezza del parto e dal benessere di mamma e bambino, non esprime l'arroganza di volersi sostituire ai medici: significa avere capito bene che lo standard dell'assistenza al parto oggi è ancora in fase di cambiamento e che non si può dare per scontato di essere seguiti secondo il modello salutogentico raccomandato dall'OMS. Significa sentirsi capaci, liberi e responsabili – in una parola: *empowered* – di richiedere un'assistenza personalizzata per quella particolare nascita: per noi e la nostra famiglia oggi e per i nostri figli e le nostre figlie domani.

Una presenza *empowered* accanto alla mamma è forse la risorsa più preziosa per preparare un parto positivo. Quali altri fattori rendono un parto buono? Viene spontaneo pensare a parti fisiologici avvenuti in acqua, con tanto di lucine sullo sfondo. Invece, un parto positivo, in realtà, non ha nulla a che vedere con questi dettagli. È l'esperienza di un'avventura ben vissuta con compagni di viaggio che ci sono alleati. Dovrebbe essere a disposizione di tutte. Dovrebbe essere la normalità con tutti i tipi di parto.

Tipi di parto

Da dove uscirà il nostro bambino è un po' una scelta nostra e un po' no. Possiamo esserci preparate mentalmente a un cesareo perché ci è stato detto che avendone già uno alle spalle non avremmo potuto fare altrimenti, e poi al settimo mese scoprire che l'altro ospedale della nostra città ha un team più aggiornato e programmare lì un parto naturale. Possiamo aver scelto di preparare un parto naturale, un'assistenza che lo supporti e protegga al massimo, eppure trovarci lo stesso ad accogliere con gratitudine la possibilità della chirurgia, se si rivela necessaria per noi.

Un parto positivo non è necessariamente un parto vaginale, e un parto vaginale non è sempre un parto naturale. Alcuni bambini nati da una pancia sono stati trattati con infinita e più naturale dolcezza rispetto a tanti usciti da una vagina. A fare la differenza, in tutti i casi, è la qualità di quell'esperienza: la sensazione, vissuta tanto nel corpo quanto nella testa, che tutti i coinvolti abbiano fatto davvero il meglio che sapevano e potevano per quella nascita; la sensazione di aver collaborato, come una squadra impegnata in una missione – i protagonisti, mamma e bambino, e la squadra di supporto: ostetriche, papà, partner, medici, doule, fratellini... chiunque accetti il ruolo di mettersi al servizio della diade che in quel momento è la protagonista assoluta. (Per il concetto di doula vedi a p. 237.)

Cesareo

Viviamo in una società in cui, in caso di necessità, i medici sono in grado di tagliare la pelle, lo strato di grasso, i muscoli e l'utero di una donna senza farle male, metterci dentro le mani ed estrarre il suo bambino, ricucire l'utero, i muscoli, il grasso e la pelle, mandare a casa la donna sulle sue gambe con in braccio il suo bambino, e continuare a prevenire e curare eventuali infezioni alla ferita sulla pancia fino a che si sia rimarginata del tutto. Un intervento chirurgico di questa portata, per quanto sia pesante e possa essere traumatico per la mamma, merita gratitudine solenne. Come tutte le nascite, un cesareo è la realizzazione di un miracolo: è l'inconcepibile che diventa reale. La corteccia prefrontale che caratterizza il cervello umano ha reso possibile trovare la soluzione razionale persino per la sfida incredibile di aprire un corpo vivo per proteggere non una ma due o più vite.

L'OMS considera che il tasso ideale di cesarei per ogni regione geografica non dovrebbe superare il 15 per cento.[46] A pensarci è logico: se più di questa percentuale fosse davvero necessaria in natura, ci saremmo estinti da tempo. La percentuale di cesarei in Italia è, però, parecchio al di sopra del 15 per cento: nel 2019 era a 33,8 per cento, più del doppio di quanto indicato dall'OMS, con picchi in certe regioni di oltre il 50 per cento.[47] Questo significa che moltissime donne subiscono un cesareo non necessario, andando incontro a rischi più alti, sia per la loro salute sia per il bambino, che non sono bilanciati da alcun beneficio.[48] Questo tasso di cesarei così alto dipende in parte anche dal fatto che molti ancora si comportano come se dopo un cesareo fosse assolutamente d'obbligo sottoporsi a un altro nella successiva gravidanza.[49]

Due studi dell'OMS nel 2015 hanno mostrato che quando la percentuale di parti cesarei in una zona che ne ha pochi aumenta fino a raggiungere il 10 per cento, diminuisce anche il tasso di mortalità perinatale.[50] Quando invece il tasso dei cesarei supera il 10 per cento il tasso di mortalità di mamme e bambini nel periodo perinatale non diminuisce più. Sono circa il 10 per cento i casi in cui di parto si morirebbe e un cesareo salva invece la vita di mamma e/o bambino. Oltre quella soglia non si stanno più salvando vite.

È qualcosa di meraviglioso che il genere umano abbia saputo condensare attraverso i secoli tanta conoscenza, tanta esperienza, tanto impegno e tanto coraggio da salvare anche più di due vite nello stesso momento. Il cesareo, con tutta la preparazione che richiede e i costi che comporta, è la dimostrazione che sappiamo qual è il valore di ogni singola vita e siamo pronti ad agire per salvarla. Al di là del suo servirci o meno, il fatto che lo Stato sia in grado di metterci a disposizione un tale strumento è qualcosa che può riempirci di vera gratitudine. Dobbiamo ricordarci però che non tutti i rischi del parto possono essere annullati da un cesareo. Fare un cesareo mirato, quando serve davvero, salva la vita, ma farne tanti non significa automaticamente salvare tante vite.

Programmato

Messi insieme, l'elemento miracoloso del cesareo e l'alto numero di cesarei in certe zone d'Italia costituiscono un binario su cui muoverci quando pensiamo a questo intervento, soprattutto se abbiamo un motivo per programmarlo. Sapere precisamente che quell'intervento è davvero necessario per noi e capirne il motivo può permetterci di accoglierlo e viverlo con serenità e gioia. Troveremo il nostro modo di parteciparvi non solo come paziente passiva e molto grata nelle mani della scienza, ma anche e soprattutto come mamma del nostro bambino.

Certo, è un intervento chirurgico e richiede come tale la massima attenzione di un bravo chirurgo, ma una sola resta la mamma del suo bambino, e solo lei, insieme al papà, può prendersi l'onore e la responsabilità di mantenere alta l'attenzione perché quell'intervento sia trattato come una nascita.

Il termine *gentle c-section*, cioè "cesareo gentile", è ormai di uso corrente in molti ospedali. Mantenere il punto di vista di chi sta nascendo è possibile, per il personale medico e, ancor più, per la mamma: può essere una buona guida per assicurarsi di metterla al mondo noi questa nuova persona, anche se con un grande e inestimabile aiuto esterno.

Esempi di piccoli accorgimenti già introdotti in molti ospedali per rendere l'intervento chirurgico anche una nascita gentile sono: tenere gli occhi del bambino il più possibile riparati dalla luce della lampada; lasciare che la mamma abbia una mano libera per interagire subito con questo piccolo corpo; lasciar accadere lo scambio multisensoriale, pelle a pelle, sul seno della mamma anche mentre la ricuciono. Se questo non fosse davvero possibile, la pelle del papà o di un fratellino potranno essere degli ottimi sostituti. Se nemmeno quella è un'opzione, la pelle tiepida di una persona, con il suo cuore che batte e il suo respiro che fluisce, potranno essere un benvenuto al mondo degno di un essere umano.

Se la nostra gravidanza si conclude con la necessità di

programmare un cesareo per motivi che abbiamo davvero compreso e accettato, abbiamo il vantaggio del tempo. Se abbiamo praticato respirazione e rilassamento in preparazione di un parto naturale, non sarà stato certo un lavoro vano, al contrario. Le stesse respirazioni e rilassamenti che si possono praticare pensando alle contrazioni possono tornare molto utili per affrontare i momenti di sfida o stress che potremmo trovarci ad attraversare. La capacità di mantenerci calme e rilassate anche mentre ci prepariamo per la sala operatoria sarà un sostegno importantissimo: una risorsa per noi stesse e per il nostro bambino, che ha solo noi come riferimento per la sua serenità.

Perché un cesareo sia veramente positivo, infine, è fondamentale viverlo a testa alta. Nel senso di accoglierlo con l'onore che merita, ma anche nel senso di non mettere la testa sotto la sabbia. È un fatto che gli ormoni che presiedono la nascita seguiranno curve diverse da quelle di un parto fisiologico, è inutile e controproducente far finta che non sia così. Sapere che gli ormoni hanno un equilibrio delicato ci permette di prepararci al meglio per il postparto. Sapere che la catena ossitocinica di reazioni fisiologiche descritte nel capitolo 3 non seguirà lo stesso automatismo, ci permette di prepararci a trovare modi alternativi per supportarla appena sarà possibile. Modi che forse richiederanno più tempo, più pazienza, più supporto, ma che avranno il merito di ricongiungerci al più presto con la persona di cui abbiamo tanto bisogno e che ha tanto bisogno di noi.

Fino a pochi anni fa, le conseguenze di un cesareo erano presentate in modo deterministico e rassegnato: meglio rinunciare in partenza a un sacco di cose, per esempio l'allattamento, e organizzarsi con gli accessori del caso. In effetti nel contesto di un'assistenza alla maternità improntata alla separazione, con mamme e bambini riuniti spesso dopo ventiquattr'ore, se non dopo due giorni, poteva risultare difficile per le donne e per i neonati trovare le risorse fisiche ed emotive per allattare in seguito a un intervento così serio e a una separazione così prolungata.

Lo stesso vale per i disturbi dell'umore postparto. Per

qualche decennio la soddisfazione di aver trovato il modo di intervenire di fronte a parti problematici "aprendo la scatola" aveva *leggermente* oscurato il dettaglio di quale fosse l'esperienza delle "scatole".

Oggi però abbiamo il privilegio di sapere già che l'intimità e la connessione con il nostro bambino sono essenziali e possibili anche con un cesareo. Si può scegliere di riappropriarsi subito di un postparto preparato con ancora maggior cura rispetto a uno naturale, mirando a recuperare contatto, calma e dolcezza non appena la parte medica sia conclusa, così da contribuire positivamente affinché tutto l'equilibrio si stabilizzi in modo sereno, sia fisicamente sia emotivamente.

D'urgenza

Ma non sempre un cesareo ci dà il tempo di prepararci. Storie di cesarei d'urgenza ne abbiamo sentite tante. Questo elemento inatteso e imprevedibile è quello che ha più impatto sull'esperienza fisica ed emotiva di tutti i coinvolti. Eppure, c'è un aspetto del cesareo d'urgenza che più di tutti ha il potenziale di contraddistinguerlo come esperienza davvero positiva. Sì, positiva.

Prima di esplorarlo, ci sembra doveroso fare una premessa, perché il rischio di urtare spigoli dolorosi di qualche emozione ancora viva in chi ci legge e ha già partorito è molto alto. Non scriviamo per giustificare, spiegare o tanto meno giudicare il passato. Scriviamo per chi desidera prepararsi a partorire in modo positivo. Mobilitiamo tutte le risorse ora per darci tutte le possibilità di vivere bene la nascita futura del nostro bambino.

L'elemento del cesareo d'urgenza più importante per accettarlo con gratitudine e positività è questo: sapere che è stato non solo necessario, ma inevitabile. Perché un cesareo può diventare necessario, senza essere stato davvero inevitabile.

Cronache di cesarei necessari ma nient'affatto inevitabili sono quelle in cui l'organismo della mamma viene costantemente sbilanciato sul lato dell'adrenalina, che fa da freno costante al processo della nascita, con il risultato di rendere necessari sempre più interventi per darle una mano. Sono le storie di parto in cui ogni tentativo della corteccia prefrontale di farsi da parte e del sistema tronco-limbico mammifero di prendere il sopravvento viene interrotto con parole, cambio di personale gestito senza un'adeguata transizione, informazioni, numeri, controlli. Cronache di cesarei necessari ma nient'affatto inevitabili sono quelle dei bambini incastrati nel canale del parto di mamme circondate da sconosciuti e abbagliate da luci artificiali; quelle di epidurali offerte pietosamente a donne che avevano detto chiaramente di seguire la fisiologia, ma non avevano esplicitato di avere molta paura degli aghi. Purtroppo, la maggior parte dei cesarei di cui sentiamo parlare si svolge così.

Un altro elemento molto presente nei racconti dei cesarei d'urgenza è quello del battito del bambino, improvvisamente sotto stress. La sofferenza del bambino è reale: ma è anche strettamente collegata all'ambiente, che nel suo caso è la sua mamma, al cui sistema biochimico, quindi emotivo, il bambino è indissolubilmente collegato. L'adrenalina della mamma è adrenalina per il bambino: la paura della mamma è paura del bambino.

Quando rilasciamo adrenalina, il nostro corpo manda il sangue dove serve. Nel caso del bambino non è diverso, solo che per lui il sangue alle mani e ai piedi serve a poco: fuggire e combattere non sono opzioni contemplate. Il feto in travaglio si adatta e risponde al suo ambiente, fatto di ritmi, pressioni, ondate di ormoni, come un velista caduto nel Mare del Nord in attesa dei soccorritori non nuota perché sa che deve ridurre l'uso di energie al minimo per mantenere il più a lungo possibile le funzioni vitali. Fluttuazioni, rallentamenti e accelerazioni fanno parte della danza della fisiologia sana. Molto raramente diventa necessario intervenire per attenuare una reazione fetale troppo forte. A questo punto non ci sono più alternative: cesareo.

O forse si potrebbe agire a monte per minimizzare la probabilità che quel momento di difficoltà si verifichi? Forse meno adrenalina nell'assistenza perinatale proteggerebbe anche il feto dalla sofferenza? Essere in grado di aprire una pancia con dentro un bambino è qualcosa di epico, ma aprirla per riparare al fatto di non averli protetti in precedenza è piuttosto un misto di paternalismo, bullismo e vigliaccheria, se vogliamo proprio chiamare le cose con il loro nome. Certo sempre tutto stemperato dall'abitudine. All'interno del sistema medico sarà solo una piccola sbavatura professionale, però è una sbavatura il cui prezzo non viene pagato mai da chi la fa, ma da chi avrebbe dovuto essere protetto. Dal punto di vista di mamma e bambino quel cesareo è un tradimento. E non c'è "mamma e bambino stanno bene" che tenga: a livello più o meno consapevole il tradimento fa male. Con buona pace di Ippocrate e del giuramento medico di non nuocere.

La risorsa chiave della mamma in attesa è che ha ancora il tempo di mettersi in condizione di reale protezione e supporto, che le permetteranno serenamente di sapere di aver fatto tutto il possibile per minimizzare il rischio di un'urgenza. Se comunque dovesse verificarsi, in quel rarissimo caso l'intervento chirurgico sarà davvero salvifico e potrà essere accettato con gratitudine e gioia. Certamente non ci sarà spazio per il rimorso.

Un'assistenza dolce, rispettosa e fisiologica protegge al 100 per cento dal rischio di un cesareo d'urgenza? Certamente no. Così come guidare una macchina da sobri, fermandoci ai semafori rossi e con la cintura allacciata non ci protegge al 100 per cento dal rischio di incidente. Ma, oltre a darci la serenità di star facendo la cosa giusta per proteggerci, quel rischio lo riduce, e drasticamente.

Naturale

Un report del Royal College of Midwives nel 2016 ha indicato che, mentre il tasso di nascite "normali" era registrato intorno al 65 per cento, il numero di parti vaginali "senza interventi di alcun tipo" era in realtà intorno al 20 per cento.[51] Una donna ogni cinque ha partorito spontaneamente. Per quattro donne su cinque, tra quelle che hanno partorito vaginalmente, un intervento di qualche tipo è invece stato ritenuto necessario. Viene davvero da chiedersi come abbia fatto l'umanità a non estinguersi se quattro nascite su cinque mettono in pericolo la mamma o il bambino a tal punto da spingere la medicina moderna a intervenire, nonostante costi e rischi notevoli.

Riflessioni evoluzionistiche a parte, quello che non può non stupire è che venga considerato normale un parto nel quale si sia intervenuto, anche pesantemente. Scollamento delle membrane, induzione, rottura artificiale del sacco amniotico, forcipe, ventosa: tutto questo è considerato normale. Basta che il bambino esca dalla vagina e quel parto viene classificato "normale".

È vero che è difficile mettersi nei panni di una partoriente se non si è mai stati gravidi. Basterebbe però un piccolo esperimento, anche solo mentale: può riguardare per esempio l'idea di infilare un dito in un buco dal quale dovrebbe uscire qualcosa che però non è ancora pronto (un buco così ce l'abbiamo tutti, uomini e donne, e non serve soffrire di stitichezza per capire di cosa stiamo parlando). Basta fare questo piccolo esperimento per capire che non è tanto logica la strategia di continuare a guardare e infilare cose in un buco dal quale si vuole che esca qualcosa. Insomma si potrebbe considerare che osservare ossessivamente la vagina e infilarci dita a profusione non aiuti la cervice a rilassarsi e ad ammorbidirsi per lasciare andare il bambino.

Ragionamenti simili si applicano a tantissimi interventi (monitoraggi, prescrizione di posizioni, taglietti ecc.) che costituiscono l'ordinaria amministrazione in certi reparti di maternità e che vengono spesso passati sotto silenzio, non discussi con i genitori, e praticamente inflitti alle mamme. Quando poi tornano a casa, molte pensano di aver vissuto un'esperienza *normale*, o addirittura di aver avuto un parto *naturale*.

Normale e naturale in quanto il bambino è uscito dal buco previsto della scatola nera: la vagina.

Vaginale

"Il 28 marzo 2014 ho dato alla luce mia figlia Rose. Il 25 marzo, il giorno prima che cominciasse il mio travaglio, è stata l'ultima volta che mi sono sentita veramente me stessa." Iniziava così il pezzo firmato da Natasha Pearlman, editor di "Grazia", che "La Repubblica" ha riproposto nel maggio 2020 con il titolo *L'innaturale sofferenza di un parto naturale*.[52]

È il racconto di un travaglio di 33 ore, iniziato da sola in una stanza senza neanche un letto, con un'assistenza disumana e anonima che si conclude con "il ginecologo appeso al forcipe". La riflessione di questa donna è una seria critica a quella che lei chiama "l'ideologia del parto naturale" e l'assunto di base è che la sua esperienza sia il racconto di un parto naturale che le donne devono avere il diritto di conoscere ed evitare. Di naturale, però, nel racconto di come questa donna è stata assistita, non c'è assolutamente nulla. La bambina è uscita dalla vagina, certo, e questo assomiglia a come avvengono le nascite in natura; tutto il resto è stato un trauma violento e doloroso.

Il racconto di questo parto non è cosa poco comune. Il tema di Pearlman viene ripreso dal "Times", e poi in Italia dalla giornalista del "Corriere della Sera" Corinna de Cesare, con un articolo[53] rimasto iconico da cui è nato un dibattito acceso e stimolante. Scriveva: "La cosa più naturale, frase che mi è stata detta la sera del ricovero in ospedale: ero a 40 settimane e 4 giorni, una gravidanza voluta, serena, 'fisiologica' come dicevano i medici. Mio marito tenuto fuori dall'ospedale come un estraneo, una rottura del sacco dubbia, la decisione (loro, non mia) di fare una manovra manuale per completare la rottura. Erano le cinque del mattino e lo hanno fatto con le mani. Io sotto choc ho cominciato a piangere, il ginecologo mi ha guardata sprezzante: 'Signora, se iniziamo così, iniziamo proprio male, è la cosa più naturale'".

Quello che fa più male nel leggere questi racconti è sapere che entrambe le donne coinvolte hanno lasciato quelle sale parto considerando normale il trattamento ricevuto e sentendosi in dovere di sensibilizzare le altre donne su quello che avrebbero a loro volta potuto trovare. Né l'uno né l'altro articolo ha messo in dubbio che quel parto non fosse stato né normale né naturale. Queste mamme non sono uscite indignate e furibonde nei confronti del personale medico e ostetrico che le aveva assistite, determinate a usare la loro voce pubblica per dire alle donne di ribellarsi a quel tipo di assistenza violento che contraddice le linee guida mondiali e le evidenze scientifiche. In entrambi i casi il risentimento si dirigeva nei confronti di quanti avevano invece alimentato aspettative idealizzate – o peggio ideologiche – e giudicanti, tutto sommato irrealistiche, di parto naturale.

Per non aver ricevuto ed elaborato informazioni aggiornate e corrette sui servizi che spettavano loro di diritto, non certo per ignoranza o colpa personale, nessuna delle due donne ha potuto riconoscere che quel dolore e quel trauma dipendevano molto più dall'approccio di assistenza ricevuto che dalla loro fisiologia.

Che la normalità per molte sia l'intervento non necessario, la mancanza di rispetto e la negazione dell'umanità (in altre parole l'abuso) è uno scandalo. Ma i perpetratori dell'abuso sono coloro che lo praticano e poi lo ricoprono di una definizione che suona innocua. Sono *loro* le persone che devono mettersi a confronto con la realtà dei fatti e da cui esigere umanità e rispetto. E no, *loro* non sono raggruppati in fazioni ben definite, magari corrispondenti a categorie di personale sanitario. Non ci sono tutti i medici, solo medici, da una parte e tutte le ostetriche, solo ostetriche, dall'altra. Abusa chiunque manchi di competenze, umanità e rispetto mentre svolge il suo lavoro al servizio di persone in quel momento più vulnerabili.

Le due giornaliste, come moltissime altre donne, hanno subito una forma di violenza che nulla ha a che fare con la crudezza e il dolore di un parto naturale. Il dolore è in effetti parte integrante della fisiologia del parto per la maggioranza dei mammiferi, ma si tratta di un dolore tutto particolare, come vedremo. La sofferenza e la violenza subita, invece, sono riconducibili a un modello di assistenza paternalistico, basato sull'interferenza medica per controllare un processo fisiologico: un modello di fatto abusivo. E questo non cambia, che il bambino esca dalla vagina o dalla pancia.

Come scrive il Consiglio d'Europa nel 2019 nella sua prima risoluzione per contrastare questo fenomeno: "La violenza ostetrica e ginecologica è una forma di violenza che è stata a lungo nascosta ed è ora troppo spesso ignorata".[54] Ignorata non solo nel senso che si fa finta non ci sia, ma anche nel senso che proprio non si vede che c'è. Spesso chi la subisce, non la riconosce come la causa della sua sofferenza.

Con poche eccezioni, il ricordo collettivo della stragrande maggioranza delle donne che hanno partorito negli ultimi decenni è simile ai racconti di queste due giornaliste: il ricordo di un parto alienato.[55] Il bambino forse alla fine è uscito per via vaginale. Ma cosa succedeva nel frattempo alle due persone coinvolte? Un'esperienza di solitudine e impotenza, se non di profonda sofferenza. Solitudine, impotenza e sofferenza: il passo per arrivare al trauma è dannatamente breve. Quando le situazioni ingiuste diventano normali perdiamo ogni significato ed esperienza di libertà.[56]

"Violenza ostetrica" è diventato il nome ufficiale di questa forma di esperienza. Con gradi di intensità diversi a seconda dei casi, la violenza ostetrica ha toccato dal 2003 al 2017 un milione di donne[57] e finalmente negli ultimi anni, soprattutto grazie alle rivendicazioni di movimenti spontanei, è venuta alla luce. Questo tipo di violenza è una delle facce della cultura dello stupro:[58] quel fenomeno per cui è presente violenza (per esempio in sala parto), rispecchiata in ciò che è comune (per esempio nelle visite vaginali senza consenso), anche se non riconosciuta come tale (per esempio perché "si è sempre fatto così"), aggiungendo danno alla beffa con la colpevolizzazione della vittima ("È colpa tua che non ti dilati").

E spesso, per tutti questi motivi, è ancora più subdola e crudele: non sempre è identificata come violenza, neppure dalle vittime. Ad accogliere il bambino c'è in questi casi una donna distrutta nel corpo e nella testa, che non ha la coscienza di esserlo. E anzi, si sente pure un po' in colpa per quel senso di sofferenza e dolore che *non dovrebbe* provare.

A partire da tutto questo impianto distopico, si è creato il più grande e doloroso equivoco della storia femminile: per chiamare un parto "naturale" basta che il bambino esca dalla vagina. Allontaniamoci allora da questa terminologia che confonde e mette fuori strada. Cosa sia naturale e cosa non lo sia è un dibattito che va ben oltre le pagine di questo libro. Quello su cui possiamo certamente focalizzarci però è il parto fisiologico.

Fisiologico

Il parto fisiologico è il parto spontaneo, che avviene senza che ci siano interventi medici di alcun tipo. È un processo che fa parte della vita della maggior parte delle femmine umane e che si svolge in modo molto simile indipendentemente da dove queste si trovino. Questo sistema coinvolge interamente il cervello e il corpo della donna, spingendola ad assecondare i meccanismi fisiologici con il suo comportamento, a fare cioè quello che gli impulsi del suo corpo la spingono a desiderare.

Il comportamento della donna evoca di conseguenza in chi la assiste risposte di protezione, che a loro volta assecondano e supportano il suo sistema ormonale. Diventa allora una danza intorno all'equilibrio, dove l'ambiente esterno influenza l'ambiente interno della mamma e viceversa: una spirale ben organizzata e non disturbata di ormoni che porta alla nascita spontanea del bambino.

Quando parliamo di parto fisiologico ci riferiamo sempre e comunque a un parto assistito da personale ostetrico qualificato: non incoraggiamo in alcun modo la pratica del *freebirth* (parto senza assistenza), e anzi la consideriamo uno spreco dell'enorme privilegio di avere accesso alla cura e all'assistenza che la nostra civiltà ha prodotto.

Parto fisiologico allora significa un parto che asseconda il processo spontaneo della nascita: in questo processo si uniscono in modo impareggiabile, raro e prezioso tutta l'istintualità mammifera e tutta l'unicità umana.

In questo sta la potenza di un parto fisiologico: nel fluire spontaneo degli ormoni e dei comportamenti preparato dai cambiamenti del cervello in gravidanza, favorito da azioni e pensieri della mamma in attesa, scatenato da un segnale chimico del bambino all'inizio del travaglio, assecondato dalla mamma e supportato da chi la assiste. Il parto fisiologico è inserito in un quadro di generazione e rigenerazione spontanea e costante di equilibrio e buon funzionamento da parte dell'organismo, secondo le sue caratteristiche proprie.[59]

C'è una spontaneità tutta speciale nel fluire naturale di un travaglio fino all'espulsione del bambino, però non si tratta di un processo del tutto autonomo. Dipende infatti dall'ambiente sia interno sia esterno, con quella delicatezza e tenacia che fanno parte di tutti i meravigliosi equilibri della natura sul pianeta. L'equilibrio in divenire che assomiglia di più a quello del parto è certamente quello che sta all'altro lato dei nove mesi di gravidanza: il concepimento. O più in generale, il fare l'amore.

Orgasmico

Pensare al parto fisiologico in termini di flussi crescenti di reazioni ormonali e comportamentali ci mette davanti all'evidenza che il parto è un atto sessuale.

Negli ultimi secoli, la sessualità delle donne non se l'è passata tanto bene, quella delle donne in travaglio peggio ancora: è stata oscurata, qualcuno potrebbe dire repressa, dal modo in cui sono state (e tuttora sono) osservate e assistite. La fase espulsiva del bambino è stata letta da tanti medici con la lente dell'eiaculazione maschile: dura, rigida e che spara. Per ignoranza, più o meno colpevole e malintenzionata, si è persa del tutto la vera dimensione del parto, fatta di onde ritmiche crescenti, come quelle dell'orgasmo femminile.[60] Il travaglio e il momento in cui un bimbo esce dal corpo della sua mamma hanno moltissimo in comune con il climax e il picco estatico del rapporto sessuale.

Perché il sistema ormonale supporti al meglio sia il parto che l'orgasmo, sono necessarie le stesse condizioni: privacy, intimità, sicurezza. Lo stato di coscienza che li supporta è simile: la corteccia prefrontale del cervello si mette da parte e a prendere il sopravvento è il sistema tronco-limbico. Mentre una donna ha un orgasmo, il flusso di sangue che va alla sua corteccia prefrontale si riduce drasticamente:[61] il corpo lo sa bene, non è la parte logica del cervello che ha bisogno di ossigeno e risorse nel momento dell'unione fisica e metafisica di due persone. Questo ha legami fortissimi ed evidenti con quello stato che abbiamo chiamato modalità *hypno*, così strettamente correlato a sostenere il lavoro del corpo in travaglio.

L'idea che all'interno di un parto possa esserci piacere orgasmico suona provocatoria nella nostra cultura, eppure la realtà fisica e biochimica parla chiaro: durante l'orgasmo femminile si generano contrazioni uterine molto vicine a quelle del travaglio. Vi sono inoltre similitudini fortissime tra lo stato postorgasmico e il momento che segue un parto vaginale spontaneo.[62] Che sia una sveltina rubata una mattina prima di andare al lavoro, o una lunga notte di sesso, il picco di piacere si raggiunge sempre a partire da un livello più basso, risalendo fino a un picco massimo. Quello legato al riflesso di eiezione del feto sembra essere il punto culminante della scala più alta che l'essere umano sia in grado di risalire.[63]

Ma come può una cosa così dolorosa essere al contempo anche piacevole? Evoluzionisticamente parlando, i bambini nati da parti traumatici non sarebbero messi tanto bene. Perché il cucciolo sopravviva la madre deve essere in grado di nutrirlo, fisicamente ed emotivamente. Per pura sopravvivenza serve una mamma forte, energica, motivata e capace, tutti stati d'animo che è più probabile vivere quando stiamo bene.

Come abbiamo visto nel capitolo 2, la dopamina nel cervello dei topi faceva preferire allattare al fare uso di cocaina. La dopamina è sempre stata considerata nella sua associazione a un piacere che crea dipendenza. Eppure nel 2006 per la prima volta si è visto che il sistema della dopamina nel cervello è molto attivo anche nell'esperienza del dolore, e questa sua attività dipende direttamente da come il dolore fa sentire la persona.[64]

Avrebbe molto senso se il dolore del parto fosse connesso al sentirsi forti e capaci di superarlo, in una combinazione radicale del massimo coinvolgimento del corpo che un umano può raggiungere. Vorrebbe dire che il piacere di sentire uscire il proprio bambino dopo le onde del travaglio è una sensazione euforica di piacere travolgente assoluto, non solo perché il bambino sta per nascere, ma perché il corpo sta godendo per farlo accadere: esattamente quello che descrivono tante donne che hanno potuto partorire in modo sano. Il fatto che un parto possa essere orgasmico non significa che non sia uno sforzo supremo, significa che nello sforzo il corpo raggiunge un picco che non è solo dolore.

Sul parto orgasmico non ci sono statistiche ufficiali. Difficile misurare una cosa del genere se le indagini vengono quasi sempre effettuate all'interno del paradigma adrenalinico dell'assistenza tradizionale che quel meccanismo lo inibisce. Ma le testimonianze non mancano. Delle 151 donne intervistate da Ina May Gaskin, ostetrica pioniera del cambio di paradigma di assistenza al parto, 32 condivisero di aver avuto un parto orgasmico.[65] In un'indagine online del 2016, il 6 per cento delle 2200 donne intervistate ha descritto il suo parto come un orgasmo.[66]

Non stiamo dicendo che tutte le donne seguite da una brava ostetrica hanno sempre un parto orgasmico. È un po' più complesso di così, e il punto non è se ci sarà o meno un orgasmo durante il parto.

Il travaglio che culmina nell'espulsione del bambino è assenza di logica e impossibilità di pianificazione: accade e basta. È un perdere il controllo per fare dono di sé che non ha niente a che vedere con un certo sacrificarsi un po' esibizionista che la cultura ci ha inculcato, lo stesso che era previsto per i "doveri coniugali".

Quando è sessualità pienamente umana, e quindi per processare il significato dell'esperienza può poi usare la corteccia prefrontale, non è più solo accoppiamento: accogliamo una persona che amiamo e che ci ama dentro di noi. Ci facciamo vulnerabili per lasciarla entrare, per unirci, con suo e nostro piacere. Nel caso del parto ci si fa ugualmente vulnerabili per accogliere un altro umano, anche se è tutto nuovo e viene accolto nel mondo fuori di noi. In entrambi i casi il corpo deve aprirsi per far spazio alla vita che continua.

Quando si tratta di parto e maternità la dissociazione tra femminilità e sessualità è la cosa più comune: questo perché la sessualizzazione di cui le donne sono costantemente oggetto è esclusivamente a beneficio dello sguardo degli uomini. Ma anche se l'abbiamo oscurata, tralasciata, dimenticata e ignorata, la potenza sessuale del parto non è meno vera nel corpo di ogni donna. Durante la gravidanza si osserva anche un aumento della responsività del clitoride e dei muscoli che entrano in azione nell'orgasmo.[67]

Di un bambino morto

Ancora più taciuta del tabù dell'estremo piacere che il parto può dare è la sua controparte assoluta: il dolore indescrivibile e viscerale che travolge chi mette al mondo un bimbo morto. Approfondire il tema del lutto perinatale va oltre lo scopo di questo libro. Ci sembra però necessario e doveroso creare uno spazio mentale per questo evento improbabile ma possibile, inconcepibile ma reale. Uno spazio mentale che possa diventare una prima boa di salvataggio se necessario. Uno spazio mentale che, con la sua ombra, faccia brillare ancora più forte la luce. La morte in generale è quasi indicibile nella nostra cultura, ma la morte di un neonato è praticamente impensabile. L'immagine di una nascita che è già morte è talmente difficile da tollerare che la collettività ha sviluppato il tacito accordo di non parlarne mai.

Questo silenzio collettivo ci indica un gran disagio, che inizia già al momento di definire di cosa stiamo parlando. La buona notizia è che in Italia il tasso di bambini nati morti dopo la 28ª settimana è in diminuzione costante negli ultimi decenni: nel 2019 eravamo a 2,4 su 1000.[68] L'aborto spontaneo rimane invece un fatto molto più comune di quello che molti pensano: si stima che fino a una gravidanza su cinque si concluda spontaneamente nel primo trimestre.[69]

Al di là dei numeri e delle definizioni però, ci sono persone reali e vive, mamme e papà in carne e ossa che piangono un figlio.[70] Il silenzio sui bambini nati morti è una cortina di ferro che schiaccia anche chi ha la fortuna grande di non conoscere quel dolore: si può celebrare davvero la vita solo sapendo che c'è anche la morte. Altrimenti è solo un esistere, come fanno gli animali che non sapendo di vivere non muoiono ma "finiscono".[71]

Il tabù ha anche effetti meno filosofici e ben più gravi: effetti concreti psicologici, sanitari e sociali. Il tabù peggiora di fatto la qualità del supporto che viene dato ai genitori coinvolti. Numerose ricerche internazionali sottolineano la necessità di un supporto psicosociale e di una buona cultura comunitaria sui temi del lutto e della morte perinatale al fine di migliorare l'elaborazione del lutto ed evitare il lutto complicato.[72]

Avere lo spazio mentale ed emotivo per nominare l'indicibile è il primo passo essenziale perché la morte non sia più un mostro nero e senza forma da temere, ma l'altro lato di quella vita dai contorni luminosi che tutti attraversiamo.

Il parto positivo

Abbiamo capito che quando si parla di parto, le parole "normale" e "naturale" sono usate anche per rivestire di banalità alcune pratiche di abuso e violenza. Abbiamo quindi deciso di tenerle ben lontane dalla definizione di un parto positivo.

Tanto la preparazione di un parto naturale quanto la programmazione di un cesareo rischiano di diventare solo due lati della stessa medaglia: scelte e conoscenze che non partono davvero dalla donna protagonista e dalla sua esperienza, ma dall'accettazione passiva di giudizi e necessità legati al modello adrenalinico.

Preparare adeguatamente il proprio parto positivo invece richiede di pensare secondo linee intime e individuali. Da una parte significa considerare la mente femminile, che in gravidanza assume caratteristiche uniche e distinte sia da quelle della mente maschile sia da quelle della donna non gravida; dall'altra ricordarsi che il corpo femminile è un organismo a sé, dotato di risorse uniche e potenti. Dopo aver considerato l'unicità della mente e del corpo femminile nel periodo perinatale, possiamo esercitarci ad ascoltarci e riconoscerci sia come corpo che percepisce e fa esperienza sia come mente che pensa e sa.

C'è un valore altamente razionale nell'appropriarsi di quel sentire animale che è la percezione pura – la stessa che caratterizza l'esperienza di nostro figlio nella pancia, che non giudica ciò che sta vivendo, ma lo vive nella carne. Molte generazioni di donne si sono trovate, e si trovano tuttora, a fare il contrario, basando il loro giudizio interamente su nozioni esterne al loro corpo.

Immaginiamo per esempio una mamma in travaglio negli anni Settanta che sentisse il desiderio impellente di mettersi a quattro zampe. Immaginiamo che la cultura della sua epoca l'avesse abituata a sospendere il giudizio e a obbedire passivamente al giudizio dell'autorità. Continuiamo a immaginare che il giudizio e l'autorità fossero basati non sul servizio della paziente, ma sulle esigenze pratico-logistiche della struttura sanitaria e del suo personale. È così che ritroviamo la partoriente tipo con i piedi nelle staffe del lettino, comoda: per il dottore che la vuole esaminare. Non solo scomoda, ma in agonia dentro se stessa, a mettere un altro bastone fra le ruote fisiologiche della nascita del suo bambino.

La partoriente tipo degli anni Settanta, anche se l'utero era suo e si era tolta il reggiseno, in sala parto è rimasta una donna dell'Ottocento. Questa donna ha scartato i segnali molto forti e pertinenti che provenivano dalla sua persona per lasciare che fossero quelli esterni, considerati più autorevoli, a guidare il suo comportamento. Il corpo magari diceva di alzarsi e mettersi a quattro zampe, ma se la "cosa giusta" era invece evidentemente infilare i piedi nelle staffe del lettino, meglio farlo. Un numero esorbitante di donne, ben oltre gli anni Settanta, ha accettato e accetta giudizi altrui. E i giudizi malfondati si sono legati e rinforzati, sono diventati abitudini, consuetudini e si sono arrogati addirittura i titoli di realtà e di verità.

Un parto positivo può avvenire per pura fortuna, ma visti i dati riportati sembra abbastanza improbabile. È più probabile che avvenga dopo la presa di coscienza di come si è costruito il sistema sanitario di cui disponiamo, delle sue meravigliose risorse e anche dei suoi punti deboli. Con le risorse e i limiti esterni e interni che ogni singola mamma ha a disposizione può percorrere la propria strada, unica e irripetibile, verso il proprio parto positivo.

La verità è che a fare un parto positivo non è il tipo di parto. Non è il buco da cui alla fine esce il bambino o il fatto che da lì esca per scelta o per necessità. Non è nemmeno quanto il piano o i desideri che la mamma aveva prima di andare a partorire si siano rispecchiati o meno nella realtà che vi ha trovato. Un parto positivo non finisce certo sempre in un orgasmo. A fare un parto positivo non sono i dettagli pratici, non sono le etichette più o meno fighe che possiamo appiccicarci sopra.

Un parto ha la potenzialità di essere positivo già da prima, qualsiasi cosa accada. Dipende da come lo aspettiamo, da come lo pensiamo, da come gli andiamo incontro; con quale sguardo e quali parole la sterminata forza delle donne prima di noi può riecheggiare in noi. Dipende da quanto sentiamo la nostra voce importare: non come grido di sofferenza ma come la voce principale e più autorevole dell'unica persona che si conosce, e che può guidare chi la assiste.

Contano il rispetto e l'attenzione tanto umana quanto professionale, che chi assiste dimostra in ogni gesto e sguardo, mettendo l'assistenza, la tecnologia e la scienza medica al servizio di mamma e bambino. Non viceversa. Un parto è positivo se in ogni momento a tutti resta ben chiaro – e il comportamento lo riflette – che lì non ha luogo un evento isolato che riguarda una parte del corpo come tante di una tizia come altre. Lì ci sono due persone irripetibili e uniche, che si giocano una tappa fondamentale della loro identità di singoli individui. E della loro relazione per il resto della vita.

Un parto positivo va ben oltre l'assenza di dolore e la presenza del piacere. Prepararlo non garantisce di viverlo. Il dolore, la sofferenza, l'ingiustizia, l'imprevisto, la sfortuna fanno parte del parto come della vita.

Fare i conti con questa verità – la consapevolezza della nostra mortalità – può essere sconfortante, ma non c'è motivazione migliore per giocarci il tutto per tutto. Abbiamo una vita sola. Questo bambino nascerà una volta sola. Facciamo di tutto perché sia una festa.

Se per improbabile sfortuna non lo sarà, sapremo con certezza di aver fatto tutto quello che era in nostro potere per presentarci a questo appuntamento con la vita dando il meglio di noi. E avendo richiesto il meglio dagli altri. Nei casi di improbabile sfortuna, la consapevolezza di aver dato tutti – genitori e personale medico – il tutto per tutto sarà una preziosa fonte di serenità.

Ma, molto più probabilmente, la festa ci sarà. In bagno, in sala parto, in sala operatoria, non importa dove, come e quando, daremo il tutto per tutto per rilasciare questa preziosa nuova vita nel mondo, con tutta la cura che merita ogni persona: unica, irripetibile e amata.

7
Il giorno della nascita: prepararlo

Come per tutte le feste che si rispettino, anche per il parto vale la pena spendere un po' di energia per i dettagli. Non perché questi incidano sulla meraviglia di accogliere il nostro bambino, e nemmeno perché le considerazioni pratiche siano più importanti di tutto il lavoro di informazione presentato finora. Una situazione ben preparata, però, può mettere in condizione di usare al massimo tutte le risorse e di minimizzare i rischi, permettendo di essere se stesse all'ennesima potenza il giorno della nascita del bambino. Questo libro non sostituisce un percorso con l'ostetrica, anzi lo incoraggia. Imparare a porsi le giuste domande ma non aspettare di essere in sala parto per avere le risposte e prendere le decisioni è un passo fondamentale verso un parto positivo.

Insieme alla culla, ai body e al trio, molte altre cose dipendono dalle scelte personali di ogni mamma, come il luogo del parto, gli interventi che potremmo trovarci a scegliere o accettare e il piano del parto.

Nelle prossime pagine esploriamo questi aspetti: cerchiamo di mettere un filtro efficace su quello che spesso si dà per scontato e di riappropriarci, ognuna a proprio modo, di quel punto di vista unico e irripetibile che è lo sguardo della donna da sopra la sua pancia.

Dove partorire

La scelta unica e speciale di dove mettere al mondo un bimbo spetta alla mamma e a chi la supporta da vicino. Deve tenere conto della propria situazione e della propria salute, delle proprie preferenze e delle proprie disponibilità. Una scelta unica e speciale, da vivere come tale.

In qualsiasi ambito, scegliere, tra le possibili alternative, quella che ci appare come ovvia rischia di essere una scorciatoia, un modo per dare una forma all'ansia e poterla maneggiare. Se fatte passivamente, soprattutto quando si tratta del luogo del parto, queste scelte sono potenziali tigri dai denti a sciabola per quel cervello che deve occuparsi del parto e che, lo abbiamo già visto tante volte, ha assoluto bisogno che la donna sia totalmente a proprio agio e serena. E il posto in cui essa si trova ha decisamente un bell'impatto.

Le opzioni reali per le donne oggi dovrebbero essere tre:[1] l'ospedale, la casa maternità e casa propria. In tutti i casi si tratta di un parto *selezionato* – di cui cioè si è valutato il grado di rischio – e *assistito* – ovvero alla presenza di professionisti ostetrici. "Selezionato" significa che quel parto è stato preparato per tutta la gravidanza, con un attento monitoraggio della salute di mamma e bambino, in modo da individuare eventuali segnali che si discostino dalla fisiologia e che rendano necessaria un'assistenza medica, quindi il parto in ospedale. Casa e casa maternità rimangono quindi opzioni valide per le gravidanze che procedono in modo fisiologico: in questi casi, la possibilità che si debba intervenire d'urgenza esiste. È estremamente rara, ma non da escludere, come per tutti gli eventi della vita.[2]

Purtroppo, in Italia le tre opzioni oggi non sono ancora tutte davvero disponibili all'interno della sanità pubblica. In molte regioni non è possibile scegliere un elemento così fondamentale e fondante della vita di una famiglia, e solo in pochissime le spese del parto in casa sono rimborsate, e nemmeno integralmente. Nella pratica, la maggior parte delle donne italiane con gravidanza a basso rischio, cioè sane, ha a sua disposizione solo l'opzione che dovrebbe essere obbligatoria esclusivamente per le donne con gravidanze problematiche: il parto in ospedale. Quindi, di fatto, dove partorire non è una scelta.

La questione non è certo che tutte debbano partorire fuori dall'ospedale, ma sembra logico ipotizzare che se potessero farlo, forse alcune donne lo sceglierebbero. Invece quando si parla, per esempio, di parto in casa, si scatenano quasi sempre scaramantici segni della croce o insulti pseudo-femministi ("Bisogna essere idiote/idealiste/bigotte/fondamentaliste a voler partorire come nel Medioevo!"). E le case maternità, di cui ben pochi non addetti ai lavori conoscono l'esistenza e che sono disponibili in numero minimo, suscitano al massimo qualche alzata di sopracciglio e qualche esasperato sguardo verso il cielo. Prendiamoci un attimo per analizzare i pregiudizi e gli insulti e capire come funziona davvero il parto fuori dall'ospedale. Solo conoscendo i fatti potremo scegliere consapevolmente.

In teoria, possono partorire in casa e casa maternità le donne che il controllo medico/ostetrico classifica a basso rischio – la maggioranza – se questi luoghi non distano dall'ospedale più del numero di chilometri percorribili in trenta minuti circa (che è anche il tempo necessario in un ospedale per preparare un cesareo d'urgenza). Come è stato specificato nel 2007 da un documento RCOG (Royal College of Obstetricians and Gynaecologists), il rapporto tra rischi e benefici dei parti in casa è a favore dei benefici. Per una donna sana con un bambino sano, la scelta di un parto in casa ha molti vantaggi e non comporta un più alto numero di eventi avversi né per la mamma né per il bambino. Soprattutto dal secondo figlio in poi.

Per quanto riguarda le case maternità, le raccomandazioni del National Institute for Health and Care Excellence (o NICE, punto di riferimento europeo per le linee guida di eccellenza sanitaria e medica) sono ancora più chiare: sia per le mamme che per i bambini, le case maternità sono i luoghi più sicuri.[3] Per casa maternità si intende un centro nascita gestito autonomamente dalle ostetriche: questo può essere un reparto all'interno di un ospedale o un centro autonomo altrove.

Vale la pena sapere che i risultati dei parti in ospedale secondo il NICE sono statisticamente meno positivi di quelli avvenuti a casa o in casa maternità – questo, non per indurre a desiderare per forza di non andare in ospedale, ma per riconoscere che non è l'unica opzione né necessariamente la più sicura. Anzi, il numero di interventi è radicalmente più alto negli ospedali. Uno studio citato dal NICE, per esempio, mostra che l'episiotomia viene praticata con frequenza più che quadrupla rispetto ai parti in casa. Inoltre è stato dimostrato che l'opzione di partorire non in ospedale è sicura non solo dal punto di vista fisico, ma anche da quello emotivo e psichico.[4]

Il fatto che la nostra sanità pubblica ancora non offra il parto in casa e nella pratica non sostenga, anche da un punto di vista legislativo e finanziario, l'apertura di case maternità in tutta Italia rappresenta un problema. È una mancanza nei confronti di tutte le donne, non solo per quelle che vorrebbero usufruirne, ma anche per quelle che preferiscono l'ospedale. Non perché questo abbia un impatto diretto sul loro parto, ma perché la dice lunga sul tipo di società in cui vivono: pur trovandosi a partorire nel luogo desiderato, anche chi sceglie l'ospedale vive in una società che non sa rispettare e proteggere i bisogni ragionevoli e sani delle sue donne. Anche la donna che partorisce in ospedale perché lo desidera, infatti, è intrappolata in un contesto politico e culturale che non sta garantendo a tutte un diritto fondamentale, sancito anche dall'OMS,[5] che è il diritto di scegliere dove partorire e di avere la migliore assistenza ostetrica in quel luogo.

Ovviamente scegliere di partorire in casa non significa schierarsi contro l'ospedale. Al contrario, le ostetriche delle case maternità e quelle che seguono a domicilio sanno riconoscere bene quando la situazione richiede strumenti o competenze che si trovano in ospedale. I colleghi dell'ospedale dovrebbero conoscere le ostetriche che lavorano al di fuori della struttura ospedaliera ed essere abituati a collaborare come una squadra al servizio di mamma e bambino, senza entrare in competizione.

Scegliere di stare fuori dall'ospedale significa starci finché non ci serve entrare. Se la situazione muta, si cambia luogo. Il trasferimento da casa all'ospedale, quando avviene, avviene quasi sempre con la macchina della famiglia, prima dell'emergenza e di un'eventuale ambulanza. L'arte ostetrica, infatti, è composta anche dalla capacità di prevenire le urgenze e di riconoscerne i sintomi premonitori. Dall'altro lato, come abbiamo già visto, il modello adrenalinico di alcuni ospedali molto spesso risolve problemi che ha creato lui stesso. Anche chi desidera partorire in ospedale sarà chiamato alla scelta di *quale* ospedale, dato che non sono tutti uguali.

Partorire a casa non equivale a partorire da sole. Il personale ostetrico qualificato deve per legge essere presente. La differenza è che in casa le ostetriche a disposizione della donna che sta partorendo sono due, sempre le stesse, anche durante il travaglio. In ospedale, invece, *dovrebbero* essere una durante il travaglio e due durante il parto. Il condizionale è d'obbligo viste le innumerevoli testimonianze che rispecchiano una realtà ben diversa.

Nei Paesi in cui il parto a domicilio è parte del servizio sanitario nazionale, il team impiegato dall'ospedale che si occupa dei parti in casa è composto dalle ostetriche di maggior esperienza e più alta qualificazione: quelle che non solo sanno riconoscere quando la fisiologia si allontana dal suo binario, ma che sono anche preparate per prevenire tutte le possibili complicazioni figlie di un'assistenza invadente. In stati come la Gran Bretagna e i Paesi Bassi, moltissimi ospedali hanno inoltre la loro casa maternità interna: un piano interamente pensato, organizzato e gestito dalle ostetriche secondo i criteri di supporto salutogenico al parto fisiologico. In Italia nel 2017 il Ministero della Sanità ha approvato una riorganizzazione dell'assistenza delle gravidanze, parti e puerperi a basso rischio (BRO).[6] È stata ribadita la necessità di rimodulare l'assistenza fisiologica al parto ed è stata sostenuta l'apertura di centri nascita a gestione autonoma delle ostetriche in ospedale. La realtà della maggior parte degli ospedali al momento non rispecchia ancora questa indicazione. Prima ancora di chiederci *dove* vogliamo partorire, dobbiamo chiederci *come* vogliamo che ci assistano: più che il luogo, infatti, è il modello di assistenza a incidere sui risultati.[7]

La scelta del luogo del parto è forse la prima della lunga serie di scelte difficili che caratterizzeranno la vita da genitori. Non esiste un luogo giusto per tutte. Come per il quartiere in cui abitiamo, la scuola che abbiamo frequentato e i negozi dove scegliamo di fare la spesa, tutto dipende da due cose: cosa è disponibile e cosa serve a noi. In momenti particolarmente felici, la risposta alle due domande coincide. Quando invece non coincide sceglieremo di volta in volta se le nostre energie siano meglio impiegate a cercare di cambiare ciò che la società ci offre, o a cercare di fare il meglio che possiamo nella realtà in cui in questo momento ci troviamo.

Certamente, non va accettata passivamente qualsiasi soluzione venga offerta, perché sappiamo che non sempre e ovunque il modello è ottimale e salutogenico. La responsabilità di preservare la sicurezza del parto è dei professionisti, ma il dovere di difendere la bellezza della nascita resta nostro, in ospedale come in salotto.

Spazio e tempo della nascita

Nel modello di assistenza al parto che abbiamo descritto come adrenalinico, si è standardizzata una serie di operazioni che nel tentare di coniugare tecnologia e ostetricia hanno finito spesso col sopravvalutare la prima e sottovalutare la seconda: si è preteso l'impossibile dalla tecnologia, dimenticando di andare a cercarlo laddove era possibile trovarlo: nell'esperienza delle ostetriche.

Il risultato, lo abbiamo già visto, è stato un modello di "gestione" della donna altamente depersonalizzato, in cui raramente era vista come un essere umano unico e irripetibile con bisogni specifici. E suo figlio meno di lei. Entrambi sono diventati numeri da incasellare in una serie di procedure e interventi di routine, mentre il parto veniva gestito al posto loro.

Di conseguenza, un altissimo numero di donne negli ultimi decenni ha subito interventi considerati oggi subottimali, come la rasatura del pube, e rischiosissimi, come la manovra di Kristeller – la spinta con le braccia di un operatore sulla pancia della mamma in fase espulsiva. Una folla di donne che negli ultimi decenni non sapeva nemmeno di poter rifiutare qualcosa ha sopportato stati d'ansia e dolori atroci indotti da pratiche non supportate da alcuna evidenza scientifica. Di fatto moltissime neomamme sono uscite dalle sale parto non solo con il corpo martoriato, ma anche con la fiducia in sé e nel proprio bambino ridotta in poltiglia.

Nelle prossime pagine, esaminiamo gli interventi più frequenti, dando spunti di riflessione su argomenti che è utile conoscere in anticipo per firmare il consenso informato in modo *davvero* informato.

"Too much too soon": troppi interventi troppo presto

Anche se abbiamo scelto con cura di partorire assistite da persone e in luoghi che siano davvero al servizio della nascita, è comunque possibile che ci vengano proposti interventi e pratiche che è necessario conoscere per poterli affrontare o rifiutare in prima persona. Senza nulla togliere alla professionalità di chi ci segue, la conoscenza ultima del proprio corpo e di ciò che sente, è nostra. Scegliere ci darà la possibilità di affrontare quello che accade a testa alta e a cuore aperto, con i piedi ben piantati nella prima linea in cui la gravidanza ci ha messe. Ci sono pratiche rimaste nelle abitudini delle istituzioni o delle singole persone che non sempre è sensato accettare passivamente: hanno infatti la caratteristica di sembrare mediche e scientifiche – e quindi fuori dal raggio della nostra scelta –, ma a volte lo sono, a volte invece no.

È tristemente innegabile che il problema in molti Paesi rimane ancora la difficoltà di accedere a interventi di supporto e al personale medico qualificato per farli. In Italia, però, la maggior parte dei cittadini ha talmente tanti privilegi da venirne quasi soffocata, e si ritrova con il problema opposto, quello che un articolo su "The Lancet" ha definito *too much too soon:* troppi interventi, troppo presto.[8]

Il *too much too soon* include pratiche che non si basano su evidenze scientifiche e altre che sarebbero salvavita se usate in modo appropriato, ma nocive se applicate di routine o con eccessiva frequenza. "Troppi interventi troppo presto" sono l'altra faccia della medaglia del benessere: sono infatti dannosi per la salute, rappresentano uno spreco di risorse finanziarie e spesso hanno il piede sulla soglia della violenza ostetrica.

Il grande cappello sotto cui stanno moltissimi interventi praticati o anche solo proposti troppo e troppo presto è quello della tabella di marcia del travaglio, quello dell'orologio e del tempo. È un cappello che allarga ombre particolarmente scure, perché mentre da una parte illude di stare, appunto, controllando, dall'altra di fatto sta applicando il metro di giudizio a un luogo astratto, fuori da quel singolo corpo di donna. Lo sguardo fissa più a lungo l'orologio degli occhi della donna. Nel tempo della nascita si fondono il tempo come concetto metafisico e il tempo misurabile della scienza: per comprenderne le leggi, bisogna amare e rispettare la nascita per la sua magnificenza, e allo stesso tempo studiare continuamente lo svolgersi di questo evento tanto frequente quanto meraviglioso con la precisione di uno scienziato.[9]

Il modello di assistenza al parto basato su tempi standard ha sottomesso la donna a ritmi che non le appartenevano, piegata a tempi artificiali, esposta a manovre e interventi esterni che l'hanno tenuta per lungo tempo in posizione passiva e, senza che lei se ne rendesse conto, hanno aumentato la sua fatica e il dolore.

Che oggi si parli di parto attivo sembra una conquista: ma di fatto dimostra quanta passività sia stata, e sia tuttora, imposta alle donne in quel momento in cui al contrario sono chiamate dalla biologia ad attivare tutta la loro forza.

La sfida, per ognuna di noi, è uscire da quella mentalità rigida con cui siamo abituate a processare gravidanza e parto e riappropriarci di una visione di insieme che tenga al centro la donna e il bambino. Questo ci permetterà di richiedere di essere assistite al meglio: non solo nel rispetto delle linee guida, ma anche con l'attenzione per le caratteristiche e i tempi del nostro corpo e del bambino, sotto l'occhio vigile di chi preserva la nostra salute e interviene quando davvero serve.

Misurare lo spazio: il controllo dei centimetri

Una delle coordinate della gestione del travaglio in veste tipicamente post-industriale riguarda lo spazio, nello specifico il conteggio dei centimetri di dilatazione. Controllare quanto e a quale velocità si apra la "scatola nera" sembra perfettamente ragionevole per chi la assiste. Quei 10 centimetri di dilatazione sono tra i riferimenti più noti per qualsiasi donna oggi in Italia. Ma sono davvero utili?

Come abbiamo visto nel capitolo 3, la cervice non fa un movimento attivo: la dilatazione avviene perché la cervice si rilassa e molla la presa. Non si tratta di una questione puramente meccanica, e soprattutto non è un processo a senso unico.

A fine gravidanza e in travaglio ci sembra assolutamente ragionevole che medici e ostetriche sappiano dire con esattezza a quanti centimetri di dilatazione siamo arrivate. L'idea che questo buco si possa misurare può farci sentire sotto controllo, protette.

Se le esaminazioni vaginali ci danno questo senso di serenità, ben vengano. Quei 10 centimetri, però, illudono che ci sia una misura reale da raggiungere identica per tutte (davvero pensiamo che due donne diverse come Sienna Miller e Moira Orfei abbiano in comune quei 10 centimetri lì?), ma non spiegano come avvenga questa dilatazione. Sono una sorta di traguardo fittizio: come se per ogni figlia ci aspettassimo che arrivi a quel metro e sessanta di altezza media, crescendo a velocità costante da 0 a 18 anni, per certificare che è adulta.

Se il sapere a quanti centimetri si è arrivate diventa più importante di tutti gli altri segnali che invia il corpo, e se sovrascrive tutti gli altri pensieri nella mente della mamma, può diventare un vero e proprio ostacolo allo svolgimento del travaglio e del parto.

L'esaminazione vaginale è stata introdotta sulla base dell'approssimazione che la dilatazione in travaglio progredisce di un centimetro all'ora. Questa aspettativa, secondo le linee guida dell'OMS, è inaccurata e non raccomandata per identificare le situazioni che richiedono interventi.[10] Proprio come non è raccomandato aspettarsi che una figlia cresca di 6,111 centimetri all'anno nei suoi primi 18 anni.

La ricerca sull'esperienza delle esaminazioni vaginali dal punto di vista delle donne è molto limitata; ci sono però testimonianze che dimostrano come per alcune sia un'esperienza neutra, per altre dolorosa, per altre ancora uno stress che lascia strascichi traumatici.[11]

Molte donne sono portate a credere che quell'esaminazione dia loro una misura rigorosa e dimenticano che viene fatta con le dita (e che non è ancora stato inventato un righello tecnologico dematerializzato a raggi infrarossi). Uno studio ha analizzato l'accuratezza della misurazione vaginale e ha mostrato che operatori diversi ottengono misure diverse. Nell'11 per cento dei casi vengono riscontrati oltre 2 centimetri di differenza (non pochi!). Un medico misura 5, l'altro 7, un'ostetrica 10, l'altra 8. Solo in meno della metà dei casi a operatori diversi risulta lo stesso numero.[12]

Eppure, nonostante siano in realtà così sfuggenti, anche perché in continuo movimento, quei centimetri arrivano alle donne come dati certi, depositari assoluti delle informazioni sull'andamento di quel travaglio, rassicuranti come le coordinate su una mappa – di una città invisibile, però. Anche se fossero una misura accurata, non direbbero assolutamente nulla né su come la donna ci sia arrivata, né, meno che mai, su come procederà. Che piaccia o meno, il progredire della dilatazione non è prevedibile.[13]

Come molte altre cose e modi di fare, anche le esaminazioni vaginali riflettono una cultura dell'assistenza che ha messo al centro una parte del corpo a scapito della persona. Si è tentato di standardizzare il processo del parto, renderlo misurabile e prevedibile, uguale per tutte. Si tratta di un sistema utilissimo per costruire ospedali e per definire turni sensati, ma quando anche la visione della nascita diventa standardizzata, si inizia a sottintendere che sia meccanica, nel senso di impersonale, anche per chi la sta vivendo. Ed è uguale per tutte: la donna scompare e lascia il posto a diagrammi che misurano le parti del suo corpo.[14] Certo, la cervice è una parte importante del corpo e della nascita, ma osservarla a scapito di tutto ciò che la circonda, incluso il vissuto della donna, è una scelta sproporzionata.

Ma come si fa a sapere a quanti centimetri siamo senza esaminazione vaginale? La domanda da porsi è un'altra: siamo davvero certe che alle donne serva saperlo? Processare un numero di centimetri attiva necessariamente la corteccia prefrontale, la parte razionale della nostra mente. Se vogliamo che il sistema tronco-limbico prenda il sopravvento, non c'è alternativa: la corteccia prefrontale deve tacere e andare in modalità *hypno*.[15]

È proprio questo l'handicap specificamente umano nel parto,[16] il bisogno essenziale a cui tanta assistenza degli ultimi decenni ha mancato di rispondere: per il cervello che presiede il parto, l'informazione dei centimetri è non solo irrilevante, ma spesso d'intralcio. Proprio perché possiamo capirla, processarla, usarla per giudicarci e per fare predizioni sul nostro futuro, quell'informazione ha bisogno della corteccia prefrontale per essere elaborata e quindi rischia di mettere i bastoni fra le ruote alla fisiologia.

La soluzione a tutto ciò, assolutamente sconvolgente per la sua semplicità, è che possiamo dire in anticipo a chi ci segue cosa preferiamo sapere e cosa no. Se pensiamo che un numero di centimetri piuttosto impreciso possa distrarci, abbiamo tutto il diritto di chiedere, per esempio, di essere esaminate ma che non ci venga detto a quanti centimetri siamo, oppure di non essere esaminate, oppure di essere esaminate e che venga detto il numero solo al papà... oppure che proprio le orecchie del papà rimangano ben protette da numeri molesti! Tutto questo deve dipendere da quello che preferisce la singola persona.

Tutto bene, tutto chiaro, ma il medico deve pur sapere a quanti centimetri siamo, altrimenti come fa a dire quando spingere? Eccolo qui, l'altro pezzetto subdolo e vischioso di queste esaminazioni fatte a ripetizione: l'idea che per sapere quando spingere si debba misurare prima di osservare o semplicemente sentire. L'idea, neanche troppo sottintesa, che una donna prima di fare qualcosa debba aspettare che sia qualcuno di più esperto di lei a dirle di farla.

Innumerevoli film ci hanno convinte che il momento di spingere verrà riconosciuto dal medico prima di noi. La realtà è un'altra: alla fine di un travaglio fisiologico, la spinta viene da sé. Non è voglia di spingere né necessità: è la spinta stessa, come descritto nel paragrafo sul riflesso di eiezione del feto a p. 60.

Mettere in discussione il senso del misurare non significa pretendere che nessuno monitori mai. Al contrario, è pretendere un tipo di monitoraggio che non sia un ostacolo ma un potenziamento della salute. Per ricevere questo tipo di assistenza abbiamo bisogno di qualcuno che sia capace di leggere il comportamento della donna *insieme* ai dati, e che sappia usare quelle informazioni a supporto dei riflessi fisiologici.

Una visita vaginale può aggiungere qualcosa al quadro, se al centro c'è la donna. Compilare moduli sarà forse utile per chi arriva con il cambio di turno, ma quanto scritto non dirà nulla di quel travaglio e di quella donna. Capire l'andamento di un travaglio e sostenerlo richiede competenze molto più complesse che saper misurare 10 centimetri e dare il via a spinte a comando. *Leggere il comportamento della donna insieme ai dati*: eccola qui, la risorsa specificamente umana da non lasciar sfuggire. Troviamo perciò il luogo e le persone che rendano possibile sfruttarla al massimo.

Promuovere salute e fisiologia significa anche tenere presente che l'apertura della cervice non è un processo a senso unico: quello che si è dilatato si può richiudere, in parte o parecchio. Paradossalmente, proprio un'esaminazione vaginale fatta nel modo e nel momento sbagliati può essere la causa di un restringimento. Per non parlare di tutte le altre interferenze considerate normali. Un cambio di personale e di ambiente, per esempio, può essere facilmente seguito da frasi simili: "Mi hanno detto che sei già a 7 centimetri ma invece sei solo a 4". Fatalità!

Quando si tratta di esaminazioni vaginali, il "si è sempre fatto così" ha presa molto facile. Eppure, è un'abitudine non supportata da alcuna evidenza scientifica. Uno studio del 2013 conclude in modo abbastanza perentorio che non si è trovata alcuna evidenza per supportare l'uso di esaminazioni vaginali di routine in travaglio al fine di migliorare i risultati per mamme e bambini. "È *sorprendente* – parole testuali – che ci sia un così diffuso utilizzo di questo intervento senza buone evidenze della sua efficacia; considerando in particolare quanto le donne che ricevono questa procedura siano sensibili al suo impiego e le potenziali conseguenze avverse in alcuni casi."[17]

Come molte altre cose che consideriamo "normali", le esaminazioni vaginali non sono reali strumenti di prevenzione dell'urgenza, ma convenzioni di una certa pratica medica. Non è necessario rifiutarle e combatterle a tutti i costi, ma è importante sapere che si possono rifiutare. Se sembra che nella cervice di una donna guardino più spesso che nei suoi occhi, dire "no grazie", o "adesso basta" è un diritto. Persino le procedure più rigorose degli ospedali di vecchio stampo che prevedono controlli ogni ora hanno l'obbligo di *offrirli*, non di farli per forza.

Questo aspetto della vicenda è essenziale, per le esaminazioni vaginali e per molti altri elementi che vedremo tra poco: la percezione della stragrande maggioranza delle donne su quasi tutti gli interventi e i monitoraggi che ricevono è che siano qualcosa da fare necessariamente. Questo perché la stragrande maggioranza della comunicazione tradizionale in sala parto spinge ancora la donna ad accettare passivamente, e non attivamente e in modo informato, quello che viene fatto al suo corpo e al suo bambino.

Allargare lo spazio: l'episiotomia

L'episiotomia è un'incisione chirurgica che il personale medico può praticare nella parte posteriore dell'apertura vaginale con l'obiettivo, in teoria, di agevolare l'uscita della testa del bambino nella fase finale del travaglio. L'ordine cronologico degli eventi durante il parto vorrebbe che se ne parlasse tra qualche pagina, e invece è importante nominarla ora, perché mette il piede in sala parto molto presto, anzi in alcuni casi è già lì, ospite autoinvitata, ad aspettare la donna prima ancora che arrivi. Riconoscere lo sguardo e la mano che possono, sanno e vogliono praticarla in modo utile allora è essenziale.

Guardare la cervice come un "buco speciale" in cui c'è scritto tutto ciò che riguarda quella nascita è stato ed è ancora un atteggiamento davvero molto diffuso. Le immagini di parto tradizionale ci mostrano una donna a gambe aperte su un lettino, la posizione migliore affinché sia ben visibile e sotto controllo. Lo spazio della nascita si è tutto concentrato lì, in quel buco: rasato, misurato, osservato, gestito e controllato. Non c'è da stupirsi allora che quello spazio sia risultato molto spesso troppo piccolo per il suo compito. Inadeguato, ovviamente, come molte cose di donna.

In numerosi casi, e soprattutto in quella posizione, il buco troppo piccolo lo è davvero: a gambe alzate e a pancia in su la stragrande maggioranza delle donne è nella posizione meno indicata per partorire. Per riuscire a essere ancora più scomoda dovrebbe mettersi a testa in giù.[18] Sul lettino, allora, allargare artificialmente il buco diventa quasi un obbligo. Lo sforzo di spingere contro la forza di gravità, con le gambe e il perineo in tensione, rende molto probabile una lacerazione profonda, che si è preferito dirottare verso un'altra lacerazione profonda che ha il "merito" di essere standard: l'episiotomia.[19] Questo intervento si è diffuso come una necessità comune nell'Ottocento ed è arrivato fino alla fine del Novecento come una pratica "naturale e normale". Un'incisione genitale profonda su un organo fisicamente e psicologicamente centrale come il perineo – una forma tutta occidentale di mutilazione sessuale[20] – è diventata un'operazione di routine considerata utile e innocua.[21]

Ma è davvero utile? Su questo punto l'OMS si è espressa chiaramente: l'uso regolare o liberale dell'episiotomia non è raccomandato per le donne che hanno un parto vaginale spontaneo.[22] NON È RACCOMANDATO. La pratica è definita inoltre dannosa, tranne in rari casi. Quindi sarebbe meglio un "no, grazie" nella stragrande maggioranza dei casi.

Dannosa perché? In Italia, un'indagine su un campione di mamme che hanno partorito tra il 2003 e il 2017 mostra che la metà di loro ha subito l'episiotomia e che questa pratica ha rappresentato la principale esperienza negativa vissuta al momento del parto.[23] Rispetto alle lacerazioni naturali che spesso si verificano durante il parto, l'episiotomia necessita di tempi più lunghi e dolorosi per il recupero, con rischi di infezioni ed emorragie.

Il ginecologo Michel Odent riscontra che è molto raro che un'ostetrica di approccio salutogenico effettui un'episiotomia, spesso semplicemente perché "non le piace farlo". Che stia forse insinuando che ci sia gente a cui invece piace tagliare vagine altrui? Lui stesso, medico e ginecologo, riconosce che forse questo tagliare "facilmente" una vagina da parte dei medici è stato il riflesso di una forma di insensibilità di stampo maschile.[24] Che abbia un che di rassicurante il fatto di poter manomettere e gestire quel buco tutto femminile e tanto pauroso? Che tutto quel potere femminile che si manifesta alla nascita vada in qualche modo imbrigliato per impossessarsene? Domande queste che vale la pena porsi nell'attesa curiosa e fiduciosa di vedere che tipo di impatto avrà a lungo termine l'alto numero di ginecologhe donne che da pochi decenni sono entrate in sala parto e che solo negli ultimi anni sono diventate più numerose dei colleghi.

Al di là di gusti, preferenze e paure delle donne, per decenni si è fatto così. L'episiotomia è ancora oggi presentata a molte mamme come dolorosa e fastidiosa, forse, ma necessaria... Per la memoria collettiva come per quella individuale, ciò che viene ripetuto diventa abitudine, aspettativa implicita, e si tende a dimenticare quando sia cominciato e perché. Una pratica prettamente culturale, di efficacia dubbia e movente sospetto, si trasforma in abitudine medica:[25] è così che l'episiotomia è entrata a far parte delle nostre aspettative e abitudini come un atto medico dovuto e salvifico, percepita quasi come naturale e data per scontata, sottintesa, come tante altre dinamiche del parto e della gravidanza che abbiamo nominato in questo libro.

Per chi si prepara al parto oggi, avere le idee chiare sull'episiotomia è importante quanto sapere che idea ne abbia chi ci sarà ad assistere, quindi è fondamentale informarsi prima con il personale dei posti che stiamo valutando. Lo sguardo di medici e ostetriche sulle coordinate di spazio e tempo della nascita ha un'influenza importante sul nostro viaggio. Se dovessero dirci :"E poi se serve ti facciamo un taglietto per aiutarti", vale la pena fermarsi a riflettere. Comunicare che preferiamo evitare l'episiotomia e poi partorire a gambe alzate, di fronte a un ginecologo abituato a farla di routine, può non essere la forma più accurata per guidare il nostro parto nella direzione che desideriamo. Per evitare allora di trovarsi su un punto della mappa dove non si desiderava andare, la cosa migliore è assicurarsi che i nostri compagni di viaggio non considerino quello stesso punto una sosta obbligata già in partenza.

La grande domanda che si pone chi si osserva la cicatrice di un'episiotomia o chi ancora cerca di sedersi su una sedia senza piangere a due settimane dal parto è: "Ne avevo veramente bisogno?". Quando le donne con episiotomia saranno poche e potranno rispondere "sì" senza esitazione, tutta la società potrà finalmente celebrare anche questo aiuto che, se necessario, la chirurgia sa dare.

Misurare il tempo: 40 settimane... o 42?

Se tutto nella nostra società ha tempi standardizzati, ci sembra abbastanza logico e ovvio che li abbia anche la gravidanza. Prima dei tentativi moderni e scientifici di prevedere la data di nascita di un bambino, ci si aspettava che le donne partorissero nel giro di 10 cicli lunari, circa 295 giorni: 42 settimane.[26] Il sistema moderno ci illude di essere supportato dalla tecnologia accurata delle ecografie, ma quando si tratta di prevedere la data, anche la tecnologia rimane un'illusione. Un'ecografia può dirci se il nostro piccolo sta bene, può rivelarci con buonissima approssimazione da quanto tempo sta dentro la nostra pancia, ma non esiste alcuna tecnologia che possa davvero guardare nel futuro.

Lo strumento per fissare il termine della gravidanza sembra uscito dall'antro di un alchimista: quella rotellina che conta giorni dall'ultima mestruazione sembra girare come un orologio incantato. Mentre il ginecologo si aggiusta gli occhiali sul naso e gira la rotellina con i numeri e il calendario, a più di una mamma è sembrato di vederlo scrutare direttamente nel futuro, come un negromante qualsiasi. Ma il piglio con cui legge il responso sembra tanto scientifico, il suo sapere tanto autorevole, che quando scrive il nostro termine sul foglio è come se lo scolpisse nella pietra. Questo almeno per quanto riguarda il nostro cervello: avere un appuntamento un certo giorno, nella nostra società, è cosa normale e funzionale. Se poi la data ce l'ha comunicata qualcuno con l'autorità di un medico, meglio segnarsela bene. Aspettare quella data come La Data diventa una cosa ovvia.

Poche di noi però sanno che quella rotellina si basa su un calcolo standardizzato di previsione della data del parto sviluppato all'inizio dell'Ottocento da un medico di nome Franz Karl Nagaele, che dà appunto il nome alla regola su cui si basa la rotellina. Assumendo che il parto avvenga a 280 giorni gestazionali, si chiede alla mamma quando ha avuto l'ultima mestruazione.

Per inciso, chi può essere certa di non sbagliare neanche di un giorno? Va bene che adesso esistono le app, ma come lo si conta il ciclo: valgono le prime perdite o solo quando l'assorbente è pieno? E se arrivano di notte, vale il giorno prima o il giorno dopo? Insomma, in quanto a precisione rimane davvero molto da desiderare. Comunque sia, il ginecologo prende per buona la data dell'ultima mestruazione che ci ricordiamo noi in quel momento, aggiunge un anno, toglie 3 mesi e aggiunge 7 giorni. Poi scolpisce la data nella pietra.

I dieci cicli lunari della tradizione precedente suonano magari un po' vaghi come unità di misura, ma sono in buona compagnia, e almeno davano alla gravidanza 15 giorni in più rispetto al calcolo della rotellina. Quindici giorni di serenità guadagnata, e per di più in un'epoca in cui nessun parente poteva telefonare o mandare un messaggio per chiedere se il bambino fosse nato.

Grazie alla rotellina risalente all'Ottocento, le donne di oggi si trovano a prepararsi per il parto con una data piantata nella testa, pensando che abbia perfettamente senso tenerla presente, così come ogni altra data nella nostra vita. L'ovvia conseguenza è l'aspettativa, più o meno implicita, che quel giorno accadrà qualcosa; e se invece dovesse capitare qualcosa prima o dopo, significa che potenzialmente qualcosa non va. Essere in ritardo per il nostro cervello è come aver bruciato la torta; essere in anticipo fa l'effetto di non averla cotta abbastanza.

La buona notizia è che, con buona pace della rotellina e della nostra voglia di appuntamenti precisi, la biologia funziona diversamente. Tende a essere estremamente precisa, ma non si ripete in modo identico. Varia a seconda di una moltitudine di fattori, alcuni dei quali ci sono noti, altri invece rimangono segreti, in barba non solo alle rotelline, ma anche alle varie amniocentesi, ecografie 3D ed esaminazioni più o meno tecnologiche. La biologia ha le sue leggi, che anche l'essere umano segue, che le conosca o meno.

Il 21 dicembre inizia l'inverno, sia che nevichi sia che ci sia il sole. La primavera inizia il 21 marzo ed è la stagione in cui si schiudono i fiori; le primule nel prato esposto a sud però non lo sanno, e sono comparse già a fine febbraio. La gravidanza degli ermellini ha una durata variabile: se inizia nella stagione calda durerà due mesi, nella stagione fredda invece da otto a dieci. Una gravidanza umana dipende un po' meno dalla temperatura del suolo e dalle stagioni, ma viene regolata da vari fattori che, interagendo l'uno con l'altro, danno vita alla storia unica di ognuno di noi: l'OMS ci informa che per il cucciolo umano è fisiologico, cioè biologicamente "normale e sano", nascere in qualsiasi momento tra le 37 e le 42 settimane di gestazione.

Tra la 37ª e 42ª ci sono cinque settimane, cioè 35 giorni, cioè più di un mese. Questo è il lasso di tempo *normale* in cui un piccolo essere umano potrebbe nascere. A 37 settimane un bambino non è prematuro, non è in anticipo, è a termine, pronto per nascere. A 41 non è in ritardo, semplicemente non è ancora nato.

Qualsiasi data presunta è una scommessa, un azzardo, un tentativo. Solo poco più del 4 per cento dei bambini nasce il giorno della data presunta:[27] quella data è proprio *presunta*, una convenzione.

Se quando il ginecologo ci annuncia il tanto atteso "termine", noi traduciamo immediatamente l'annuncio in: "C'è il 4 per cento di probabilità che il mio piccolo nasca quel giorno", ci facciamo un'idea ben più accurata della realtà e risparmiamo a noi stesse e al nostro bambino tante ansie inutili. Se quella data invece viene presa come il verdetto di un oracolo, non solo è poco affidabile, ma è un vero e proprio sgambetto teso al nostro sistema tronco-limbico che a quella data si accozza come una patella allo scoglio.

È ovvio che noi donne a quella data ci accozziamo: ci sembra una cosa molto seria. E soprattutto permette per un attimo di cullarsi nell'illusione di poter sapere, prevedere e controllare qualcosa in quel baratro senza contorni che si è spalancato tra l'apparizione delle due lineette del test e la nostra pancia. Poter mettere una croce su un calendario ci sembra uno scoglio bello solido a cui appiccicarci in questo mare burrascoso. Abituate come siamo a una vita dove avere date e orari ha senso e utilità, applichiamo o lasciamo, più o meno inconsapevolmente, che altri applichino la stessa mentalità logistico-organizzativa alla nostra gravidanza.

Il problema non è solo che la data non ha senso perché è convenzionale. Per determinarla, infatti, si tiene conto di una durata del ciclo mestruale media di 28 giorni quando sappiamo benissimo che a volte sono 28, ma per alcune 27 e per altre 31... e che la stessa donna può avere cicli di durate diverse a seconda dei mesi. Il problema è anche che a quella data restano incollati come alghe viscide una serie di pensieri, prima, e di scelte, poi, che non sono affatto neutri: e che, come tutte le alghe viscide, rischiano solo di farci scivolare. La data, alcuni dicono addirittura il "termine" o, peggio di tutto, la "scadenza", come se fossimo vasetti di yogurt pronti a inacidire, crea aspettative.

Le aspettative legate al termine sono subdole: si entra nel nono mese come se si fosse quasi alla fine. Che poi tutta questa fretta di arrivare alla fine andrebbe discussa. Come vedremo nel prossimo capitolo, il parto può essere descritto come tante cose, ma non di certo come una fine. E comunque, come in tutti i viaggi, chi continua a chiedere: "Siamo arrivati?" non è che sia una grande compagnia. Al contrario, trovarsi alla meta prima del previsto può essere una sorpresa piena di sollievo.

Molte donne usano la data presunta per determinare quando far iniziare il congedo di maternità, perché desiderano poter passare il maggior numero di giorni possibile con il bambino. Ma dato che con il bambino ci siamo già, capita spesso che lui, insieme al nostro corpo, mandi segnali molto chiari sull'andamento dei processi biologici che si stanno svolgendo dentro di noi. Se il corpo e il bambino dicono: "Fermati!", e la data presunta del parto dice: "Continua a lavorare!", è molto probabile che abbiano ragione il corpo e il bambino. Eppure, tante di noi stringono i denti e continuano come se niente fosse, perché quando si mettono insieme l'autorità del ginecologo e quella del datore di lavoro, non si può certo badare a ciance da femminucce. Tante di noi si ritrovano quindi a entrare in travaglio con le divise addosso o il computer ancora acceso, i pensieri fra numeri e giochi di potere, e il cuore che arranca.

Se il bambino ci chiede di fermarci, di darci tempo, non sempre sappiamo o possiamo ascoltarlo. Lo stress che a volte si genera nell'organismo quando i segnali interni restano a lungo inascoltati spinge il nostro corpo a fare la cosa più ragionevole: mettere fine a questa assurdità e far nascere il bambino. Così il bambino arriva al mondo precipitosamente, accolto da una mamma stupita e trafelata dato che al termine atteso mancavano ancora più di 10 giorni. *Casualmente* i parti tardo-prematuri (tra 34 e 36 settimane) sono diminuiti drasticamente durante il lockdown legato al coronavirus nel 2020,[28] quando si poteva lavorare da casa in pantofole e le tensioni fra colleghi erano diluite nei chilometri fra schermo e schermo.

Dall'altra parte, moltissime donne arrivano a quella data senza che succeda un bel niente, neanche una piccola contrazione. La data PRESUNTA del parto sta lì, con tutto il potere falsamente rassicurante della logica e della prevedibilità. Quello che nessuno ci dice, però, è che proprio questa tensione verso una data, insieme al pensiero più o meno esplicito che si possa essere davvero in ritardo – di per sé sinonimo di "sbagliato", quindi "rischioso" –, è un freno tirato per l'unica cosa di cui c'è davvero bisogno affinché il bambino possa nascere al momento giusto: la nostra calma, fiducia e serenità con tutta la loro ossitocina.

Il termine della gravidanza è un periodo davvero lungo. Per farci un'idea concreta, il calendario dell'Avvento ha 24 finestrelle: il periodo in cui sarebbe normale nascesse il nostro bambino è 11 giorni più lungo del calendario dell'Avvento. Iniziare a pensare il termine come un periodo ampio e non come la scadenza di un giorno preciso è un buon primo passo per risparmiare a noi stesse e a nostro figlio inutile stress. È un modo intelligente per mettersi in condizione di godersi quelle ultime settimane, con la loro estenuante e faticosa bellezza.

Godersi le ultime settimane di gravidanza, che siano la 37ª, la 38ª, la 41ª o la 42ª, non è solo piacevole ma, in modo biochimico e tangibile, aumenta le probabilità di avere un parto dolce, calmo e potente, quando il corpo e il bambino sono pronti. La tensione data dal pensiero di essere oltre il termine è un inibitore della nostra ossitocina, tanto quanto quella di dover funzionare come se niente fosse fino al termine. La prima cosa che possiamo fare per il nostro bambino – forse più importante dell'acido folico che magari abbiamo iniziato ad assumere ancora prima di concepire –, è prenderci la responsabilità del nostro stato emotivo. Non perché siamo delle capricciose, ma perché sappiamo che le nostre emozioni sono un elemento fondamentale del benessere nostro e di tutta la famiglia.

Proteggere il nostro benessere psicofisico in gravidanza vuol dire anche allargare la finestra mentale in cui aspettarsi che il parto avvenga. Se proprio amici e parenti vogliono un giorno preciso, diamo loro l'ultimo dei 35 giorni disponibili, cioè la fine della 42ª settimana. Non esitiamo però a rallentare le nostre attività, anche drasticamente, non appena ne sentiamo il desiderio: non aspettiamo che diventi urgenza. Fermarsi in gravidanza non è un atto di pigrizia, è responsabilità.

Insomma, *aspettare* un bambino è un vero esercizio di equilibrismo per la mente e per il corpo; un vero ponte fra l'ignoto nostro e del bambino e la società; un legame fra passato presente e futuro solido ma flessibile; una gran fatica, un'occasione di crescita umana, una meravigliosa potenza gentile. In altre parole, aspettare è già *essere mamma*.

Allungare il tempo: cosa fare dopo la data presunta del parto

Anche per le mamme che hanno avuto la fortuna di arrivare alla data presunta in serenità, il rischio che si infiltri un po' di ansia indesiderata il giorno del termine è reale. Non va però mai perso di vista questo dato: il 4 per cento dei bambini nasce il giorno del termine, l'80 per cento dei bambini nasce tra la 37ª e la 41ª settimana.[29]

Se da una parte è utile e sensato che l'organizzazione logistica delle strutture che ci assistono si dia delle coordinate, date e protocolli per scongiurare il caos, dall'altra sta a noi fare in modo che tutto questo ci accompagni come una protezione e non come un attacco. I limiti della durata della gravidanza sono molto ampi, se si accetta una maggiore individualizzazione.

Là dove c'è continuità dell'assistenza la data presunta è di solito uno dei vari appuntamenti di controllo generale e ascolto della donna, sia nel corpo sia nel vissuto. Ma in altri contesti, dove il rapporto è meno personale, può iniziare a sibilare una piccola ventata di possibili interventi più o meno minacciosi all'ombra del "presto che è tardi!". Accettare con gratitudine i controlli senza considerare la data in sé un motivo di allarme richiede un equilibrio da mantenere con cura, grazia e determinazione, aiutate tanto dalla scienza, che permette di capire e fare bene, quanto dall'amore, che permette di vivere appieno il momento.

Lo abbiamo già visto all'inizio e ripetuto a oltranza, ma vicine al termine questa informazione diventa un neon lampeggiante: il trigger più sano ed efficace del travaglio è un equilibrio dolce e delicato negli ormoni della donna, improntati a serenità e tranquillità. Il modo in cui chi ci circonda percepisce e tratta il nostro termine ha un impatto su quegli ormoni. Per molte di noi, infatti, le persone intorno iniziano a diventare "domande ambulanti", pronunciate più o meno ad alta voce: "Ma non vuole nascere?", "Quanto manca?" e soprattutto: "Cosa fare per farlo nascere?". Dopo che il corpo *ha fatto* tutto l'intero essere umano dal niente, a molti sembra logico che adesso *serva fare* qualcosa perché nasca.

Ma quasi tutti dimenticano che il post termine, con relativo potenziale aumento dei rischi per mamma e bambino, non inizia dopo la data presunta, ma dopo la 42ª settimana. Invece, la tensione dovuta al ritardo, per la stragrande maggioranza delle persone che circondano una donna incinta, inizia il giorno del termine, se non addirittura prima.

A quel punto i consigli per far nascere il bambino si sprecano, ma in ben pochi casi si presta attenzione all'equilibrio stress/calma del cervello, che sarebbe tanto importante perché il parto possa spontaneamente attivarsi. Qualcuno suggerisce di camminare. E molte donne, allora, anziché godersi una bella passeggiata, iniziano marce forzate controllando a ogni passo se qualcosa si smuove. Qualcun altro nomina l'olio di ricino, un lassativo dal sapore disgustoso che muoverà l'intestino e forse, a furia di vibrazioni di gas intestinali, anche l'utero: ma non c'è alcuna pubblicazione scientifica che ne dimostri l'efficacia.[30] Siamo certe che sia questo il sapore, fisico e metaforico, che vogliamo dare al nostro travaglio?

Qualsiasi consiglio ci arrivi per smuovere le cose, una domanda deve restare alla base di ogni nostra azione: mi piace? Accarezza il mio corpo come qualcosa che mi fa stare bene, quindi stimola la mia ossitocina, e mi permette di lasciarmi andare? Ma soprattutto, la domanda fondamentale da porsi è: cosa succederebbe se invece non facessi niente?

Molte delle abitudini che in gravidanza sembrano normalissime si trasformeranno in lussi rari ed estremi – o operazioni ad alta densità di pianificazione – non appena il bambino sarà nato. Stare seduta sul divano a leggere un libro; passare del tempo a giocare da sola con la sorellina più grande; improvvisare un'uscita a cena; restare a letto la domenica mattina. È passato il termine? Consideratela una vacanza bonus.

Ci sono casi in cui, al contrario, è meraviglioso poter aiutare un travaglio ad avviarsi per ridurre il rischio di problemi: una buona assistenza, attenta e personalizzata, sa individuarli. Il controllo riguarda il benessere generale di mamma e bambino, il livello del liquido, i movimenti del feto e altri parametri che una brava ostetrica saprà illustrare con precisione. Ma la data del termine, da sola, non è la miccia accesa di una bomba pronta a esplodere: è una fase di questa gravidanza, un momento come tutti gli altri da seguire con cura, scientificità e anche supporto attivo alla salute.

Nei centri ostetrico-ginecologici di eccellenza, si sa, si dice e si scrive nero su bianco: "Non c'è nessuno studio scientifico che dimostri la superiorità in termini di sicurezza per la salute materna e fetale dell'induzione medica del travaglio rispetto a una condotta di attesa nei casi di cosiddetta gravidanza oltre il termine".[31] In parole semplici, nessuna pubblicazione scientifica dimostra che, dopo il termine, indurre sia più sicuro di aspettare.

Passata la data presunta del parto non siamo automaticamente in ritardo, siamo semplicemente ancora incinte. E stiamo attraversando quei giorni strani di inizio e di fine al contempo, che hanno tutte le inquietudini e la dolcezza e la fatica che un essere umano può condensare nel corpo e nella mente. Sono giorni di limbo e di pazienza, ma anche giorni in cui il bambino è più che mai formato e come sempre aperto alla comunicazione con noi. Non è con il controllo mentale che il nostro corpo si aprirà per farlo nascere, è con il suo lasciarsi andare e attraversare.

Uno stato di estremo relax ed estrema fiducia, supportato, protetto e incoraggiato da chi assiste, può davvero coinvolgere mente e corpo nel modo tanto radicale che serve per avviare un travaglio. Vivere quei giorni con serenità e dolcezza, approfittando dei controlli come di un'occasione di protezione senza smania di controllo meccanico, ha conseguenze molto concrete sul modo in cui andrà il parto, ed è una parte essenziale della forma che stiamo dando al nostro essere mamme, al rapporto con il nostro corpo e il nostro bambino.

Presto che è tardi!

Un buon numero di pratiche molto comuni, figlie di quella gestione adrenalinica della maternità, tende ad accelerare i tempi della nascita: che sia a fine gravidanza o a travaglio avviato, può capitare di trovare qualcuno che offra una mano a velocizzare le cose. La mamma informata sa che questa è un'arma a doppio taglio che vale la pena conoscere bene e maneggiare con cura. Mentre da un lato è meraviglioso poter dare una mano al corpo quando serve, il rischio di abusare di questi "aiutini" per gestire un travaglio dall'esterno in forma un po' meccanica è ancora alto. Accade spesso: quella data presunta di cui abbiamo parlato si rivela l'anticamera, in molti ospedali, di un certo cambio di atteggiamento. Fino alla 39ª+ 6 tutti amici del bambino, dalla 40ª+1, più che amici controllori burocrati.

Eppure, il rispetto dei tempi di mamma e bambino è un

fattore di sicurezza:[32] dall'inizio del travaglio alla fase espulsiva, ogni intervento teso a dare una mano può effettivamente darla, in certi casi, ma può anche fare lo sgambetto. La durata di gravidanza e travaglio, infatti, non segue una scaletta predefinita e non è del tutto chiaro perché accelerare il travaglio per routine sia desiderabile.[33] Il tempo del travaglio è dettato da processi psicofisici interni alla donna, dal suo sistema ormonale, influenzato anche dall'ambiente e dai tempi del bambino.[34] Soprattutto, lo svolgersi del travaglio non si può rappresentare con una linea dritta e un'accelerazione/dilatazione costanti: il ritmo del travaglio, come le onde dell'utero, è sinuoso, imprevedibile e, quando lo si lascia fare, inarrestabile. I rallentamenti sono spesso momenti di recupero, durante i quali nella donna si riattivano risorse, fisiche ed emotive, per fare un passo in più.

Intervenire nelle pause per velocizzarle può allora trasformarsi in un'interferenza: anziché accelerare e dare potere, devia la strada verso una salita ben più faticosa. Vegliare sulle pause, riconoscerne il ritmo, al contrario, potenzia mamma e bambino, e protegge la nascita.

Analizziamoli brevemente allora questi "aiutini": non per rifiutarli a priori, ma per conoscerli e maneggiarli con la cura che meritano. I casi in cui essi rappresentano interventi salvavita sono rari: quasi sempre sono opportunità da accogliere o rifiutare liberamente dopo aver capito se servono davvero a noi o se sono parte di una gestione meccanica di questo prezioso momento.

Scollamento

Uno dei primi interventi che spesso vengono offerti a una donna dopo il termine è lo scollamento delle membrane (ammesso che il medico o l'ostetrica le chiedano il permesso prima di farlo, dato che in diversi luoghi è ampiamente praticato senza preavviso). Si tratta di un fatto paradossale, considerando che l'obiettivo di chi assiste una donna in questa fase dovrebbe essere, secondo la visione salutogenica, quello di supportare la fisiologia del processo e il senso di competenza della donna, vegliare sull'equilibrio tra mamma e bambino e i loro ormoni, facilitare la spontaneità del processo. *Spontaneo* significa che avviene senza l'intervento dell'uomo. E *avvenire* presuppone iniziare. Insomma, se facciamo qualcosa per fare iniziare un processo, ci allontaniamo dalla spontaneità, con tutto quello che ne consegue.

Tecnicamente, lo scollamento delle membrane prevede due dita infilate nella vagina per fare un movimento circolare che stacca, scolla appunto, dal collo dell'utero il sacco amniotico, il palloncino pieno di liquido amniotico in cui sta il bambino. In teoria, questo scollamento dovrebbe accelerare l'avvio del travaglio. In pratica, gli studi di riferimento, risalenti agli anni Novanta, ne dimostrano l'efficacia solo nella metà dei casi.[35]

Quello che accade molto spesso è che il movimento delle dita causi la rottura delle acque senza che il travaglio si avvii.[36] Se questo si verifica, ci troviamo davanti a un intervento praticato dal personale sanitario a cui sono associati protocolli ben precisi: ventiquattro ore dopo la rottura delle acque il travaglio deve iniziare. Se non inizia da solo, lo si induce.

Quindi, se le acque si rompono dopo uno scollamento, chi inizia a "dover fare in tempo" con quella nascita? Quale orologio comincia a ticchettare impaziente perché quel travaglio abbia inizio? Non certo quello del sistema tronco-limbico, il quale anzi potrebbe essersi messo in allerta, soprattutto se lo scollamento ha fatto male. Chi inizia ad avere fretta è l'istituzione: il focus si sposta dalla spontaneità dell'esperienza della donna ai tempi dell'ospedale. La pressione perché quel travaglio proceda rapidamente inizia a farsi sentire.

In questi casi, è comune trovarsi ad accettare un po' di ossitocina sintetica perché lo scollamento non ha fatto effetto. Quelle due dita in vagina, allora, invece di essere un "discreto tentativo di dare un aiutino" si rivelano come pedine di un domino: una vera e propria cascata di interventi di un'assistenza che non tutela la salute ma chiama altra assistenza per risolvere situazioni da lei stessa causate.

La ricerca non mostra benefici significativi nella pratica di routine dello scollamento delle membrane e incoraggia a valutare bene il potenziale beneficio di altri metodi di induzione in relazione al fastidio provato dalla donna e ad altri effetti collaterali.[37]

Qual è l'alternativa più immediata allo scollamento? Il non farlo e aspettare che le cose procedano da sole. Al giorno d'oggi ci vuole moltissimo coraggio a non fare nulla, ma quando si tratta di mamme e bambini, è spesso un'opzione efficace, purtroppo sottovalutata. Ricordiamocelo al parto e anche dopo. Certamente, se ci sono ragioni mediche serie e fondate per dubitare che quel corpo saprà aprirsi, ha molto senso valutare qualche tipo di intervento, anche un'induzione. Oppure si può provare a darsi un po' di tempo, magari altri due giorni e poi eventualmente procedere. Oppure ancora trovare un'ostetrica che piuttosto di disturbare la nostra cervice, ci ascolta, ci parla, ci mette a nostro agio fino a farci dimenticare tutti gli orologi ticchettanti che ci circondano.

Le alternative allo scollamento delle membrane sono molte e varie. Quindi non è solo cortesia, ma è proprio il minimo sindacale che prima di farcelo ci venga chiesto il permesso.

Induzione

Si chiama "indotto" quel parto che non si avvia spontaneamente ma che è stimolato artificialmente con farmaci (prostaglandine-ossitocina), e/o catetere con palloncino introdotto nel collo dell'utero, e/o rottura artificiale delle membrane.

L'induzione dovrebbe essere una questione strettamente medica da discutere seriamente con i professionisti competenti e di cui una donna in attesa non dovrebbe preoccuparsi se non in caso di effettiva necessità. Come per i cesarei, l'OMS considera che nessuna regione dovrebbe avere un tasso di induzioni superiore al 10-15 per cento. Di nuovo, possiamo riconoscere la bellezza di poter aiutare un corpo a funzionare al meglio quando ce n'è bisogno, e che il 15 per cento circa dei parti umani possono aver bisogno del meraviglioso aiuto della scienza medica. Se la vicenda fosse così semplice questo capitolo potrebbe chiudersi qui.

Invece, nel mondo occidentale, l'induzione ha smesso da tempo di essere una questione solo medica, riservata a una piccola percentuale di donne che ne hanno bisogno, ed è diventata un punto quasi fisso nel cammino delle partorienti. Il tasso di induzioni nel nostro Paese varia moltissimo da regione a regione e da ospedale a ospedale, ma in media è del 25 per cento e ovunque è ben oltre quel 15 per cento contemplato dall'OMS. Gli studi scientifici su efficacia, sicurezza e rischio di fallimento delle varie procedure di induzione danno risultati contrastanti:[38] eppure alle donne si propongono induzioni con molta frequenza e, anzi, sono considerate una pratica quasi *normale*.

Se così tante donne hanno bisogno di interventi di induzione per partorire è possibile che il nostro concetto di *normalità* sia un attimo da rivedere. Già, perché durante l'attesa la normalità, per quasi tutte le donne, è saper dire perfettamente fino a quale giorno il loro ospedale le lascerà arrivare prima di pensare all'induzione. Passata la data presunta del parto, l'appuntamento per l'induzione viene annotato molto presto sulle cartelle cliniche. E che effetto avrà quella data sul cervello che presiede il parto? Non sarà forse l'ennesima tigre dai denti a sciabola che crea tensione e, di conseguenza, rende ancora più complesso l'avvio spontaneo della nascita?

Le raccomandazioni del NICE non lasciano spazio a interpretazioni: a tutte le donne con gravidanze fisiologiche dovrebbe essere offerta ogni opportunità di entrare in travaglio spontaneamente. Tradotto: tutte le donne con gravidanze fisiologiche andrebbero protette con controlli accurati ma anche lasciate in pace senza interruzioni e proposte di aiuti inopportuni.

Anche l'OMS parla chiaro: l'induzione non dovrebbe mai essere effettuata per comodità e dovrebbe essere riservata solo a situazioni con specifiche indicazioni mediche.[39] Non servono statistiche ufficiali per sapere che in Italia non è così. La frase: "Signora, induciamo domattina così a Natale siamo tutti più tranquilli" qualcuna l'ha sentita veramente.

Di nuovo, procedure standardizzate basate sulle statistiche e non sui singoli casi si uniscono all'incapacità istituzionale di offrire continuità dell'assistenza: il risultato sono gravidanze standardizzate, all'ombra di una gestione del rischio astratto, e non personalizzate per i bisogni di ogni singola donna. Il problema allora è sempre lo stesso: il nostro contesto culturale ci ha abituati a pensare che il parto sia qualcosa da controllare e gestire "dal di fuori" e ci fa credere che ogni controllo e gestione siano sempre buoni o al massimo neutri. Sulle influenze anche negative che ogni intervento può avere, tendiamo a sorvolare. A livello più o meno consapevole torniamo di nuovo alle scatole nere: da A deve uscire B, in un certo lasso di tempo. Se B non si decide a uscire nei tempi stabiliti, la tecnica o la chimica ci offrono lo strumento per farglielo fare.

Nel caso dell'ossitocina sintetica però la vicenda è più complessa e va fatta davvero tanta attenzione. L'ossitocina naturale non è una cosina banale che si può sostituire con la sua controparte sintetica come si cambia la ruota di una bici. L'ossitocina è un ormone potentemente correlato non solo alle contrazioni dell'utero, ma a tutto il sistema cerebrale e comportamentale di mamma e bambino. Se di induzione c'è davvero bisogno, allora potremo accoglierla con gratitudine, come si accolgono tutte le protesi quando una parte del corpo le necessita: ma come tutte le protesi, non equivalgono in toto ai meccanismi meravigliosi e complessi del corpo umano. Non taglieremmo mai una gamba sana per mettere una protesi in lega di titanio.

L'ossitocina naturale ha una doppia funzione: da una parte ha un effetto meccanico, per esempio sui muscoli dell'utero durante il travaglio, o sulle ghiandole mammarie in allattamento, o sugli organi genitali maschili e femminili durante l'accoppiamento; dall'altra ha effetti sulle emozioni e sui comportamenti, che non a caso accompagnano tutti i movimenti meccanici elencati sopra.

L'ossitocina sintetica non può certo ambire a un effetto così ampio, visto che non è uno degli ingredienti del delicato cocktail di ormoni che si bilanciano, si compensano e si rilanciano a vicenda e che danno agli effetti meccanici, emotivi e comportamentali del parto fisiologico il suo tipico andamento sinuoso, ciclico e inarrestabile.[40] L'ossitocina sintetica viene iniettata direttamente nel sangue e non è accompagnata dagli altri ormoni, primi fra tutti le endorfine, che ne armonizzano gli effetti. Quando la sua presenza nel sangue viene rilevata a livello cerebrale, la produzione di ossitocina naturale diminuisce. E non è ancora del tutto chiaro come questo influisca sulla produzione di ossitocina del bambino in arrivo.[41]

Michel Odent sostiene che tutto questo rappresenta un serio motivo di preoccupazione: è molto probabile che lo sviluppo del sistema dell'ossitocina, l'ormone dell'amore, sia influenzato in modo molto importante da quello che accade al momento della nascita. Con l'ossitocina sintetica stiamo andando a interferire proprio su quel sistema che è alla base della nostra socialità, della capacità di amare e anche del potenziale di aggressività di un essere umano. La verità è che non sappiamo quale impatto l'ossitocina sintetica abbia su questi aspetti nel bambino, ma l'ipotesi di Odent è che possa esserci una correlazione persino con alcune condizioni, come l'autismo e l'anoressia nervosa, oggi più frequenti che in passato.[42] Di fatto, considerato l'altissimo tasso di induzioni praticate nella parte di mondo benestante, su scala quasi mondiale si interferisce in modo sistematico con lo sviluppo del sistema di questo ormone così delicato ed essenziale per i rapporti umani.

L'induzione inoltre non va a manomettere solo il sistema ossitocinico a lungo termine, fatto che basterebbe di per sé per andarci piano, ma ha anche conseguenze immediate nell'esperienza di donna e bambino. Per la mamma c'è una conseguenza sulla parte meccanica, un impatto sul lavoro dell'utero senza però il sostegno di tutti gli altri ormoni che entrano in circolo con l'ossitocina naturale. Questo si traduce in contrazioni potenzialmente più dure da sopportare, meno ritmiche e senza le pause previste dal lavoro spontaneo dell'utero.[43]

Gli interventi tesi ad accelerare il travaglio possono poi interferire con l'ossigeno ricevuto dal feto, provocando stress fetale che a sua volta può provocare la necessità di un cesareo.[44] La percentuale di taglio cesareo nei travagli indotti è doppia rispetto a quella normalmente effettuata in urgenza nello stesso ospedale (dati CEDAP 2018). In altre parole, l'induzione raddoppia la probabilità di essere sottoposte a taglio cesareo d'urgenza.[45] È anche ovvio che, se l'induzione avviene in un contesto di paura, la mamma risponderà all'ossitocina sintetica con la sua adrenalina interna. All'utero arriverà un forte ordine di lavorare dall'esterno, mentre dall'interno il segnale sarà quello di remare contro. Se poi si aggiungono interruzioni, visite, controlli ossessivi dei centimetri e delle ore, il lavoro che quella cervice dovrà fare per rilassarsi e funzionare sarà sovrumano. Non sempre, certo, ma a volte è proprio la gestione dell'induzione a rendere il travaglio una tortura e il parto un fallimento percepito.

La stessa ossitocina sintetica che si usa per avviare un travaglio può essere proposta per accelerare un travaglio iniziato spontaneamente ma che poi ha rallentato.

In qualsiasi momento "l'aiutino" di induzione/accelerazione sia introdotto, l'effetto cascata degli interventi, con conseguente stress per mamma e bambino, è parte integrante della routine di oggi – un fatto grave e non sempre riconosciuto. Può crearsi in certi casi, infatti, un circolo vizioso: l'esperienza della donna è che il suo corpo non abbia funzionato o, peggio, che abbia fallito. La realtà è che spessissimo a non aver funzionato è il sistema che avrebbe dovuto supportarlo, quel corpo. Come ha detto così bene Simone de Beauvoir: "Prima le tagliano le ali, poi la rimproverano che non sa volare". [46]

Induzione positiva

Quando non è né *troppo* né *troppo presto* un'induzione giusta al momento opportuno resta qualcosa di meraviglioso, come tutti gli interventi resi possibili dall'intelligenza umana grazie a scienza, tecnica e medicina. Quell'induzione, proprio quando e perché è *davvero* necessaria, può e deve essere parte di un parto positivo.

Di fronte a questa evenienza, ci sono due cose fondamentali che la mamma può fare per accogliere l'induzione e supportarla al meglio, riducendo così il rischio di farla diventare il primo di una cascata di altri interventi.

Innanzitutto, affinché faccia parte di un parto positivo è essenziale sapere, capire, e anche credere, che sia davvero il meglio per noi. Se affrontiamo un'induzione con la rassegnazione di chi ha perso una battaglia, la possibilità che il nostro corpo reagisca bene e la assecondi è piuttosto bassa. Se invece le ragioni per farla sono solide e le abbiamo capite riconoscendo che è davvero il meglio per noi, e se abbiamo escluso che ci sia stata offerta con leggerezza come pratica di routine, medicina difensiva o, peggio, per comodità, allora possiamo accoglierla per quello che davvero è: un contributo incredibile che la scienza medica sa offrire. E in questo caso ci si può concentrare per farla diventare l'interruttore iniziale di un processo accolto non con rassegnazione ma con grinta e gratitudine, nel quale scegliamo di continuare a guidare noi.

Una volta accettata e compresa l'induzione, è necessario *supportarla*, non solo *sopportarla*. Il corpo della donna sta ricevendo dall'esterno l'ordine di lavorare, sta ricevendo l'ormone che lei rilascia spontaneamente ogni volta che è innamorata, felice o rilassata. È il caso quindi che dall'interno arrivino messaggi compatibili. Se l'ossitocina che arriva dall'esterno incontra all'interno adrenalina e tensione – magari proprio in risposta all'induzione –, il rischio di un cortocircuito doloroso e inefficace è molto alto, per non dire assicurato.

Chiudersi in una bolla di positività e rilassamento diventa cruciale. L'induzione avvia il processo: ma poi il lavoro dobbiamo farlo noi. Possiamo farlo attraverso i nostri pensieri e il nostro respiro, che supportano la produzione di ossitocina naturale dall'interno: un circolo di positività in cui chimica ed emotività sono strettamente interconnesse, un lavoro fisico e mentale di profonda e potente connessione. Se induzione deve essere, non significa che il bambino e la sua mamma non possano fare insieme quel pezzo di strada che è la nascita. Significa che quel corpo può aprirsi, anche se con un aiuto esterno. Significa che quel bambino può trovare la via per uscire e la sua mamma quella per rilasciarlo.

Un'induzione eroica quanto meravigliosa è, per esempio, quella necessaria per far nascere un bambino accanto al chirurgo che dovrà operarlo al cuore appena nato. Il cuore di quel bambino potrebbe beneficiare molto dal passaggio nel canale del parto e si preferisce quindi evitare un cesareo. Limitare i rischi dell'inatteso per accogliere un bambino con i professionisti giusti, pronti a intervenire sul suo cuore così piccolo, è qualcosa che toglie il fiato per quanto è enorme e bello. Difficilissimo e sublime.

Con l'induzione non significa che in pochi minuti il travaglio sarà avviato e il bambino sarà nato. A chi si occupa del lato medico spetta il compito di controllare, alla mamma quello di viversi il parto. È necessario uscire dal freno del tempo e dei centimetri: lasciar passare le prime ore con la stessa fluidità che si merita qualsiasi travaglio. È utile portarsi un libro, un tablet, un computer con una serie divertente, della buona musica, un podcast, qualcosa che ci faccia stare bene, ci distragga e faccia ridere fino a quando le onde non saranno avviate in modo intenso e richiederanno la nostra completa concentrazione. Evitiamo il tranello del "E adesso?", "Oddio un'altra contrazione". Abbiamo bisogno che la nostra corteccia prefrontale si metta in modalità *hypno* per poter rilasciare questo bambino. Per noi e il nostro bambino è fondamentale trovarci in quella bolla tra il sonno a la veglia. Ne abbiamo un bisogno ancora più estremo se il nostro travaglio è stato avviato chimicamente. La buona notizia è che mettersi in modalità *hypno* ed entrare nella nostra bolla non dipende dall'induzione ma da noi.

Amniotomia (o rottura artificiale delle acque)

Un altro intervento ancora molto comune per "dare un aiutino" è quello della rottura artificiale del sacco amniotico o "amniotomia". Può capitare che le acque si rompano da sole a inizio travaglio, magari in un negozio, come vediamo in tanti film. Ma può anche succedere che il sacco amniotico resti intatto. In questi casi, a volte, in varie fasi del travaglio, il personale medico può proporre, o anche decidere direttamente, di rompere il sacco che contiene bambino, placenta e tanto liquido. Questa rottura viene effettuata con un lungo uncinetto che, inserito in vagina, strappa la sottile membrana del sacco amniotico che comunemente chiamiamo "acque".

Come per molti altri interventi, la prima domanda da porsi è: velocizzare i tempi serve davvero a quella mamma e a quel bambino o c'è traccia di esigenze organizzative della struttura? Questa domanda è uno spartiacque fondamentale, e non sta certo alla donna in travaglio negoziare per trovare la risposta. Come per molti altri interventi, se è la cosa giusta al momento giusto ben venga, ma il rischio di cadere nella trappola della scatola nera è sempre reale: rompiamo questa piccola membrana e il travaglio accelererà avvicinandoci alla nascita. È proprio così? E soprattutto, la situazione intorno alla donna com'è? Per velocizzare quel travaglio davvero l'unica opzione è entrare con uno spillone? Ci si sta ricordando di fare attenzione a luci, voci, tensioni che rischiano di mettere il sistema tronco-limbico in allerta e quindi magari di rallentare piuttosto che accelerare il processo della nascita? Chiedersi cosa non va *nella* mamma è importante; ma assicurarsi che *per* la mamma tutto ciò che accade vada bene, è altrettanto essenziale.

La rottura artificiale delle acque presenta varie controindicazioni. Innanzitutto aumenta la percezione del dolore per la donna,[47] e già questo basterebbe per andarci piano. Aumenta inoltre il rischio di infezione se aumentano le visite ginecologiche, che sono più frequenti se la donna affronta il travaglio in posizione ginecologica.[48] Infine aumenta il rischio di prolasso di funicolo (ovvero il cordone può incastrarsi in modo tale da essere schiacciato dal feto, con conseguente diminuzione dell'ossigeno che arriva al bambino), che resta molto probabile ma meno di quando le acque non vengono rotte artificialmente.[49]

Un altro punto di vista interessante quando si pensa alle acque è proprio quello del bambino: in quel canale tanto stretto da cui deve passare, avere un cuscinetto d'acqua intorno alla testa può voler dire avere una protezione in più[50] e una maggiore flessibilità di movimento per uscire. Rompere il sacco amniotico, con l'uscita improvvisa dell'acqua, può causare una discesa più improvvisa della testa, magari non nella posizione ottimale o un impatto più violento sul perineo. Nei casi in cui la rottura delle acque sembra accelerare davvero le cose, di solito, significa che stavano per rompersi da sole.[51]

Un aspetto spesso sconosciuto è che non è strettamente necessario che le acque si rompano perché il bambino nasca. Il detto "nato con la camicia" si riferisce proprio a quei bambini che nascono avvolti nella membrana azzurrina madreperlacea del loro sacco.

Il valore dell'attesa

In una società che ha dimenticato il valore dell'attesa e che si realizza nel controllo dei fenomeni naturali, una forte medicalizzazione della gravidanza sembra inevitabile, ma la gestione del travaglio che offre maggiore sicurezza è quella incentrata sulla donna[52] e il modo migliore per ridurre il numero di cesarei è assisterla senza interferire con il processo fisiologico.[53]

Oggi è particolarmente urgente ricostruire un'assistenza in grado di valorizzare, proteggere e sostenere la fisiologia, come reiterato nel documento del 2017 dal nostro Ministero della Salute.[54] È ancora troppo diffusa, infatti, la bizzarria (riconosciuta da medici autorevoli) di disperdere le competenze dei ginecologi nel territorio della fisiologia, da sempre di competenza delle ostetriche.[55] Recuperare la dimensione dell'attesa, allora, anche e soprattutto nell'assistenza, non significa certo sedersi davanti alla TV ad aspettare che tutto avvenga in autonomia, confidando che non ci siano problemi e chiudendo tutti i medici in cima a una torre. Al contrario, la condotta medica dell'attesa è l'umile capacità di evitare di fare qualcosa a meno che non sia strettamente necessario. È un'attesa serena e attenta al tempo stesso quella necessaria per un'assistenza che metta davvero a frutto le conquiste della scienza del nostro millennio e non le sprechi nel "troppi interventi, troppo presto". È un'attesa vigile che sa e desidera proteggere.

Il piano del parto

Che esista un documento chiamato "piano del parto" è un altro paradosso che avviene quando le persone provano a riappropriarsi del lato umano delle cose, ma sono costrette a dargli un nome burocratico perché sembra l'unico modo per farsi prendere sul serio. Quando la lingua dell'esperienza corporea diventa gergo burocratico,[56] si crea una distanza fra ciò che percepiamo e viviamo attraverso il corpo e ciò che pensiamo e diciamo in termini razionali. Questa distanza non solo non supporta l'esperienza della persona nella sua interezza di mente e corpo, ma rende il vivere l'esperienza difficile, a volte addirittura impossibile.

Pensare tutte le gravidanze come serie di appuntamenti prevedibili dai nomi altisonanti un po' tutti uguali – ecografia ostetrica, morfologica, biometrica; fase prodromica, dilatante, espulsiva, di secondamento; scollamento delle membrane, amniotomia, somministrazione intravenosa di ossitocina sintetica, e così via – è un po' come voler fare indossare a una donna alla 42ª settimana di gravidanza l'abito da sposa che le stava a pennello il giorno del matrimonio, illudendosi che, tagliando e cucendo un po' di qua e un po' di là, si possa arrivare a un buon risultato.

E se invece si prendessero le misure reali, di quella donna com'è adesso? Non si potrebbe creare un abito funzionalmente ed esteticamente splendido per lei? Di suo gusto, possibilmente. Ecco, il piano del parto è un po' come dare le misure al sarto perché possa farci un bel vestito comodo, funzionale e bello. Solo che il vestito in questione è ben più importante anche di quelli da serata degli Oscar.

Che il parto sia un evento da preparare con calma è ormai un fatto accettato all'unanimità, almeno a parole. La relazione con il personale sanitario si muove per molte donne su un doppio binario: da una parte si delega, dall'altra spesso non ci si fida del tutto. Ne nasce uno scambio che può avere toni molto diversi a seconda dei contesti. La possibilità che le donne dicano la loro sembra riconosciuta più o meno ovunque, ma il modo in cui vengono davvero ascoltati i loro desideri e integrati nella realtà varia di parecchio.

In un contesto variegato come quello che caratterizza l'assistenza alla maternità in Italia, il piano del parto può diventare uno strumento utile, abbastanza codificato da permettere alle donne in attesa di essere capite da chiunque lo legga e abbastanza personalizzato da permettere loro di esprimersi appieno sui propri bisogni e desideri.

Ma di cosa si tratta esattamente? L'espressione "piano del parto" sembra essere lingua comune che però poche persone sanno definire e ancora meno utilizzare.

Se digitiamo su un motore di ricerca le parole "piano del parto", tra i primi risultati compare il link a un sito sulla maternità in cui leggiamo questa definizione: "Il piano del parto è un documento scritto e firmato in cui si esprimono le proprie preferenze rispetto alla nascita. Va poi allegato alla cartella clinica e quindi consegnato a chi assisterà il parto".[57] Questa è l'informazione media che arriva a una donna che oggi desideri informarsi sull'argomento. Raccontato così, il piano del parto rientra perfettamente in quella visione della maternità e del parto burocratica e meccanicistica caratteristica della nostra società.

L'articolo continua sottolineando che se si dovessero riscontrare difficoltà nella presentazione del piano del parto o se si dovesse avere la sensazione che il proprio parere non venga preso in considerazione, si può valutare l'opportunità di cambiare ospedale. "Talvolta, meglio fare qualche chilometro in più e partorire in una struttura più aperta e attenta ai desideri delle donne, piuttosto che rimanere inascoltate." E il punto è proprio questo: un piano del parto serve tanto alla donna quanto al personale che l'assiste. Preparare il piano del parto è il modo migliore per informarsi a fondo su quello che si desidera e cercare un luogo in cui ciò sia a disposizione. Il piano del parto non è un modulo qualsiasi da consegnare a uno sconosciuto aspettandosi che lo faccia diventare realtà, è piuttosto una guida per formulare le domande e ottenere le informazioni utili a noi e al nostro parto, e quindi uno strumento per scegliere la struttura e le persone più adatte alle nostre esigenze.

Un piano del parto non è una lista meccanica di cose da fare o non fare, ma il nostro strumento più accurato per escludere i protocolli statistici dall'assistenza personalizzata. È diverso dal piano per costruire un grattacielo, che deve avere proprio quella forma e proporzione per stare in piedi. È più come il progetto di un cammino, in cui la meta è molto chiara ma nulla del tutto definibile e controllabile a priori: se piove passiamo sotto il ponte, se c'è il sole attraversiamo i campi. L'importante è andare insieme e con una buona mappa. Senza bastonate per farci andare più veloci.

Il piano del parto rischia però di diventare un'arma a doppio taglio. Non importa con quanta cura lo abbiamo preparato, basandoci sul desiderio più informato dell'assistenza più fisiologica, se poi lo infiliamo nella cartella clinica di un ospedale dove al centro della sala parto troneggia il lettino ginecologico e da dove tutte le donne escono con l'episiotomia. Non importa perché, anche se otteniamo che non ci facciano l'episiotomia, i pensieri e le pratiche di quel luogo saranno potenzialmente pieni di elementi che non possiamo prevedere né tantomeno elencare nel dettaglio nel nostro piano e che andranno a incidere sulla nostra esperienza.

Ci sono ancora ospedali in cui il piano del parto non è previsto, e altri in cui è proprio rifiutato. Più frequentemente, si incoraggia il silenzio rassegnato facendo leva su altri argomenti più accettabili e all'apparenza inconfutabili: non si può controllare tutto, il parto segue le sue linee, è necessario lasciarsi andare. Se l'assistenza offerta è salutogenica e fisiologica, questo è un consiglio molto saggio, ma nella pratica, per molte donne, seguirlo si traduce in un lasciarsi andare non al potere della fisiologia ma a quello dell'istituzione, accettando senza discutere tutto ciò che viene proposto o effettuato.[58] In alcune strutture si sta come ratti in un labirinto: si è liberi di andare dove si vuole. Purché si stia nel labirinto.[59]

Non c'è un documento standard per il piano del parto: nella maggior parte degli ospedali ogni donna/coppia deve scriverlo di suo pugno, altri (rari in Italia) hanno un modulo prestampato da compilare con tutte le proprie preferenze. Persino in questi casi, però, il piano del parto rischia di perdere il suo potenziale per diventare invece l'ennesimo esercizio burocratico. Se diventa una scansione meccanica di tutti gli aspetti pratici, che spazio resta alla donna per ascoltarsi e capirsi? Che spazio resta all'ostetrica e al medico per ascoltarla e capirla?

Un esempio concreto è il modello di piano del parto che offre un esclusivo ospedale privato. Nel questionario si include la domanda: "Vorrai toccare il tuo bambino in fase espulsiva?"; le risposte multiple prevedono cose come "Sì, vorrei toccargli la testa mentre esce" e "No, ma vorrei uno specchio per vederlo". Costringere una donna a farsi questa domanda prima del momento significa automaticamente scardinare alla base quel coinvolgimento radicale che anima il corpo e lo guida durante ogni fase istintiva e sessuale e particolarmente nel parto. Ben vengano gli ospedali che prevedono un piano del parto, purché non sia solo un altro modo per applicare protocolli disumanizzanti.

Messo a frutto nel migliore dei modi, il piano del parto è un'occasione di riflessione, di comunicazione e di scelta. Anche quando questo non dovesse avvenire, al minimo il piano del parto è una rete di salvataggio tesa sotto il trapezio della nascita. È mettere nero su bianco quello che desideriamo venga fatto (o non fatto) al nostro corpo e a quello di nostro figlio. Il diritto al consenso informato è un principio base di etica medica e di diritti umani, e il piano del parto è uno strumento concreto per renderlo presente fin dall'inizio: ogni persona è inviolabile nel suo corpo e ogni intervento medico deve essere accettato in modo autonomo e sulla base di tutte le informazioni.[60] Non c'è margine di negoziazione su questi due punti in una società che si definisca civile. Che siano assistite da due ostetriche che le conoscono da mesi o che siano di fronte a diversi cambi di turno in un grande ospedale, le donne che partoriscono devono essere interpellate.

Fare un piano del parto non è solo il modo migliore per informarsi, ma anche un segnale molto chiaro a tutti i coinvolti: per essere supportata al meglio una donna deve essere ascoltata, rispettando quelle linee guida che lei stessa ha fornito. Per chi segue un approccio salutogenico, il piano è forse solo un utile riassunto. Per chi dovesse avere altre priorità, rende almeno impossibile dire: "Non sapevo che la signora non volesse questo intervento".

Rimane il fatto che il piano del parto può influenzare il modo in cui si viene assistite, ma solo in parte. Non può, da solo, modificare radicalmente la visione della nascita di un operatore o di una cultura istituzionale. Una buona assistenza è personalizzata per definizione: il piano del parto sarebbe totalmente inutile se chi assiste riconoscesse di avere bisogno, per farlo al meglio, di sapere il più possibile su quella donna e le sue preferenze. Il piano del parto non dovrebbe essere della coppia, né solo della donna: il piano del parto dovrebbe appartenere anche ai professionisti.

È un patto, uno scambio, un progetto comune. Il piano del parto è una risorsa che la donna mette a disposizione di chi vuole assisterla nell'unico modo sano e utile: come lei desidera.

8
Il giorno della nascita: viverselo

Nell'immaginario collettivo, il parto rappresenta un punto di arrivo, una meta. Si aspetta la fine della gravidanza come si aspetta la fine di uno sforzo, la chiusura di una parentesi, a volte addirittura come una liberazione. Tuttavia il parto non è un punto d'arrivo. Certo ci si arriva, ma da lì anche si riparte.

Il processo della nascita non è nemmeno un dramma senza contesto, una crisi improvvisa in cui la donna è fuori controllo e che altri devono gestire per lei. È semmai una storia che continua, con gli stessi protagonisti che intrecciano le loro vicende prima, durante e dopo il momento in cui il bambino esce dal corpo di sua madre.

Se proprio ci teniamo a vedere il parto come un punto, dobbiamo pensarlo come una scintilla da cui partono un'infinità di altre cose che andranno verso altre direzioni. Il parto è un passo in un sistema di scambi e collegamenti che generano emozioni, comportamenti, idee; qualcosa di indefinito e tutto umano che non si può mai afferrare o misurare come cosa singola: lo rendono possibile due persone che sono state in relazione fisica e biochimica oltre che emotiva e che rimarranno in relazione per tutta la loro vita. Il parto è un momento fondante, mai isolato né isolabile, all'interno di questa relazione e di tutte le altre: la relazione che lega la donna a se stessa, al proprio corpo, alla sua famiglia, alla società e a suo figlio, e la relazione di questa nuova persona con il mondo intero.

Al parto, il corpo non ci arriva, lo attraversa. E per quanto ciò sia forse in contrasto con l'immaginario di molti, neanche il bambino al parto arriva: il bambino c'era già da prima. Quello che ha vissuto in utero, lo porterà con sé. Quello che vivrà durante il parto, lo accompagnerà per il resto della sua vita. Grumi di cellule si incontrano, si contengono per breve tempo e si separano come due individui distinti, ma uniti per sempre da quei nove mesi in cui si sono formati a vicenda uno dentro l'altro: universi distinti ma parte di un unico corpo. Ai confini di una galassia nemmeno tanto speciale, su una zolla di terra che chiameranno Terra, condivideranno per un attimo irripetibile e fugace la vita: saranno minuti o anni, comunque solo un battito di ciglia dell'universo. Unico e irripetibile. Poi, ognuno a suo tempo e suo modo, si dissolverà e andrà oltre.

Ma al caos, questi atomi e questi attimi della mamma e del bambino ora si sono sottratti: e sono qui, concreti e solidi, contenuti da due corpi che vivono. Seguono leggi biologiche e hanno esperienze vissute che solo loro sanno sentire dall'interno. Con tutto quello che abbiamo imparato su noi stesse e sul nostro bambino, possiamo allora provare a immaginare come ci sentiremo noi, e cosa potrà sentire lui quel giorno. Pensarci è fondamentale per distinguere l'essenziale dal superfluo, l'abitudine dal bisogno, il luogo comune dalla verità profonda. La linea che li divide è sottile, la posta in gioco altissima. Che accada in ospedale, a casa o nella piazzola dell'autostrada perché non si è fatto in tempo, un parto è un parto. C'è il corpo e c'è la nascita.

Accogliere i segnali

E proprio perché così spesso dimentichiamo di essere persone in equilibrio sull'immensità, dotate di un corpo potente e prodigioso, capita che la fine della gravidanza sia segnata non da quell'incredula meraviglia che meriterebbe, non da offerte di supporto e di sostegno, ma, al contrario, da uno stato di tensione e manie di controllo neanche tanto ben nascoste sotto un tesissimo "Ci siamo?".

Può capitare che alcune donne, senza rendersene conto, verso la fine della gravidanza "saltino fuori dal proprio corpo": si osservano dall'esterno, con lo spirito critico di chi sa cosa dovrebbe succedere e si indigna un po' che non stia succedendo, si scrutano come corpi estranei, chiedono conferme di quello che vedono a chi può "misurare". Come se la misura di qualcosa avesse più valore della percezione della cosa stessa.

Le donne "fuori dal corpo" sanno di dover stare molto attente a *ogni sintomo*, hanno la responsabilità di accorgersi di tutto, temono di non cogliere i segnali e di non farlo per tempo e allora li cercano osservando se stesse da fuori. Se invece rimanessero dentro, a percepire quel corpo, anzi quei due corpi quasi pronti a separarsi, segnali, risposte, contro-segnali e contro-risposte arriverebbero ben chiari: dentro il corpo, le donne sarebbero travolte da quell'ondata di vita che è il parto senza bisogno che loro facciano nulla. A parte chiamare l'ostetrica.

Il nostro corpo parla forte e chiaro: ci guida passo dopo passo in quell'onda della nascita che è un movimento sinuoso e non un punto segnato a matita su un foglio. Sta a noi rispondere ai segnali del corpo... con il nostro corpo. Seguirlo e accoglierlo, non astrattamente con la logica che riflette sul da farsi, non con le parole che raccontano cosa accade. Meno che mai con le parole al telefono per aggiornare i parenti. Essere nel corpo perché possa fare, sapendo che i suoi tempi sono a volte lunghi e dilatati, a volte svelti e irruenti, ogni volta speciali e unici.

Tutti gli esercizi del capitolo 5 servivano a questo: a prepararci a esserci veramente al nostro parto, a *stare* con il respiro, con i muscoli, con quell'altra parte essenziale di noi che alcuni chiamano anima, altri coscienza, altri spirito. Esserci in ogni fase del viaggio: dalle prime timide onde che non sappiamo nemmeno se possiamo definire tali, a quelle potenti che ci scuotono ma non ci distruggono per presentarci in tutta la nostra bellezza a chi ci chiamerà mamma.

Ogni pratica suggerita in questo libro si rivela adesso come un possibile modo di sentire e di fare, spontaneo e totale, non una tecnica a cui pensare con la mente razionale. Adesso è ora di lasciarsi andare e seguire la guida del nostro corpo in questo viaggio che porta il bambino fuori dalla pancia.

I segnali che il corpo manda per guidarci sono molti. Alcuni ci arrivano sempre, altri potrebbero passare inosservati. Altri ancora, pur essendo segnali di salute e di bellezza, possono arrivarci con interpretazioni confuse o addirittura allarmanti. Questo capita generalmente a causa di interferenze culturali o interventi a sproposito della corteccia prefrontale che costruisce spiegazioni secondo le sue logiche su argomenti che conosce poco.

Avere accanto una persona che si è informata insieme a noi e che ha capito bene la dinamica corpo/cervello aiuta parecchio a delegare momentaneamente il ragionamento logico e critico a chi in quel momento non sta corpo a corpo con la vita. Chi è in prima linea non osserva con ragionamenti logici. Chi sta in prima linea vive con il corpo. Percepisce: guarda, ascolta, sente, e quelle che seguono sono alcune delle cose che può capitare di guardare, ascoltare, sentire.

Il tappo mucoso

Un esempio tipico di segnali che il corpo manda e che la corteccia prefrontale a volte distorce è il tappo mucoso. Questo nome ricorda forse le caccole del naso, ma descrive un tappo che si forma all'interno della cervice, fatto di muco. Quel tappo sta lì perché il corpo, fin dall'inizio della gravidanza, ha protetto il bambino, formando questa sorta di cera densa per tenere il buco ben sigillato e non lasciar entrare niente dall'esterno. Quando la cervice si allenta, il tappo non serve più e se ne va per la sua strada. Magari vediamo nelle mutande questa sostanza gelatinosa, oppure ce ne accorgiamo mentre tiriamo l'acqua. O magari se ne va di notte mentre facciamo la pipì con gli occhi chiusi.

Nel caso in cui ci accorgiamo di perderlo, vale la pena sapere che potrebbe essere striato di sangue. La prima reazione può essere di allerta e addirittura allarmismo. "Ci siamo! Ecco, adesso nasce." Oppure: "Sangue! Chiama l'ospedale!".

In realtà un tappo rosato o striato di sangue è un segnale di salute, da accogliere con gratitudine. Soprattutto, proprio perché il parto non è un punto del percorso ma un cammino, non dice nulla su quando davvero il bambino nascerà. Potremmo perdere il tappo e non entrare in travaglio ancora per una settimana. Prendiamolo per quello che è: un messaggio del corpo per dirci che si sta preparando. E così possiamo fare anche noi: rilassamenti, respirazioni, passeggiate e dormite non sono un modo di non fare nulla, sono la calma sana e necessaria di chi è pronto. Il tappo mucoso ci dice che è ora di lasciarci andare con fiducia in questo ultimo pezzetto di strada in cui abbiamo ancora nostro figlio nella pancia.

La rottura delle acque

Un secondo segnale che potremmo trovarci a vivere è la rottura delle acque. I film ci hanno abituati a scene irreali: cascate violente tra le gambe seguite a ruota da auto che partono sgommando perché non c'è tempo. Ancora una volta, la cultura generale non ci ha aiutate a raccogliere informazioni utili sulla nascita. La realtà dei fatti è che, a seconda di come e dove il sacco amniotico si lacera, potremmo far esperienza della cascata descritta sopra, di un ruscelletto vivace o di uno gocciolare progressivo. Le acque potrebbero anche non rompersi affatto, come abbiamo già visto: alcuni bambini nascono con la camicia, cioè con il sacco amniotico ancora intatto intorno a loro.

Come che sia, di acqua lì dentro ce n'è parecchia: se anche ne esce un bel po', il bambino non è un pesce improvvisamente a secco. La rottura dell'acqua fa parte del percorso della nascita: è un sassolino a indicarci che siamo sulla strada di casa, non è di per sé un segnale di allarme. È importante osservare il liquido perché, quando è pulito e trasparente, ci segnala che tutto sta scorrendo liscio. Se invece il liquido apparisse colorato, di un colore tendente al verde scuro, rimane un utilissimo segnale. Quella sfumatura di verde è il colore del meconio, il termine tecnico per dire "la prima cacca del bambino". Di solito il bambino fa la sua prima cacca nella pancia quando sta facendo un po' troppa fatica. In quel caso entrare in contatto con l'ospedale e farsi visitare in tempi brevi è utile per poter offrire al bambino il supporto che, con i mezzi che aveva a disposizione, ci ha chiesto lui stesso.

E qui arriva un punto chiave, che si può imparare con il parto ma che poi torna utile nella vita con i bambini. Persino nel caso in cui sia opportuno agire rapidamente, si può fare *in fretta con calma*: velocemente, ma senza stress. Non solo il meconio non è necessariamente segnale di problemi, ma soprattutto averlo notato ed essere pronte a passare all'azione è la cosa giusta da fare per aiutare concretamente ed efficacemente il bambino. E c'è di più: se il bambino dovesse essere davvero in difficoltà, sicuramente apprezzerà la reazione *veloce* di una mamma *tranquilla*, che non spreca energie in cose e parole inutili ma agisce lucidamente ed efficacemente per il suo bene.

Questo non vuol dire che dobbiamo sentirci in colpa se ci viene un attacco di panico. La *fretta calma* serve solo come ideale verso cui tendere. La calma in momenti di massima allerta è infatti uno dei superpoteri con cui il cervello delle mamme si prepara durante la gravidanza.[1] Possiamo trovare davvero quella fiducia in più e riuscire a fare un atto di equilibrismo tanto estremo e tanto essenziale.

Per la stragrande maggioranza delle mamme però le acque si romperanno in modo poco teatrale, magari sul cuscino più bello e prezioso del divano e nel momento meno previsto. Così è il corpo: tende a fare le cose quando gli sembra un buon momento, e generalmente il momento migliore è quando noi stiamo pensando ad altro.

Può darsi che le acque si rompano dopo diverse ore di

onde irregolari, oppure senza alcun segno di doglie mentre tutto sembra tacere. Ma nulla tace davvero quando un travaglio si sta avviando: tutto bisbiglia, ogni parte del corpo della mamma sussurra la sua armonia. Lei deve solo fermarsi ad ascoltare. Anche l'acqua che ci bagna tra le gambe non è il campanello di allarme che ci aspettiamo di recepire. È un segnale di salute: richiamiamo il papà dal lavoro; può essere il momento buono per chiamare la nostra doula (etimologicamente la "serva" , la professionista deputata non a *fare* ma a *essere* con la mamma), se abbiamo scelto di averne una, oppure le ostetriche che verranno a casa; possiamo anche chiamare l'ospedale per informare che ci vedranno presto, se vogliamo.

Oppure, nello spazio che si apre magicamente quando le acque si rompono e noi sappiamo di non essere di corsa, potremmo scoprire una voglia inattesa di stare ancora un attimo da sole con il nostro bambino nella pancia. Berci un tè, goderci qualche momento con la nostra musica preferita mangiando qualcosa di buono, sapendo che non manca molto alla prima volta in cui guarderemo negli occhi il nostro bambino.

La cosa importante è non cadere nel tranello del pensare che a questo punto qualcuno debba urgentemente fare qualcosa: gli unici due che hanno davvero qualcosa da fare sono la mamma e il bambino. Anche senza onde regolari, con le acque rotte il corpo comunica che il travaglio probabilmente si sta avviando: prendere in mano l'orologio con l'ansia di vedere se e tra quanto lo farà davvero è il modo migliore per fargli cambiare idea. Non guasta ripeterlo: perché il travaglio segua la sua strada, sarebbe davvero una gran bella cosa se la mamma si sentisse profondamente sicura e protetta. L'ansia è la nemica numero uno di questo senso di sicurezza, e gli orologi hanno la brutta abitudine di infiltrare subdolamente ansia.

Anche iniziare a tendere l'orecchio al controllo esterno, chiedersi quanto tempo manchi prima di introdurre ossitocina (in alcuni ospedali 4 ore, in altri 12, in altri ancora 24 – un protocollo che ha davvero un gran margine di arbitrarietà!), non è di grande aiuto per il sistema tronco-limbico. Ancora e sempre, ciò che serve a quel cervello per continuare sulla strada che le acque hanno chiaramente mostrato essersi già intrapresa sono: ossitocina naturale, calma, risate, fiducia e protezione, oltre a un'assistenza che sappia potenziarle. La rottura delle acque, in qualsiasi modo e momento arrivi, ci ricorda che, se non lo stiamo già facendo, sarà presto ora di iniziare a cavalcare le nostre onde.

Braxton-Hicks: onde tutt'altro che false

Magari avevamo gli occhi chiusi quando abbiamo perso il tappo e non c'è traccia di acqua né sulle mutande né sul cuscino pregiato, però sono giorni che la pancia si indurisce e si mette in tensione. Anzi, pensandoci bene, persino settimane. È il momento? C'è qualcosa che non va? Sono le onde vere?

Con quell'attitudine a osservare il corpo dal di fuori che a volte si impossessa del nostro sguardo, capita che anche le onde dell'utero ci raggiungano come le domande di un'interrogazione per cui ci sembra di non aver studiato abbastanza. Ma quelle onde non sono domande: sono affermazioni chiare che ci chiedono solo di essere ascoltate.

Possiamo pensare al parto come a una maratona: uno sforzo muscolare importante e sostenuto per molte ore. In vista di una maratona, allenamento e riscaldamento sono essenziali. Lo stesso vale per il parto. In vista dello sforzo, il corpo prima della nascita si allena con determinazione, ostinazione e coraggio; lo fa per giorni, a volte settimane. Addirittura per tutto il terzo trimestre possiamo sentire strette o fitte, spinte sulla schiena o tensioni nella pancia, con intensità di sforzo o dolore diverse.

Per fortuna, si fa per dire, dal 1872 anche questo aspetto del travaglio è stato schedato e ha trovato un nome scientifico: Braxton-Hicks, dal nome dell'uomo che ha classificato queste contrazioni etichettandole come "false" e distinguendole chiaramente da quelle "vere". Ma il corpo non fa le cose per finta: fa quello che serve fare, dall'inizio alla fine. Non è che i primi passi di un alpinista che parte per scalare una montagna sono finti e solo a 8000 metri diventano veri. Quelli a 8000 metri imporranno una fatica diversa, ma quando è partito dal campo base erano le sue gambe che si muovevano per iniziare a salire. Lo stesso vale per le prime onde, che le si chiami o meno Braxton-Hicks.

Quelle onde sono salute che chiede l'esatto contrario di quel contrarsi e stringere pugni e denti dei film: chiedono apertura e accettazione. Le prime onde ci scaldano, preparano l'utero e tutto il resto di noi. A poco a poco si fanno più evidenti, sono una comunicazione chiara: ci siamo incamminati. Ci dicono: "Respira, lasciati attraversare". Sentiamo che effetto ci fanno, queste prime onde. Sentiamo cosa cambia se respiriamo. Vediamo come agiscono su di noi i rilassamenti. Capiamo cosa ci fa piacere e cosa no.

Magari queste ondine continuano in un crescendo, magari invece si fermano per riprendere dopo qualche ora, o dopo qualche giorno. In ogni caso ciò che è vero è che ci stiamo incamminando verso il grande appuntamento con il nostro bambino.

Il ritmo del travaglio

Gradualmente le onde cambiano e iniziano a esprimersi in quel movimento muscolare che tende verso l'alto e che tira la cervice da sopra per farla aprire. Prendono un ritmo. Iniziano a essere forse più intense, ma soprattutto sempre più regolari. Ci accorgeremo forse, o si accorgerà chi guarda l'orologio per noi, di raggiungere una sorta di ritmo ben preciso: un'onda, circa 10 minuti di pausa; un'altra onda, un'altra decina di minuti di pausa. E così via. Pause ritmate e regolari, che a poco a poco si avvicinano fino a che tra una e l'altra restano circa 5 minuti. Quando il corpo entra nel ritmo e ci rimane, sentiamo che si è messo in moto un processo inarrestabile.

Entrare nel ritmo del travaglio e rimanerci può accadere naturalmente, ma abbandonarcisi richiede sforzo e concentrazione da maratoneta, che sappiamo come preparare grazie alle informazioni dei capitoli precedenti. Le onde hanno la funzione di allentare la cervice, e a noi rimane la scelta: opporre resistenza o cavalcarle. E non è una scelta né solo di testa, né solo di corpo. È una scelta che abbiamo preparato informandoci, riflettendo con le parti più sofisticate e consapevoli della nostra mente, e poi allenandoci e mettendoci tutte noi stesse. Il giorno del travaglio, questa scelta che abbiamo preparato con tanta cura possiamo metterla in pratica davvero.

Se abbiamo scelto di partorire in ospedale non c'è alcuna fretta. La raccomandazione ufficiale per le donne al primo figlio è di andare in ospedale solo con contrazioni regolari ogni 5 minuti che durano da almeno 2 ore. Dimentichiamo quindi la frenesia dei film, inutile e controproducente. Con onde sempre più regolari stiamo per portare nostro figlio al di fuori della pancia e stiamo per vederlo in faccia per la prima volta: ogni cosa che scegliamo di fare in questo pezzo di strada dà il tono al momento del nostro incontro.

Se le onde sono ritmiche e con pause davvero regolari ogni 5 minuti, si tratta probabilmente delle prime ore degli ultimi istanti di gravidanza, ma sono anche le ultime ore da sole con nostro marito, con il nostro partner o con i figli più grandi. Inondiamoci di ossitocina, facciamoci le coccole, mettiamoci comode, approfittiamone per farci tutte le dichiarazioni d'amore che ci sono rimaste impigliate nel cuore, rilassiamoci guardando qualche episodio di una serie divertente o riposiamo ascoltando musica che ci faccia stare bene, e mangiamoci qualcosa di delizioso ed energetico. È coccolandoci su tutti i piani che sosteniamo il lavoro del nostro corpo.

Dalla casa all'ospedale: un passaggio da proteggere

Se hai deciso di partorire a casa, sarai in contatto con le tue ostetriche da ben prima che le onde diventino regolari e puoi saltare a piè pari questo paragrafo. Se invece il luogo in cui desideri o devi far nascere il tuo bambino è l'ospedale o la casa maternità questo paragrafo è fondamentale.

La scelta di partorire fuori casa ha infinite motivazioni, tutte logiche e valide. Il fatto che non puoi ignorare è proprio che sono logiche: tu le processi e conosci a livello della corteccia prefrontale. Il sistema tronco-limbico non ne ha idea, non può conoscerle, non può capirle. Siamo donne istruite in un mondo postmoderno, ma il direttore generale del parto resta il nostro cervello mammifero e preistorico.

Va saputo che quella parte di cervello, la porta di casa, la prende molto sul serio. Un po' come quando siamo per strada e ci scappa la pipì, ma appena mettiamo la chiave nella serratura dobbiamo fiondarci in bagno di corsa. Non è che siamo arrivate a casa casualmente quando la vescica stava proprio per esplodere: è che quella porta per il cervello mammifero rappresenta la tana, il territorio. La protezione e la sicurezza. Dentro casa si può mollare. Fuori di casa, sul pianerottolo o per strada, si tiene. È da millenni che l'essere umano funziona così.

Per la donna gravida questo significa che, con poche eccezioni, uscendo di casa il travaglio rallenta. Così come rallenta lo slancio erotico se usciamo nel bel mezzo dei preliminari per comprare i preservativi.[2] Tutto si può recuperare e ricostruire, certo, e chi ha comprato preservativi nel bel mezzo dello slancio sa benissimo che si può riprendere e andare ben oltre appena le condizioni ritornano propizie. Ma intanto quella parte di eccitazione o di travaglio viene automaticamente un po' repressa da quel "tenere" istintivo e abituale che ci impone il fatto di essere fuori casa.

È un fatto: saperlo e aspettarcelo ci permette di affrontarlo con intelligenza senza farci fare lo sgambetto dalle mani che la società ci tende per supportarci. Cerchiamo di fare in modo di attutire l'impatto sul sistema tronco-limbico di questa uscita dalla tana, che a lui pare inopportuna. Basta qualche accorgimento. E soprattutto basta avere le priorità del momento ben chiare in testa.

Le energie vanno concentrate là dove servono per fare tutto ciò che necessita della nostra presenza totale nel qui e ora. Il travaglio va protetto con cura, perché ogni interferenza si intromette nell'equilibrio degli ormoni e disperde energie essenziali per il lavoro enorme che abbiamo iniziato a fare. Una sirena dell'ambulanza, la voce della vicina scorbutica, l'amico del vicino, mai visto prima: tutta adrenalina indesiderata. La valigia per l'ospedale che non si trova: adrenalina. La luce e l'odore del giro scale: adrenalina. I clacson delle macchine nel traffico: adrenalina.

Il passaggio da casa all'ospedale presenta tutti i fattori di allarme che possono spingere il sistema tronco-limbico a tirare il freno a mano. Quando lo fa, il travaglio rallenta e la cervice si irrigidisce. Ma se lo sappiamo e agiamo di conseguenza, se riconosciamo il valore di questo momento di passaggio e ci impegniamo a proteggerlo, abbiamo il potere di rassicurare persino quella parte così intransigente del nostro cervello. Infatti, se in ospedale ci andiamo utilizzando la ragione e razionalmente scegliamo anche di sostenere il nostro sistema mammifero, il passaggio può diventare un passo armonico in quel viaggio unico che è la nascita del nostro bambino. Occhiali scuri, musica nelle orecchie, cappuccio sulla testa e zero conversazione con i vicini, il taxista, il portinaio e chiunque non si sia reso conto che si trova di fronte a una semi-dea al lavoro. Stiamo andando a mettere al mondo un nuovo umano: possiamo decisamente permetterci di fare le rockstar.

Dolore: la verità, tutta la verità, nient'altro che la verità

Tutta la fase di avvicinamento al parto, quel lavoro dell'utero irregolare che possiamo avvertire per diverse settimane prima del travaglio, generalmente non è descritta come dolorosa. Si possono avere sensazioni di tensione, fitte o crampi un po' simili a quelli mestruali, che si presentano magari in modo saltuario, probabilmente quando siamo un po' più stanche. Il dolore fisico è un messaggero che generalmente funziona abbastanza bene se il corpo ha bisogno di rallentare o fermarsi. Le prime tensioni, quelle che Braxton-Hicks liquidava come false, se le sentiamo, sono l'occasione migliore per prendere dimestichezza con questo corpo che, stiamo scoprendo, sa fare cose incredibili.

Quando si tratta della componente dolorosa del parto, sembra proprio che l'Ammasso Casuale di Atomi abbia realizzato i corpi di api, pesci, rinoceronti e femmine umane con un'efficacia un po' sbilanciata, a favore più dei rinoceronti che degli umani.[3] Nel sistema che regge i pianeti, per mettere al mondo un nuovo membro della specie umana la femmina deve fare una grossa fatica. Tuttavia, come abbiamo fatto per il progesterone di inizio gravidanza nelle prime pagine, immaginiamo per un attimo che il grosso sforzo del parto umano sia un'idea sensata. La possibilità di richiedere un'epidurale resta lì, accanto a noi, con la sua promessa di farci uno sconto su quello sforzo. Per un attimo, però, guardiamo dentro questo dolore che l'Ammasso Casuale ha previsto per noi e cerchiamo di capire se per caso abbia qualche cosa da dirci.

Ma perché?

L'idea che il dolore del parto sia un castigo divino ha seminato nelle donne una gran voglia di opporvisi. La strumentalizzazione di questa idea per opprimerle è una delle cose più disgustose avvenute in duemila anni di civilizzazione in Europa. Eppure, è difficile sostenere che siano stati i bigotti dei secoli passati a *creare* quel dolore: l'hanno preso sottogamba, non lo hanno rispettato, ne hanno forse addirittura gioito. Ma il potere di creare quel dolore, non sono certo loro ad averlo avuto.

Al netto di premi e punizioni divini, rimane il fatto che il parto doloroso è rimasto nel bagaglio delle femmine umane.

Il dolore nel corpo ha una funzione specifica: portare l'attenzione là dove serve perché ce ne occupiamo. Banalmente, se non ci accorgessimo di esserci tagliati un dito non faremmo nulla per curarlo e una conseguente infezione potrebbe essere letale. Il travaglio e il parto possono affidare la salute al dolore. Quello sforzo doloroso richiesto alla donna dal parto in realtà risponde in modo paradossale ma efficiente a una funzione biologica di attenzione e protezione sia della mamma sia del bambino, da un punto di vista ormonale, meccanico, emotivo e psicologico.[4]

In effetti proprio grazie alle prime onde intense e potenzialmente dolorose avviene quello stimolo di ossitocina tanto necessario perché il travaglio si inneschi:[5] la produzione di ossitocina costante e crescente deriva proprio dalla risposta dell'organismo ai primi dolori. Ma con il progredire del travaglio, la sensazione dolorosa è anche una vera guida per la donna. Il dolore può imporre quell'attenzione e stimolare le reazioni che guidano i movimenti unici del travaglio e del parto: quando la risposta che il corpo dà alle sensazioni dolorose diventa movimento, la mamma asseconda senza saperlo il percorso del bambino nel modo più efficiente.

Il dolore dà indicazioni: come una bussola, il bambino indica la strada[6] e il corpo della mamma la segue. Questo meccanismo di scambio e di sensazioni così esplicito durante il travaglio caratterizza la relazione madre-figlio da sempre e per sempre. Lo sforzo è comunicazione tra mamma e bambino. È un processo dinamico di scambio dove l'essere aperti l'una all'altro permette quella comprensione e accettazione che sanno rendere la nascita fluida e bella.

Nello sforzo fisico il corpo condensa anche una funzione psicologica: siamo mente e corpo che ora si stanno separando da una mente e un corpo con cui hanno vissuto in stretta simbiosi per nove mesi. Quella della mamma dal suo bambino è una separazione radicale. Il corpo prende il sopravvento e non lascia via di scampo: la fatica psicologica della separazione si sfoga e si esprime in quella fisica del travaglio.[7] Lo sforzo allora diventa qualcosa di molto diverso da quell'immagine di castigo corporale da sopportare come un martirio che tanta cultura tradizionale ha trasmesso: si rivela come un atto potente e capace che culmina in un senso di conquista, di potenza e di gratitudine assolute.

Quando è fisiologico il dolore del parto non è sofferenza insopportabile: al momento della nascita, serve che la mamma arrivi non solo viva, ma anche ragionevolmente serena, serve che sia pronta a prendersi cura di suo figlio e che abbia voglia di farlo, non che sia occupata a leccarsi le ferite in stato di shock post traumatico. Il neonato ha bisogno di una mamma potente e grata. Il dolore serve dunque non solo per esprimere l'angoscia della separazione imminente, ma anche per preparare psicologicamente e fisicamente la mamma e il bambino all'inizio della loro vita come due organismi separati. È un dolore pieno di gioia, potenza, vittoria della vita che si moltiplica.

Dolore o sofferenza?

C'è una differenza molto chiara tra lo sforzo e la tortura, tra il dolore e la sofferenza. Una delle immagini evocate ripetutamente in questo libro è quella della montagna da scalare: una scalata seria può essere molto faticosa, a tratti dolorosa, ma ha una sua bellezza e un suo senso, a cui fatica e dolore partecipano. Al contrario, invece, salire camminando all'indietro sui tacchi a spillo mentre qualcuno ci bastona le caviglie sarebbe una sofferenza atroce, insensata e insopportabile che renderebbe il compito impossibile. Il dolore può essere sforzo estremo o sofferenza insopportabile: quando si parla di dolore del parto bisogna prestare molta attenzione al tipo di dolore a cui ci si sta riferendo.

Le caratteristiche fisiche e misurabili del dolore del parto ci confermano che si tratta di uno sforzo che non solo possiamo tollerare ma che può tornare utile sia nell'immediato sia nel lungo termine. Il dolore del travaglio ha due caratteristiche fondamentali che lo rendono positivo: le pause e, a loro direttamente collegata, la produzione di endorfine, il nostro analgesico naturale.[8]

Il dolore fisiologico del parto non arriva in modo incontrollato o a casaccio: segue il ritmo del corpo e ha l'andamento di un'onda. La si sente arrivare, è educata, avvisa: manda un segnale chiaro per invitare a seguirla, poi sale, sale, raggiunge un picco e scende, diminuisce e scompare. A differenza di molti altri tipi di dolore, quello del parto richiede uno sforzo enorme, ma dà anche delle tregue. Nel momento del picco, lo sforzo del corpo è totale, necessita di tutte le energie e la concentrazione della donna per essere superato con quel lasciarsi andare radicale che respirazione e rilassamento possono supportare.

La grossa differenza, anche nelle primissime fasi, la fa il modo in cui viene accolta e processata questa sensazione di dolore. Contrastarla contraendo la pancia e serrando i denti aumenta tensione, paura e sofferenza. La sensazione di dolore invece si può attraversare e "respirare via": accettarla come sforzo sensato, ma senza doverla subire come sofferenza insopportabile. I respiri lunghi, profondi e lenti e tutti gli esercizi visti nel capitolo 5 sono gli strumenti essenziali, insieme a un'assistenza ostetrica che li supporti, per allentare la tensione in tutto il corpo, dentro e fuori.

Il significato che una donna assegna al dolore è un fattore determinante nell'esperienza del travaglio e può influenzarne la risposta fisica.[9] Questo aspetto è molto importante perché l'interpretazione del dolore non prende forma nella testa di una persona isolata, ma grazie al contesto sociale e alle caratteristiche della comunità all'interno della quale esso si manifesta. Il significato che si ascrive al dolore del parto in una società non impatta solo sulla percezione che ne hanno le donne, ma anche sulla loro sensazione di aver bisogno di supporto esterno per gestirlo o, al contrario, di essere in grado di farlo con le proprie forze.

All'interno di un contesto in cui l'esperienza del dolore è vissuta e interpretata da tutti come qualcosa di sensato e produttivo, le donne rispondono con la convinzione di avere dentro di sé le risorse per gestirlo, cercano meno supporti esterni e identificano la loro forza interiore come una risorsa.[10] Questo significa che il modo in cui le persone – familiari, amici ma anche media e professionisti – interpretano i dolori del parto non riguarda solo loro. La visione collettiva si traduce in esperienza fisica ben precisa: rispetto al dolore, e anche rispetto alle capacità che sentiamo di avere.

Quindi, riassumendo: la nostra società ha contribuito alla

percezione generale del parto come una tortura, e questo, a sua volta, ha fatto acuire la percezione del dolore e ha indebolito la capacità delle donne di fare appello alla propria forza interiore come una risorsa reale.

Il punto principale torna a essere il senso di quello sforzo: se la fatica è affrontare e sostenere il lavoro del corpo, con le sue risorse e criticità, è un conto. Se invece il dolore corrisponde a piegare il corpo ai dettami di chi lo circonda, non stiamo più parlando davvero di dolori del parto ma della sofferenza insopportabile di essere finite nelle mani sbagliate. Sono due situazioni diverse, che generano esperienze altrettanto diverse.

Purtroppo, la nostra cultura definisce tradizionalmente "dolore del parto"un tipo di esperienza che di fatto è diventata l'atroce supplizio di un parto assistito male, non lo sforzo intenso ma sensato delle onde naturali: le due immagini si sono sovrapposte, e provare a suggerire alle donne che il dolore del parto può essere persino desiderabile è diventato un'assurdità da invasate. Non sosteniamo che partorire sia indolore – anche se una percentuale di donne effettivamente lo descrive così[11] –, ma che la sofferenza da cui si vuole fuggire, a cui associamo tradizionalmente la parola "dolore", non descrive accuratamente quello che il corpo vive durante un travaglio fisiologico.

Quando il corpo è *davvero* in travaglio, il fatto che sia in parte doloroso non è il punto centrale né l'elemento più caratterizzante dell'esperienza della donna. Capire dove ci sta portando quel dolore, riconoscerne la strada e percorrerla attivamente, sapere di essere accompagnate da compagni di viaggio attenti e rispettosi, che credono in noi, impedisce che diventi sofferenza e lo trasforma in uno sforzo di cui alla fine si può essere orgogliose. Anche i numeri lo confermano: la sensazione di essere state o meno supportate emotivamente condiziona il senso di soddisfazione dopo un parto in modo molto più forte rispetto alla percezione del dolore.[12]

Affrontare il dolore

Mettere a frutto le pause

Sentiamo di donne che sono state in travaglio 8 ore e le immaginiamo sui carboni ardenti ininterrottamente per tutto quel tempo. Questa immagine di tortura prolungata e senza fine contribuisce notevolmente al modo in cui si aspetta, e quindi si percepisce, il dolore. Eppure non corrisponde alla realtà.

Il travaglio fisiologico è scandito da una forte ritmicità: tra un'onda e l'altra non succede niente, c'è una pausa completa. All'inizio del travaglio possono esserci per esempio 8 minuti di pausa per circa 30 secondi di onda: un breve conto matematico conferma che in un'ora ci saranno meno di 5 minuti di onde e più di 55 di pausa. Con il procedere del travaglio si arriva a onde sempre più lunghe e più ravvicinate, per esempio di un minuto con pause di 5: in un'ora stiamo parlando di circa 10 minuti di onde e 50 di pausa. Anche verso la fine del travaglio, quando un'onda dura magari un minuto e la pausa anche, siamo comunque solo a un 50 per cento del tempo totale che viene occupato dalle onde.

Messa così non sembra tanto spaventosa. E infatti non lo sarebbe, se quelle pause venissero sempre usate per quello che sono: dei momenti per recuperare e per caricarsi in vista del prossimo sforzo. Per la pratica ostetrica queste pause dovrebbero essere di un'importanza assoluta: il rilassamento completo tra un picco e l'altro permette il ritorno a una situazione di calma profonda, che prepara l'organismo della donna al picco successivo e al conseguente stimolo di produzione di ossitocina.[13]

Il problema (un altro tra i tanti!) dell'assistenza al parto degli ultimi due secoli è stato proprio quello di svuotare di senso queste pause. Le donne stesse hanno smesso di riconoscerle e usarle, impegnate a rispondere a stimoli esterni o anticipare con terrore l'onda successiva.

Nella fase iniziale del travaglio, quando le onde sono ancora distanti tra loro, nelle pause è possibile fare altro: rispondere a un figlio più grande, parlare con chi ci sta accanto, addirittura aver voglia di andare fino dal panettiere per quel tipo di pane che proprio ci piace. Ma con l'avanzare del travaglio e con il progredire della dilatazione diventa sempre più difficile fare altro, oltre a *essere* in travaglio.

Molte donne, assistite nel rispetto della loro fisiologia, raccontano con stupore di aver dormito tra un'onda e l'altra. Poche sanno che quel riposo così profondamente rigenerante non è una stranezza riservata a poche elette: è esattamente ciò per cui il travaglio prevede quelle pause. In questo movimento ondulatorio, la donna si trova in quella zona tra il sonno e la veglia: un risveglio per seguire l'onda a cui lei si abbandona con tutta se stessa, e poi un sonno breve ma radicalmente ristoratore. Questo su e giù nella bolla è un vero e proprio stato di trance – la modalità *hypno* di cui vi abbiamo già parlato a p. 89 – ed è, guarda caso, sostenuto dal punto di vista ormonale proprio da quelle endorfine stimolate dalle pause tra le onde.[14]

Il fatto che ci siano pause così ben organizzate non significa che allora non ci sia sforzo. Le onde possono essere molto intense da cavalcare, non dobbiamo raccontarci frottole. Per questo ricordiamoci che le pause sono tante, distribuite esattamente nei momenti in cui ci saranno più utili, e impegniamoci a sfruttarle al massimo. Delle notizie al telegiornale, della chat dei parenti, del numero di centimetri che ci vuole comunicare il ginecologo, di tutto questo può occuparsi qualcun altro. Noi pensiamo solo a cavalcare le onde.

Muoversi in libertà

Tra tutti gli elementi che contribuiscono a rendere il dolore del travaglio sopportabile, la libertà di movimento occupa un posto tutto speciale e privilegiato. Questo però è uno dei bisogni di base delle donne più trascurati e persino ostacolati nella pratica degli ultimi due secoli. Essere distese a gambe aperte e alzate su un lettino è talmente contrario ai bisogni di una donna in travaglio, oltre che alla forza di gravità, che il fatto stesso di doverne parlare è sconcertante.

Lo abbiamo già ripetuto: la posizione ginecologica è stata introdotta in sala parto insieme al forcipe nel Settecento, ed entrambi sono diventati presto la norma per tutte le partorienti. Questa figura della donna sdraiata si è scolpita tanto nella pratica delle sale parto quanto nell'immaginario delle donne, al punto che loro stesse spesso non sono riuscite a immaginare modi diversi in cui posizionarsi. Solo nel 1985 le linee guida dell'OMS hanno incluso finalmente queste righe: "Non è raccomandabile che la donna gravida sia posta nella posizione litotomica dorsale durante travaglio e parto [...] e ogni donna deve decidere liberamente la posizione da adottare durante il parto".[15]

Eppure, le posizioni del travaglio e del parto in molti ospedali sono ancora obbligate. Spesso il "ti lasciamo libera in travaglio" si traduce nella pratica in un immobilismo forzato e soprattutto nel passaggio sul lettino quando si raggiunge la dilatazione massima. E se manca la possibilità di movimento spontaneo, l'esperienza dolorosa si trasforma in martirio e non è giustificabile.[16]

L'immobilità forzata è connessa a onde più dolorose e meno efficaci perché l'utero non è in asse con il canale del parto.[17] Quando è in posizione verticale, o a quattro zampe, o appoggiata con il petto a un supporto su cui può totalmente abbandonarsi, la donna scopre movimenti che non avrebbe mai potuto pianificare, tutti benèfici tanto per lei quanto per chi sta nascendo: il bacino si mobilizza, la tensione si scarica maggiormente e l'ossigenazione migliora, aumentando anche l'ampiezza degli spazi e, di conseguenza, lo spazio per il posizionamento della testa del bambino. Il movimento inoltre riguarda il corpo della donna, ma anche quello del bambino che dentro di lei attraversa quel momento con altrettanta fatica. Ricordarcene ci aiuta a mettere in luce, ancora una volta, la loro specialissima unità di corpi che è anche unità di esperienza, e tenerla in primo piano, sia nella mente della mamma sia nella pratica di chi l'assiste, diventa un aiuto concreto per superare i momenti critici del travaglio.[18]

Le onde dell'utero sono fondamentali anche per il bambino, ma una compressione eccessiva può essere dolorosa: il movimento della mamma protegge il bambino anche in questo senso, assecondando con il corpo la sua richiesta di spazio e contribuendo a ridurne la sofferenza.[19] La ricerca dimostra chiaramente che il travaglio in posizione libera e verticale riduce il dolore, ma non solo: riduce anche la durata del periodo dilatante, il numero e la gravità degli interventi e il ricorso a episiotomia e a tagli cesarei.[20]

La liberazione dal dolore

Il parto fisiologico non è una passeggiata, questo è certo. Per tale ragione è molto sensato chiedersi come possiamo contenerne la sofferenza e se sia possibile liberarsene. La parola chiave che si tende automaticamente ad associare alla liberazione dal dolore del parto è "analgesia epidurale", ovvero l'iniezione di una miscela di farmaci nella colonna vertebrale. L'importante è ricordarsi che, come abbiamo visto, il dolore del parto fisiologico ben assistito è molto diverso dalla sofferenza inflitta dalla tortura di un parto in un contesto pieno di interferenze. Quando ci chiediamo come gestire il dolore, assicuriamoci quindi di avere ben chiaro quale dolore sia connesso a quale causa.

La maggioranza delle donne tiene in alta considerazione la possibilità di partorire con meno farmaci possibili, se sente di essere in grado di gestire il dolore.[21] In molti contesti, oggi, l'alternativa concreta al parto con epidurale è un parto con atroci sofferenze, dove essere in grado di gestire il dolore è una sfida quasi persa in partenza: spesso è un parto alienato, con dolore orrendo e improduttivo, a cui si aggiungono la pena fisica per l'immobilità e la sofferenza psicologica per la solitudine, la paura e il senso di abbandono.[22]

Accettare il dolore del parto non deve significare accettare un parto "naturale" che di naturale non ha nulla, come quelli descritti nel capitolo 6. È un fatto: in un contesto aggressivo e senza misure di supporto emotivo e fisico dello sforzo, il dolore diventa sofferenza. Il travaglio in questo contesto non è più sinonimo di un lavoro con un senso e uno scopo gratificante, ma diventa lavoro forzato.[23]

Che desideriamo o no l'epidurale, il dolore da cui liberarci, allora, è innanzitutto quello inutile. Una volta messo a fuoco questo punto, possiamo con calma e serietà iniziare a chiederci se preferiamo l'aiuto dell'analgesia farmacologica, che toglie il dolore agendo dall'esterno, o di quella fisiologica, che rende il dolore gestibile dall'interno.

Mentre ci poniamo questa domanda, è interessante considerare che tra il 1987 e il 2000 è cresciuto in modo significativo il numero di analgesie epidurali in travaglio, e sempre nello stesso periodo anche il numero di donne spaventate dal parto è aumentato in maniera considerevole.[24] Non solo: l'analgesia non è associata a una maggiore soddisfazione delle donne che hanno avuto un parto senza complicazioni[25] e nemmeno a un benessere maggiore dal punto di vista fisico e psicologico.[26] Sembra che qualcosa non quadri nella promessa dell'analgesia farmacologica: perché all'offerta più generalizzata dell'epidurale non corrisponde una minore paura generalizzata del parto? Perché le donne che desiderano e ottengono l'analgesia non sono statisticamente le più soddisfatte?

Sono domande per le quali non abbiamo risposte. Questo libro non è stato scritto per convincere nessuno a fare nulla. È stato scritto con l'obiettivo di stimolare ogni donna a scegliere davvero quello che fa per lei, sulla base di fatti che solo lei può combinare con la sua realtà, i suoi desideri e quello che conosce di sé. Quando ogni mamma si porrà queste domande e troverà le sue risposte uniche e irripetibili, le voci di corridoio e il folklore sociale smetteranno di essere il sottofondo, mai veramente riconosciuto, di moltissime scelte sia per chi preferisce l'epidurale sia per chi preferisce evitarla.

Affermare che il parto è sempre indolore per tutte è sbagliato: nella maggior parte dei casi, lo sforzo c'è, causa (anche) dolore ed è reale. Non possiamo però neanche considerare vera tutta un'altra serie di frottole che ci siamo fatte raccontare: ossia che il dolore del parto è un immeritato castigo, che la normalità è la sofferenza del parto vaginale medicalizzato, o che tutto funziona esattamente allo stesso identico modo anche senza la percezione del dolore.

Non è la presenza o l'assenza dell'epidurale a rendere un parto migliore o peggiore, una mamma più o meno mamma, un neonato più o meno neonato: il parto è semplicemente un fenomeno di volta in volta diverso che tutti i coinvolti vivono in modo diverso. L'unica cosa fondamentale è che chi sceglie sappia tra cosa sta scegliendo e, in tutti i casi, a cosa sta rinunciando.

L'epidurale

L'analgesia epidurale (o peridurale) è un'iniezione di una miscela di farmaci nel canale midollare nel tratto lombo-sacrale della colonna vertebrale. Agisce sui nervi che si diramano verso il torace e verso la zona inferiore del corpo facendo in modo che il dolore del parto non venga trasmesso al cervello e quindi non venga percepito consciamente.

Chi sceglie di partorire senza epidurale sicuramente rinuncia alla possibilità di "farsi togliere" il dolore grazie a quell'invenzione meravigliosa dell'umanità che si chiama analgesia. Rinunciare a questo aiuto non è cosa da poco, ma non lo è nemmeno accettarlo. Con o senza onde, mettere al mondo un figlio sembra un momento in cui tocca rimboccarsi le maniche e pensarci su bene. Come scrive proverbialmente Verena Schmid: "nella realtà del vissuto non esistono scorciatoie verso la maternità".[27]

Innanzitutto, è fondamentale che chi desidera l'analgesia farmacologica sappia che una parte di dolore sarà comunque necessaria: non si può praticarla prima che il travaglio si sia instaurato.[28] Saperlo protegge da quella delusione, fisicamente dolorosissima, che tante donne provano nel dover affrontare in parte il dolore del travaglio nell'attesa del momento giusto per l'epidurale, quando si erano preparate mentalmente a un parto indolore.

Allo stesso modo, può capitare che l'effetto dell'analgesia venga a mancare verso la fine, per questioni di tempismo o anche di calcolo, per fare in modo che la donna senta meglio le spinte. In quel caso la sensazione di sforzo non crescerà con una scala graduale ma emergerà dal torpore dell'anestesia e raggiungerà velocemente il picco massimo. Se ci si prepara a un parto indolore è importante essere pronte al fatto che possa non esserlo del tutto.

Con tutta l'enfasi che si pone sui rischi del parto, sorprende notare come gli effetti collaterali e potenzialmente rischiosi connessi all'epidurale siano invece quasi sempre minimizzati. Tutti i metodi farmacologici di analgesia hanno potenziali effetti collaterali negativi su mamma e bambino, sull'andamento del travaglio, sul parto e sui processi postparto. E più a lungo dura l'epidurale, più incisivi saranno questi effetti. Con l'epidurale si registrano inoltre più interventi medici, come episiotomia o introduzione di ossitocina sintetica,[29] tendono a inibirsi i meccanismi ormonali del parto, e con essi quelli del postparto, e il bambino stesso dispone di meno risorse di supporto fornite dagli ormoni prodotti dalla mamma.[30]

Ma il punto veramente centrale non riguarda solo gli effetti fisici: è piuttosto il fatto che la completa delega all'esterno richiesta dall'analgesia può rivelarsi un'arma a doppio taglio. Con l'epidurale, a una donna su tre capita di uscire dalla sala parto con la sensazione di non aver davvero partecipato al travaglio e con un senso di eccitazione e gioia inferiore a quello che si aspettava.[31] Gli aggettivi più usati da un gruppo di donne al primo figlio per descrivere se stesse durante il travaglio in anestesia sono stati: *spaventata, eccitata* e *sopraffatta*. Nel caso di donne non più al primo figlio la descrizione migliora un pochino e sul podio sale *in controllo*. L'aggettivo *potente* è usato solo dal 4 per cento delle donne al primo figlio e dal 9 per cento delle altre.[32]

Il meccanismo degli ormoni che presiede un parto fisiologico prevede di culminare in un senso di conquista assoluto, un senso di potenza che, da un punto di vista biochimico, non è eguagliato in nessun'altra esperienza umana e che viene nutrito ulteriormente proprio dallo sforzo che lo ha preceduto.[33] Nell'esperienza raccontata da donne che partoriscono in modo fisiologico, il concetto di *potente* torna in modo importante. Le donne sono statisticamente più soddisfatte di sé dopo un parto fisiologico rispetto a un parto con analgesia farmacologica.[34]

Su questo punto è bene fare una precisazione: il fatto che gli ormoni fluiscano diversamente non significa che la donna dopo il parto fisiologico *è* più capace. Significa che *si sente* più forte, in un modo profondo, dovuto non tanto a un pensiero razionale su di sé ma a un forte segnale ormonale che viene integrato con il resto dei suoi pensieri e giudizi su se stessa. È un sentirsi che passa dal corpo, non solo dalla testa.

Se scegliamo la via dell'analgesia dobbiamo sapere che la nostra corteccia prefrontale resterà molto probabilmente attiva e razionale e che le nostre endorfine non saranno stimolate come in un parto fisiologico: è meno probabile che proveremo quella sensazione di potenza e assoluta gratificazione che segue la trance del travaglio e il suo fiume di endorfine, e anche la nostra euforia alla vista del bambino e nei giorni successivi potrebbe essere meno intensa di quella mediata dalla fisiologia del parto.[35]

Magari ci va bene così, magari invece no: l'importante è che ogni donna abbia preso in considerazione con onestà la sua posizione personale su questo tema. E che nessun operatore abbia promosso, come invece accade, l'uso dell'analgesia perché trova disturbante il rumore e il comportamento di una donna in travaglio naturale.[36]

Evitare il dolore, fisico o psichico, è un meccanismo delicato che può portare a perdere connessione non solo con le sensazioni dolorose ma anche con se stesse.[37] Quando l'accento principale dell'assistenza al parto viene posto sul dolore e su come evitarlo, l'effetto paradossale è che sempre più donne devono affrontare dolori diversi dopo che il bambino è nato.[38] Il bambino tende a essere più sonnolento, soprattutto nei primi attimi dopo la nascita, meno reattivo e meno efficiente nella suzione[39] e questa sua tendenza può creare un circolo vizioso di frustrazione o difficoltà nell'esperienza fisica e/o emotiva della mamma. Se scegliamo di liberarci del dolore in modo farmacologico, tenere presente questi aspetti può aiutarci a farlo in modo saggio e informato. Sapremo così accogliere e interpretare con più attenzione le eventuali difficoltà qualora si presentassero o gioire nel caso in cui non ci riguardassero.

Liberarsi dalla sofferenza

Si tende ad immaginare il dolore come qualcosa che si debba togliere dalla propria strada oppure caricarsi addosso con rassegnazione. È raro, per la nostra cultura e mentalità, avere la curiosità di guardare al dolore come qualcosa che si possa anche solo pensare di prendere in mano e usare. Eppure, è proprio questa la via indicata dalla ricerca come valida alternativa all'analgesia farmacologica: accettare la presenza del dolore come strumento con cui lavorare, senza viverla come sottomissione; prendere in mano il dolore e, con tutta la nostra forza, usarlo come fosse un gradino su cui salire.[40]

Cercare di liberarsi del dolore può voler dire tentare di eliminarlo. Eppure, non sono solo le ostetriche a farci notare che nella vita anche l'accettazione può essere una forma di liberazione:[41] smettere di lottare contro un nemico e scoprirlo invece come un potenziale alleato ci solleva dal doverci difendere, mettendo così a nostra disposizione una gran quantità di energie. Accettare il dolore del parto può significare innanzitutto riconoscere il nostro corpo per come è, accettarlo e supportarlo. Può anche significare sottrarsi al dominio maschilista, tecnologico e di controllo, e riscoprire la dimensione globale del corpo di donna, per cui abissi e paradossi sono pane quotidiano. Può significare anche affrancarsi da quella cosa che ci hanno insegnato a chiamare "liberazione dal dolore", ma che è una liberazione un po' ambigua, dato che richiede di rendersi dipendenti da un sacco di persone, conoscenze, tecnologie, prodotti esterni a noi.

C'è poi la liberazione dall'eliminazione del dolore. Sono in molti a sostenere che l'eliminazione dello sforzo fisico comporti spesso l'eliminazione del contatto diretto di una donna con le potenzialità del proprio corpo,[42] e che quindi in quell'apparente liberazione si nasconda invece una nuova forma di sottomissione e indebolimento.

Liberarsi della sofferenza in modo fisiologico significa accettare la fatica come strumento da usare durante il travaglio. È un affrancamento che si basa sul principio che lo sforzo doloroso è un aspetto della fisiologia del parto normale, ma non l'unico e non quello centrale, che dovrebbe suscitare più attenzione e meno paura[43] e che andrebbe assistito con l'intenzione di supportarne l'efficacia e la tollerabilità per la donna.

Tra le donne che scelgono il percorso fisiologico e le ostetriche che sanno assisterlo si crea una dinamica lontana dal gesto imposto dall'alto che dice che "salverà" ma in realtà si sostituisce: si innesca una relazione che è tocco e che, stando a fianco, accompagna, protegge ma al contempo lascia crescere. Episodi di rabbia e di pianto in travaglio sono comuni, ma c'è una grossa differenza se a suscitarli è il senso di impotenza, frustrazione e sofferenza creato da tensioni con il personale e l'ambiente oppure se si tratta del naturale sblocco emozionale di resistenze interne alla donna, che una volta sciolte la lasciano più forte e in un equilibrio nuovo.

Superarsi

In quell'andare oltre i limiti umani che è ogni parto, esiste un punto culminante che coincide spesso con il momento di massima difficoltà. Alla fine del travaglio, il lavoro cambia: se prima i muscoli dell'utero lavoravano per dilatare la cervice, quando il momento della nascita arriva, i muscoli si dedicano a "strizzare fuori" il bambino. È la fase conosciuta come "espulsiva", ma noi preferiamo pensare al riflesso di eiezione del feto. Le onde del travaglio ci depositano ai piedi di una parete ghiacciata su un'isola in mezzo al mare. Non è bastato arrivare a riva: la nascita si conquista solo con quell'ultimo pezzo di scalata, da affrontare con le braccia e le gambe stanche.

Nella fase espulsiva, la donna deve conquistare la vetta più estrema. Quando la cervice è completamente dilatata, il corpo e la mente della mamma si giocano insieme il tutto per tutto: lei sente che con il lavoro fatto finora ha dato tutto, eppure le rimane da fare ancora uno sforzo cruciale. È proprio lì che la donna può scoprire di essere capace di fare ancora un pezzo in più, oltre il limite che poteva immaginare. Adesso sta veramente strappando al caos quel grumo di atomi che la chiamerà mamma. Ogni travaglio fa questo: sposta più in là il limite, sposta il numero di umani sul pianeta, sposta il contorno della donna. Era già mamma in gravidanza, ma sta per esserlo in modo nuovo, fuori dal corpo, con un bambino gettato[44] nel mondo e verso il futuro.

Il minimo che possa capitare, anche quando tutto sta andando al meglio, è di farsela sotto, letteralmente e metaforicamente. Il corpo si svuota, espelle tutto quello che non serve, incluse le feci, quando ce ne sono. Il clistere preventivo che si è fatto a molte donne per lungo tempo serviva a questo: purificare la scena, togliere dall'imbarazzo della cacca la donna e soprattutto l'uomo che l'assisteva. Ma il fatto di scaricare l'intestino è solo una briciola fisica infinitesimale di quello svuotamento totale che la donna deve reggere per ritrovarsi.

Che sia assistita nel modo più disturbato e disturbante o immersa nell'acqua calda in penombra con Ina May Gaskin in persona, la donna raggiunge la sua parete di ghiaccio e la deve scalare. Da un punto di vista fisico c'è una scarica di adrenalina: una sorta di risveglio, sia per la mamma sia per il bambino. Una sensazione di paura, di resa totale seguita dalla frase che risuona così spesso, gridata o sussurrata, in ogni sala parto: "Non ce la faccio più".

Perché davvero la mamma non ce la fa. Quello che sta facendo va oltre lei. È la vita che prende il sopravvento. È il momento in cui, proprio perché non ce la fa più, il corpo si arrende: proprio nella resa si attivano nuove risorse, fino ad allora totalmente sconosciute. Questo abbandono attivo porta il superamento dei limiti personali, la trasformazione, una crescita così preziosa per poter diventare guida a un figlio.[45]

A un certo punto, moltissime donne hanno la fortissima sensazione di stare per morire, di aver esaurito ogni forza possibile: perché effettivamente è così. La nascita è il momento in cui accade quell'impossibile equilibrio, tra l'eterno e il mortale, tra la gioia e il dolore, tra la paura e la generosità di quel piccolo ammasso di atomi che si chiama già mamma. E così l'impossibile diventa reale. La donna si rende conto che è successo grazie a lei, attraverso di lei, con lei, per lei e per il suo bambino.

Chi lo ha visto descrive lo sguardo di una donna in quel momento come indimenticabile, un'espressione di shock e incredulità, la dichiarazione ufficiale che quella donna non si è mai sentita così completamente e totalmente sola come in quel momento.[46] Perché effettivamente è sola: quel corpo che era parte di lei ora deve lasciarla. Il corpo della mamma sta lasciando andare la cosa più preziosa che abbia mai avuto. Sta lasciando andare il suo investimento più grande, il suo affetto più caro. Questa persona non andrà forse lontano, ma sarà altro da lei. Quelle cellule che erano parte integrante di lei diventano autonome. Straziante e meraviglioso.

Davanti a quello sguardo della donna arrivata di fronte alla *sua* parete ghiacciata, la risposta di chi sta intorno in quel momento fa la più grande e drammatica differenza. Il ginecologo del Settecento, come i suoi colleghi nei secoli successivi, leggevano questo sguardo come una richiesta di intervento: "Fallo tu per me che sei un uomo forte e capace". Chi pratica ostetricia autentica, invece, interpreta quello sguardo come una richiesta ben diversa: "Dimmi che questo è normale che accada, dimmi che sono capace di farlo".[47] Ogni papà in sala parto che conosce questa dinamica può scoprirsi capace di resistere alla tentazione di chiedere che si intervenga e fare invece una cosa molto più utile per la sua compagna: ricordarle che quella è la *loro* parete ghiacciata. E in cima c'è il *loro* bambino.

E poi succede davvero

E poi un corpo diventa due. Il bambino dall'utero – un po' stretto e scomodo, mai quanto nelle ultime ore, ma sempre caldo, scuro, delimitato – entra in un mondo grandissimo, rarefatto, che non vibra sulla pelle e sembra vuoto. Un mondo che non lo accoglie in sé, ma che lo attacca con rumori e luci, odori e sapori nuovi. Tutto intorno è senza storia, sconnesso da ogni cosa conosciuta fino a ora.[48]

Anche l'ambiente più preparato e rispettoso è pieno di stimoli che travolgono il bambino quando finalmente esce nel mondo. Ma una voce ritorna, un odore rimane, un sapore richiama.

Una sola cosa ha senso in quella rivoluzione: noi ci conoscevamo già, tu ci sei.

Anche la placenta sta arrivando, ma per adesso tutto quello che conta siamo noi: mamma e bambino. Ci teniamo stretti alla vita l'uno all'altra, attraverso i nostri corpi, attraverso le nostre voci (anche il bambino sta scoprendo di averne una), attraverso i nostri odori e i nostri sapori.

Ce l'abbiamo fatta. Siamo venuti al mondo.

9

Nasce un bambino, nasce una mamma

Per quanto ci prepariamo, di una cosa possiamo stare certe: il nostro bambino ci sorprenderà. Anche se conosciamo la teoria alla perfezione, anche se è il nostro quinto figlio, anche se lo abbiamo desiderato per anni, anche se siamo giovanissime, anche se giovanissime non siamo più: il nostro bambino ci sorprenderà, a volte addirittura ci spiazzerà.

Però va detto che se paragoniamo la nostra sorpresa a quella della persona che fino a ieri fluttuava nell'utero, e che oggi fa i conti con il nuovo mondo, ci pare subito cosa da poco. Ognuna di noi sta scoprendo di cosa è capace, per cosa ha bisogno di aiuto e chi c'è intorno di affidabile da cui sperare che questo aiuto arrivi. In modi diversi ma simili, ciascuna di noi sta ridefinendo le proprie aspettative rispetto alla realtà, l'impensabile rispetto al possibile, l'innominabile rispetto al necessario.

Possiamo aver sognato fin da bambine di passeggiare in un campo fiorito spingendo una carrozzina per scoprire oggi che spingerne una vera in un campo fiorito è una faccenda meno romantica del previsto. Fra buche, fango e scossoni, le margherite e i fiordalisi passano del tutto inosservati: il piccolo piange e non riusciamo neanche a tenerlo in braccio. Ci ritroviamo in una situazione che dovrebbe renderci felici, e che invece ci riempie di stress, per di più facendoci sentire incapaci.

Ma può essere vero anche il contrario. Magari abbiamo sempre guardato con un misto di disgusto e commiserazione amiche mamme armeggiare con sederini sporchi di cacca anche sul tavolo della cucina. Eravamo certe che il nostro rapporto con i pannolini sarebbe stato più asettico e, come dire, civilizzato. Al terzo giorno del bambino, invece, con una mano sporca di cacca e l'altra in presa sicura su una coscia paffutissima, ci ritroviamo a non sapere più come reggere il pannolino sporco. L'unico organo prensile a disposizione sembra essere la bocca e, sai che c'è?, nonostante un pannolino sporco che penzola fra i denti e una mano striata di cacca, si può sopravvivere e, contemporaneamente, essere in preda alla più forte voglia di fare pernacchie e dare baci ai rotolini morbidi di quelle cosce.

Questa promiscuità dovrebbe metterci profondamente a disagio, invece il disgusto scivola con nonchalance in secondo o anche terzo piano, surclassato dal piacere della morbidezza, da un'allegria nuova e da tutta l'ironia di questa situazione. Non è solo il superpotere della gioia della cacca di cui abbiamo parlato (vedi a p. 26), è proprio che ci stiamo ricostruendo con pezzi nuovi, in quel mondo sorprendente e paradossale che è la maternità, dove nulla si può veramente prevedere.

Per ognuna la sorpresa verrà da una cosa diversa, da un dettaglio inatteso, da una realtà troneggiante e scomoda, da un colpo di vento inaspettato. Certo è che, nel bene e nel male, non si è ancora sentita una mamma dire che la maternità sia andata per lei esattamente come aveva previsto. E quando l'imprevisto si scontra con le aspettative, qualche scossone lo provoca. I "dovrebbe" in frantumi fanno fare gli straordinari al nostro senso di identità, che già sta lavorando intensamente per restare a galla tra i cambiamenti ormonali e la riduzione drastica delle ore di sonno.

Al riparo dai giudizi altrui e propri

C'è qualcosa di quasi folle in quello che corpo e cervello di mamma e figlio fanno nelle prime settimane di vita del bambino. Se ci dovesse scendere una lacrima (o un fiume di lacrime) o se l'abisso lì sotto ammiccasse in modo particolarmente minaccioso, non ci sarebbe da stupirsi più di tanto. Il famigerato *baby blues* non è un altro dei tanti "difetti di serie" della donna: quella malinconia che può manifestarsi nell'arco del primo mese spesso può essere la via attraverso cui ci stiamo ritrovando. Concedersi di stare nella malinconia, se questa dovesse fare capolino, fa parte di quell'equilibrio improbabile che ogni mamma incarna e per il quale il sostegno di chi c'è intorno è fondamentale. Se invece la malinconia invade sistematicamente tutto il resto, ricordiamoci che nemmeno i nuovi poteri del nostro cervello ci rendono onnipotenti: cerchiamo qualcuno che sappia supportarci, da una presenza amica a un professionista esperto di salute mentale perinatale.[1]

Non è un caso che in molte culture ci siano usanze particolari per i primi quaranta giorni dopo il parto. In India, per esempio, si inizia la vita da mamma con la "finestra sacra": quarantadue giorni in cui le altre donne della famiglia si occupano totalmente del benessere della neomamma. In Cina, "si fa il mese", cioè si sta a letto sotto coperte caldissime, servite e riverite. In Italia, le nostre nonne erano accudite per quelli che si chiamavano "i quaranta giorni della puerpera". Oggi, molte di noi già al secondo giorno ricevono ospiti in visita, ai quali devono pure servire la merenda.

Le energie sono poche, il supporto esterno spesso manca: ci conviene imparare a usare le prime in modo efficace e cercare il secondo in modo intelligente. Per questo serve l'andatura di un'acrobata per vivere al meglio una quotidianità che di sicuro ha solo la sorpresa. Ma l'acrobata non improvvisa. L'equilibrio è precario e la caduta sempre dietro l'angolo: l'acrobata mette un piede sopra il vuoto solo se la corda è tesa bene. La corda sotto i piedi di una mamma non si srotola con le risposte che legge o che amiche, nonne e prozie non mancano mai di suggerire. La corda sulla quale ogni mamma procede è fatta delle domande che lei stessa si pone. Ci sono domande che sono sgambetti e altre che invece possono rendere il passo più sicuro. Addirittura, ci sono domande che possono aiutare più di tante risposte.

Il punto è che le risposte a tappeto possono forse servire ad apparire professionali ("A sei mesi il bambino dovrebbe dormire tutta la notte") e a organizzare il sistema sanitario in modo efficace ("Ventiquattro ore dopo un parto sano, mamma e bambino non hanno solitamente bisogno di monitoraggio continuo"), ma sono poco utili alla vita quotidiana di una mamma specifica con il suo bambino specifico, e al loro insieme di limiti e risorse assolutamente irripetibili. Se mia figlia a sei mesi la notte non dorme, cosa me ne faccio di quel "dovrebbe" (che poi andrebbe sostituito con un "potrebbe", visto che le statistiche mostrano che il 50 per cento dei bambini dorme tutta la notte all'età di sei mesi)? Se io e il mio bambino abbiamo bisogno di rimanere in ospedale più a lungo rispetto alla media, quel "solitamente" a cosa mi serve?

Chiedere: "È normale?" all'esperto di turno gli dà l'opportunità di mostrare che conosce le statistiche (certamente utilissime per i professionisti, ma praticamente inutili per la gestione di ogni caso singolo). Se va bene, regala alla mamma un sospiro di sollievo temporaneo, salvo poi colpirla alle spalle quando realizza che tutta quella normalità non toglie un grammo alla sua stanchezza. Se va meno bene, le infligge la pena del senso di colpa ("Questa cosa non è normale: che cosa ho sbagliato?"). In ogni caso non la aiuta a gestire la situazione nella pratica in modo sensato per lei e per il suo bambino.

In questo capitolo ci faremo guidare da tre semplici obiettivi: smascherare i "dovrebbe", evitare le risposte a tappeto, e toglierci dai piedi un'idea astratta di "normalità" o, peggio, "bravura" a cui tendere.

Ci porremo un sacco di domande: non per imparare come si fa, ma per scoprire come si muove ognuna di noi all'interno della propria situazione unica e irripetibile. Ci chiederemo se quello che, più o meno implicitamente, ci aspettiamo o pensiamo che gli altri si aspettino da noi sia davvero necessario e/o utile e/o giusto. E qui ci fermeremo. Perché le risposte valide per tutte non si possono trovare né in questo libro, né in nessun altro: nessuno conosce l'insieme unico di limiti e risorse che caratterizza te e il tuo bambino. Chi sei non lo sai nemmeno tu, figuriamoci se ci azzardiamo a ipotizzarlo noi! Però non ti lasciamo da sola a sbrogliare la matassa: ti proponiamo una serie di fatti e riflessioni che ti possono guidare nella ricerca della tua risposta personale.

Con una tenacia che magari qualcuno potrebbe considerare ostinazione, invece di chiederci se qualcosa è normale, ci chiederemo come lavorarci al meglio. Per dare una possibilità alla meraviglia che c'è in ciascuno di noi (mamme, bambini, papà, nonni, umani tutti) di esprimersi e di realizzarsi.

Com'è possibile parlare di genitorialità in questi termini non giudicanti e "a risposta aperta"? Ci sembra ci siano due modi possibili:

- allinearsi al "qualunque cosa tu faccia, va benissimo così. Non importa come fai il tuo lavoro di genitore. Siamo cresciuti tutti benissimo lo stesso";
- distinguere le domande che ci promettono soluzioni facili e immediate, ma che finiscono col farci sprecare le nostre poche energie, da quelle che ci richiedono un po' di fatica iniziale, ma ci mettono su una strada di crescita a lungo termine; in altre parole, cercare di porci quelle domande che tendono la corda del funambolo e ci permettono di procedere a passo sicuro anche quando l'equilibrio sembra poco e sotto c'è un abisso che ci guarda.

La prima opzione ha il merito di essere sintetica. Ci promette una calma immediata e facile da ottenere. Ci solleva dalla responsabilità a volte francamente schiacciante di essere genitori. Ci permette anche di apparire comprensive e tolleranti con le altre mamme, che saranno forse ben felici che la nostra disinvoltura e leggerezza autorizzino anche loro a togliersi il peso soverchiante della responsabilità.

Purtroppo però c'è una cattiva notizia: l'opzione "non importa" suona forse liberatoria, ma non è onesta. È la negazione di anni e anni di ricerca sullo sviluppo del cervello umano.[2]

La seconda opzione, invece, indica la via di questo libro e della visione che lo anima. Non è una strada lastricata di risposte, ma di domande e riflessioni che possono portare a risultati differenti.

"Il mondo è bello perché è vario" non è una frase fatta da dire con aria rassegnata: è una verità profonda da usare per spiccare il volo. Ognuna con le proprie ali di piume e dimensioni diverse.

Bisogni e paletti

Dal primo minuto di vita postparto, tutti sembrano invasi da un'unica grande missione: darci consigli. Le cose veramente utili, come per esempio prepararci un pasto nutriente e mettercelo in freezer, invece le fanno in pochi. Molti ci tengono a spiegarci esattamente quello di cui avremmo bisogno sia noi sia il nostro bambino. Sembra sempre tutto facile se detto dagli altri ("Ormai dovrebbe aspettare tre ore tra una poppata e l'altra"). Sembra sempre così ovvio: se la mamma arranca da qualche parte ("Mio figlio chiede il seno ogni ora e mezzo!"), questo significa semplicemente che il suo corpo non funziona bene e/o lei è inadeguata e/o incapace e/o irresponsabile e/o incompetente e/o incoerente e/o indisciplinata. La lista di umilianti negazioni potrebbe andare avanti quasi all'infinito.

Ma quali sono veramente i bisogni e i limiti degli esseri umani? Maslow a questo riguardo aveva le idee molto chiare e ha pure fatto un bello schemino[3] per illustrare la gerarchia dei bisogni umani.

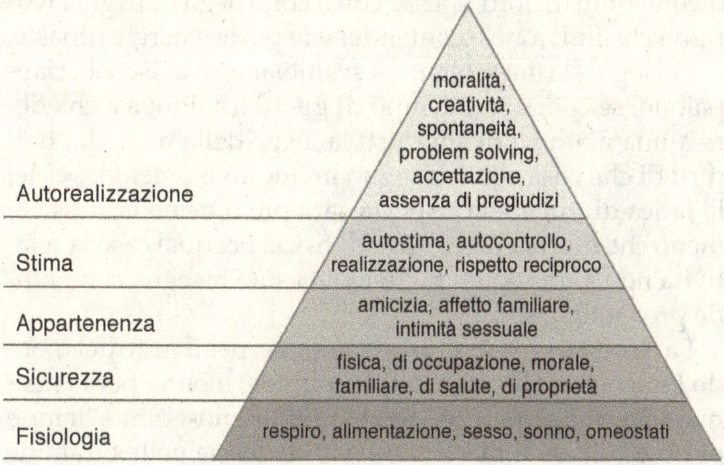

La piramide dei bisogni di Maslow (1954)

Se adattiamo la piramide di Maslow alla mamma contemporanea, possiamo sostituire i contenuti come segue:

- fisiologia: mamma e bambino stanno bene;
- sicurezza: mamma e papà hanno un lavoro fisso e pagato adeguatamente (e già qui abbiamo perso una buona fetta della popolazione italiana);
- appartenenza: i nonni non sono lontani e gli amici non mancano;
- stima: c'è uno studio di yoga sotto casa;
- autorealizzazione: "Sono una brava mamma felice".

Più o meno implicitamente abbiamo tutti interiorizzato una gerarchia di bisogni, anche se non sempre lo sappiamo: ci sono bisogni che lo sono più di altri, cose che se mancano si muore e altre che sarebbe meglio ci fossero ma, se mancano, non è la fine del mondo. Ma non è tutto semplice e ordinato come lo aveva inquadrato, anzi "impiramidato", Maslow. Certamente non per una donna. Tantomeno per una neomamma.

Dal momento del concepimento i bisogni della donna cambiano a una velocità supersonica e a volte si contraddicono pure tra loro, spesso con il corpo e gli impegni lavorativi che finiscono a contendersi le poche energie rimaste.

I bisogni si rimescolano, si scambiano, svaniscono, riappaiono, se ci diamo il tempo di guardarli. Prova a chiedere a una mamma di spiegarti la legge della relatività o di dirti di che cosa abbia bisogno in questo momento: per lei la fatica di trovare la risposta sarà più o meno la stessa (a meno che non sia un'esperta di fisica, nel qual caso la relatività non avrà segreti per lei, ma i suoi bisogni, con grande probabilità, sì!).

La doccia è un esempio interessante: per il resto del mondo l'igiene sta alla base della piramide, mentre per la neomamma, chissà perché, diventa un lussuosissimo "tempo per me". Dove si piazza davvero la doccia nella piramide dei bisogni della precisa neomamma quale tu sei? Le due opzioni seguenti, e mille altre fra le due, sono ugualmente plausibili e accettabili. La doccia potrebbe essere:

- un bisogno fondamentale da difendere con i denti in quei primi giorni (settimane, mesi) in cui il tempo sfugge e stagna in modo assolutamente imprevedibile;
- un paletto, una cosa che senti di dover fare perché hai interiorizzato le aspettative altrui. Tu ne faresti anche a meno e il tuo cucciolo, essendo un mammifero come tutti gli altri, è felicissimo di sentire tutti i tuoi odori che gli ricordano i bei tempi nell'utero.

Non esiste una verità sulla doccia, e la stessa mamma può rispondere in modo radicalmente diverso con due figli diversi, o anche solo da un giorno all'altro. La domanda: "Di che cosa ho bisogno oggi?" sembra banale e anche un po' troppo auto-indulgente. Invece è fondamentale.

Riconoscere onestamente quanto importante sia quella doccia quel giorno per te ti guiderà verso la scelta più adatta. Se hai davvero bisogno della doccia per stare bene, saprai accompagnare serenamente le eventuali proteste del tuo bambino mentre ti insaponi, senza quell'ansia e/o quel tono di rimprovero che caratterizza la voce di tante mamme intrappolate fra i paletti. Se la doccia quotidiana è in realtà un paletto, potrai goderti senza sensi di inadeguatezza una giornata meno profumata di altre o scoprire che ci si può anche fare un bagno insieme.

Bisogni neonati

Nasce un bambino, nasce una mamma: lo abbiamo sentito dire tante volte, ma è un'altra di quelle frasi usate spesso e volentieri più per sentirsi poetici che per decidere di fare qualcosa di utile per gli altri. Il fatto che mamma e bambino siano entrambi neonati significa che hanno vissuto una rivoluzione. I loro bisogni e i loro desideri sono talmente cambiati che anche solo riconoscerli è una sfida. Imparare a descriverli è un'avventura. Capire come soddisfarli è un'impresa. E dietro ogni angolo c'è il rischio di non accorgersi nemmeno di averli.

Per ogni mamma e il suo bambino, alla base della piramide stanno cose che il resto della società facilmente colloca sulla punta e che pochi considerano come bisogni primari. Anzi, spesso vengono liquidati come lussi, capricci o vizi. La strada che una coppia neonata deve percorrere per raggiungere la soddisfazione dei propri bisogni può rivelarsi lastricata di paletti: di qui no, di là neanche, questo non è un bisogno vero ecc.

Per renderci conto di quanto radicale sia invece la rivoluzione che questa coppia vive, proviamo a pensare al bambino. Il suo bisogno di ossigeno nella pancia veniva soddisfatto attraverso il cordone ombelicale, ma adesso se la deve cavare da solo con il naso e i polmoni. La pelle, quindi tutto il corpo, era mantenuta nello stato ideale e costante da liquido amniotico, vernice caseosa, lanuggine. Il nutrimento arrivava insieme all'ossigeno, invece ora deve poppare duramente per scacciare quella sensazione nuova e spiacevole che è la fame. I bisogni di adesso sono ancora quelli di prima, però l'attenzione che gli dedicano la mamma e gli altri adulti fuori della pancia si ritrova improvvisamente alla base della piramide, visto che da quella dipende la sopravvivenza stessa del bambino.

I bisogni della mamma neonata sono più complessi e dopo il parto sono cambiati almeno tanto quanto quelli del bambino. La sete che ha quando attacca il bambino al seno è una sete tutta speciale, e le capita di accorgersi di averla solo quando qualcuno le passa un bicchiere d'acqua. Il bisogno di condividere o di essere lasciata in pace può rivoluzionarsi e continuare a cambiare di ora in ora. L'errore che una neomamma può commettere nel cercare di imparare a capire questa nuova sé è quello di pensare di sapere già di cosa ha bisogno.

I bisogni di una mamma cambiano da donna a donna, da cultura a cultura, di ora in ora con la velocità di una reazione fisiologica o di uno slancio emotivo. Cambiano in base a come è andato il parto, ma non solo e non sempre: hanno lo spessore sconvolgente degli assorbenti postparto e la trasparente filigrana di un tessuto antico. Una neomamma è un universo di bisogni nuovi mentre si trova contemporaneamente nella posizione quasi insostenibile di essere la risposta assoluta ai bisogni di un altro essere umano.

Quindi ci vogliono buoni strumenti, ma soprattutto pazienza e resilienza, per venire a capo della mappa in continua evoluzione dei bisogni di una mamma neonata. È necessaria tanta pazienza con noi stesse almeno quanta ne chiede il piccolo che stringiamo fra le braccia. Ci vuole calore e supporto per imparare a capire chi siamo diventate, che cosa ci serve e come procurarcelo. Insomma ci vuole tempo: non le tot ore dello *skin-to-skin*, non i tot giorni del congedo di paternità, ma "Il Tempo", quello in cui, per la prima volta, si trova questo figlio.

Capire chi siamo diventate è praticamente impossibile perché stiamo sempre diventando. Ci saranno forse momenti in cui ci sembrerà di esserci capite, e poi ci sfuggiremo via di nuovo, magari a causa di un'onda ormonale, un cambiamento di ritmo, una scelta importante... o magari semplicemente perché anche noi, come il nostro bambino, stiamo facendo la meravigliosa fatica di maturare.

Possiamo decidere di disperarci, ma sarà poco utile e

molto frustrante, oppure possiamo stare al gioco: guardare con curiosità la persona che stiamo diventando e darle il benvenuto. La prima cosa da fare è mettersi benevolmente in guardia da tutto ciò che diamo per scontato: è proprio qui che si trovano più spesso le trappole dei bisogni indotti, insidie che ci mandano fuori strada senza che nemmeno ce ne accorgiamo.

Insalata di prezzemolo: bisogni indotti

Il neonato, lo sanno tutti, ha bisogno di un bel corredino, la mamma di tornare come prima il più velocemente possibile. Non mancano certo le opzioni per rispondere a questi bisogni "fondamentali". Se il bambino ha bisogno di un corredino, vuol dire che dovrà fare il bagnetto al più presto per poterlo indossare senza sporcarlo. Se la mamma ha bisogno di tornare rapidamente come prima, vuol dire che dovrà imparare a staccarsi dal neonato appena possibile. Il fatto innegabile che vestire bene un neonato faccia piacere a un gran numero di mamme (e nonne) e che una pancia piatta ci risulti desiderabile è molto comodo... per chi si occupa di venderci cose. Tra sfruttare questa comodità per fatturare e riproporcela come un bisogno irrinunciabile c'è un passo solo, ed è molto corto. Il corredino e il "tornare come prima" sono solo due dei molti bisogni indotti che si insinuano nei desideri di tante neomamme.[4] Bisogni che, come il prezzemolo, stanno bene con (quasi) tutto (o tutti), ma non sono necessari per nessuna ricetta (o persona) e la loro funzione è soprattutto decorativa.

I bisogni indotti non sono un problema di per sé. Il pericolo sta nel circolo vizioso che si genera quasi senza che ce ne accorgiamo e che ci porta a mettere in discussione, o non vedere proprio, molti bisogni primari per soddisfare quelli superflui.

Quanto ci sembra ovvio, appena nasce il bambino, dover scrivere un messaggio a familiari e amici specificando il suo peso e la sua lunghezza? Come se fosse necessario avere quei numeri per capacitarsi del fatto che esiste davvero, quando invece il numero di chili e di centimetri verrà presto dimenticato. E questa è solo la prima fogliolina di prezzemolo che spesso si mette nel piatto. Più utile, nutriente e necessario sarebbe invece rassicurare, o semplicemente non disturbare, questa persona appena arrivata, che cerca la sua casa: lo stesso corpo che poco prima abitava.

La distinzione tra bisogni primari e indotti porterà ciascuna a fare scelte diverse in una miriade di campi fra i più disparati: da come gestiremo l'offerta di fare un bagnetto al bambino a come prepareremo i parenti al nostro postparto. È questione di andare oltre le abitudini, le usanze, le influenze e le aspettative altrui e di mettere i nostri bisogni al centro.

Ricordiamoci che le risorse sono poche: se non le concentriamo sull'essenziale, il rischio di sprecarle a procurarci solo cose inessenziali è davvero alto.

Contenitori per l'ansia: prodotti e miraggi

A qualcuno fa comodo far passare i nostri bisogni superflui come elementi fondamentali della maternità. E a volte fa comodo anche a noi, perché ci sembra di poter risolvere così quell'ansia che ama sorprendere le mamme.

Vedo che il mio piccolo non è molto contento nella sua culla e mi rendo conto che non riesco a capire cosa fare per farlo stare meglio. Ho la visita dei suoceri questo pomeriggio e domani quella dei colleghi. Poi c'è la lavatrice da fare, la cena da preparare. L'appuntamento con il pediatra, invece, quand'era? E la doccia! Oggi non mi sono ancora lavata! E se il problema della scomodità del pupo la risolvesse il miracoloso cuscino di turno? Cinquanta euro li varrebbe davvero tutti, anche cento! Lui sta comodo, io mi occupo di tutto il resto.

A volte funziona. Altre, invece, il cuscino non sortisce l'effetto desiderato: il bambino non ci sta volentieri e la voglia di provare qualcos'altro dopo avere speso cinquanta euro potrebbe essere diminuita. Ci si scopre quasi risentite verso il bambino, e/o sciocche per aver ceduto al richiamo della pubblicità. E intanto le incombenze incalzano.

La quantità di cose che pensiamo valgano i nostri soldi con l'arrivo di un bambino è quasi infinita. Vale per tutto quello che possiamo comprare, in particolare quando ha a che fare con nanne, cibo e spostamenti. Passeggini, ciucci, seggiolini, seggioloni, fasce, biberon, *porte-enfant*, abat-jour, carillon, dudù: la casa di una nuova famiglia può trasformarsi molto presto in un Louvre di miraggi. Sì, perché tutti i prodotti che promettono di risolvere un problema senza che noi ci mettiamo in gioco, nove volte su dieci sono miraggi, per non dire fregature. Ci aiutano più ad avere la sensazione di aver fatto qualcosa che ad agire davvero.

Quello che in realtà tanti prodotti offrono è un bel contenitore per infilarci la nostra ansia. Quando le domande ci assillano ("Perché la piccola è irrequieta? Cosa posso fare per farla smettere di piangere?"), un bel "Compra questo" ha il merito di metterci istantaneamente su una strada ben precisa con una speranza definita. Per un po' l'ansia si calma, salvo tornare all'attacco nel caso il tal cuscino non si riveli magico come avevamo sperato. E così ci ritroviamo punto e a capo. Solo che l'esperienza non ci ha insegnato nulla, a parte il contenuto del catalogo del negozio di prodotti per bambini. Non siamo cresciute. Non abbiamo imparato niente di utile sulla nostra piccola. Se comincia a lamentarsi per un altro motivo, iniziamo presto a sentirci infastidite e incapaci fino al prossimo acquisto.

I contenitori per l'ansia hanno vita breve. Acquistare un bell'oggetto perché ci fa piacere può essere una gioia. Scegliere accessori e decorazioni che rispecchiano la nostra personalità e usarli per circondare con il nostro gusto il bambino è un altro modo di presentarci a lui e accoglierlo come un ospite speciale. Pensare, però, di delegare all'oggetto il nostro lavoro di genitore è probabile che si riveli un miraggio.

Risorse

Al di là di accessori e decori, c'è un motivo per il quale il bambino vuole sempre e solo noi? La domanda: "Di che cosa ha bisogno mio figlio?" non andrebbe in realtà formulata con un "di che cosa", ma con un "di chi".

La necessità principale di un neonato è la relazione umana, che il piccolo preferirebbe fosse con quella persona che conosce intimamente da nove mesi e che è spinto a ritrovare. Lo sappiamo che non è molto di moda affermarlo, ma tacere su questo sarebbe disonesto.

Studi scientifici continuano a mostrarci che il neonato preferisce la voce della mamma a tutte le altre,[5] il suo odore rispetto a tutti gli altri e sa fare grossi sforzi per andarselo a cercare.[6] Dopo nove mesi al buio, il neonato sbalordisce tutti con un'innata propensione a cercare volti: ma ne riconosce e preferisce sempre e solo uno, quello della sua mamma.[7]

Mentre tutti i tuoi bisogni si moltiplicano, viene al mondo una persona nuova di zecca, totalmente incapace di sopravvivere in autonomia, che per il momento ha in testa e nel cuore una cosa sola: te. Non sarai mai amata così tanto: bellissimo, difficile, assurdo e francamente anche un po' inquietante. Ma visto che mollare tutto per la maggior parte di noi non è un'opzione, facciamo l'inventario delle risorse concrete che abbiamo a disposizione per questo compito immane. Del nostro cervello rinnovato e potenziato da una miriade di superpoteri abbiamo parlato a lungo nel capitolo 1, qui però parliamo di quel sostegno necessario che fa già parte dell'equipaggiamento che abbiamo. Il supporto arriva e non dobbiamo sforzarci per ottenerlo: lo mandano il corpo della mamma e la mente del bambino.

Il corpo della mamma

Appena nato, un umano ci vede poco, ma la sua pelle è aperta al mondo da mesi. E il mondo gli è esploso intorno. Il corpo della mamma, nel frattempo, è andato in mille pezzi per potersi riformare: ha attraversato un universo ed è tornato col bambino al seno e la pancia vuota. Tutti questi cambiamenti nei corpi e sui corpi ci sbattono in faccia una cosa tanto ovvia che viene spesso dimenticata: alla base della piramide dei bisogni dei due neonati, mamma e bambino, c'è il corpo. E proprio nel corpo ci sono le risorse per rispondere ai nuovi bisogni.

Nel momento in cui smettiamo di guardare al neonato con gli occhi della logica e dei bisogni meccanici, quando smettiamo di far finta che una neomamma sia una persona uguale a tutte le altre, scopriamo che proprio nella specificità assoluta e irripetibile di quei due corpi che sono stati uno stanno le domande e le risposte.

Un esempio su tutti è la potenza del contatto dei corpi di mamma e bambino. Fino a qualche anno fa, si cercava di impedirlo (bagnetti, nido, poppate programmate, vestiti, biberon e quant'altro). Oggi gli effetti positivi che il contatto tra i corpi ha a livello psicofisico sia per la mamma sia per il bambino (due fra tutti l'allattamento e la regolazione della respirazione) sono misurati e protetti con accorgimenti quali il protocollo *skin-to-skin*. Ma non può ridursi a un protocollo qualcosa che è un bisogno basilare e fondante di un essere umano. Lo *skin-to-skin*, "pelle-a-pelle", suona troppo "tecnico" per queste carezze, che sono una forma diversa di fare l'amore che si scopre, si capisce mentre si fa.

Gli immensi bisogni della coppia neonata, mamma e bambino, sono l'altra faccia delle loro immense risorse che sono nascoste nell'istinto del corpo. Nella maggior parte dei casi, le risorse di una mamma non s'imparano né s'insegnano: si attivano.[8] Ma possono anche essere inibite da interferenze, oggetti, tradizioni e "prezzemoli" vari. Come il riflesso di eiezione del feto o la dilatazione, il lasciarsi travolgere da un bambino può effettivamente essere una sfida e anche una fatica.

Il corpo ci indica la strada per stare bene. Stare bene non è solo piacevole, non è un capriccio. Stare bene è necessario per fornire a questa persona così vulnerabile e dipendente da noi quello di cui ha bisogno per crescere sana. Ci sono momenti in cui i bisogni della mamma e quelli del suo bambino sono in contraddizione: bisogna scegliere, o si soddisfa uno o l'altro. Ma ci sono anche tantissimi momenti in cui i nostri corpi ci chiedono la stessa cosa (riposo, contatto, aria fresca...): sono da cogliere senza esitare, rappresentano la risorsa più preziosa nel periodo perinatale. Facciamo attenzione a non ignorarli per soddisfare paletti o bisogni indotti. Ricordiamoci di ascoltare il corpo e cogliere quando è in sintonia con il nostro bambino.

La mente del bambino

Rimane il fatto che ogni richiesta del bambino può essere ansiogena e sgradevole, soprattutto se arriva in un momento inopportuno, come un pannolino che esplode sul body pulito proprio quando ti eri appena infilata il cappotto. Eppure, ogni volta il bambino comunica qualcosa.[9] È come se stesse chiedendo di aiutarlo a capire cosa sta succedendo: questa cosa appiccicosa e puzzolente è uscita da me o me l'hanno tirata addosso? Soprattutto, si può togliere?

Per un bel po' di tempo il bambino non ha neanche idea di essere nato: per quanto ne sa, tutta questa roba nuova che lo circonda è entrata dove lui sta da sempre. Che ci sia un dentro e un fuori non è un'informazione che lo riguarda. Se ci prendiamo il tempo di guardarle dal suo punto di vista, le incertezze della sua nuova situazione sono un po' angoscianti e al contempo commoventi.

In molte situazioni la richiesta espressa dal pianto viene interpretata dagli adulti come "Trova il modo di farmi stare zitto e fermo nella culla, toglimi di dosso quello che mi dà fastidio". Immaginiamo, invece, che sia possibile anche che un pianto sottintenda la richiesta "Aiutami, fammi sentire che non sono solo. Cerca di capire chi sono e poi, ti prego, spiegalo anche a me".

Il problema grosso, per noi mamme, è che il neonato è veramente esigente e ben determinato ad avere solo il massimo esperto iperqualificato e aggiornato come fornitore del servizio di risposta ai suoi problemi. La grande risorsa, però, è che la biologia in nove mesi ci ha sottoposte a un intensivo corso di aggiornamento su di lui! Può sembrare una preparazione poco completa rispetto a tutte le competenze richieste da questo nuovo incarico, ma la gravidanza rimane la migliore preparazione che chiunque abbia mai avuto in materia. "Esperta mondiale di tuo figlio": fin da prima della sua nascita, questo titolo ce l'hai solo tu. E tuo figlio lo sa, spesso prima e più di te.

Dopo il lavoro ostinato della gravidanza e il momento pazzesco del parto, alla base del successo del genere umano sulla Terra sta anche questa investitura. Come può un gruppo di esserini tanto fragili e vulnerabili alla nascita essersi sviluppato fino a conquistare le più disparate zone del pianeta, avendo sistematicamente la meglio su tutte le altre specie? Il suo cervello matura fuori dall'utero: interagisce con un ambiente specifico e può così adattarsi e sviluppare le competenze che lo fanno prosperare proprio in quell'ambiente.[10] Quel cervello vulnerabile ha bisogno di protezione, di un ponte fra l'ambiente e il potenziale che sta sviluppando e di una guida verso la sicurezza. Il fatto di avere tanto e costante bisogno di cibo e cambi di pannolino è l'espediente più efficiente per tenere il ponte saldamente ancorato. Ma se noi guardiamo ai bisogni del neonato solo in termini di cibo-cacca-nanna il ponte traballa.

Una delle competenze più preziose del neonato è quella che poi diventa una grande risorsa per la vita: sentire una cosa che è negativa ed essere in grado si comunicarlo per cambiarla; sentire una cosa positiva ed essere in grado di condividerla.[11] Per il momento il bambino non ha idea di che risorse usare per cambiare le cose, ma sa già che può comunicare e condividere. In realtà non sa neanche se la sensazione negativa che prova (fame, scomodità, pannolino pieno, angoscia esistenziale...) sia una caratteristica permanente di questa nuova vita fuori dall'utero.

Purtroppo, moltissimi bambini imparano ben presto che è proprio così: fuori dall'utero si sta scomodi ed esprimere il disagio non serve a nulla. Anche dopo averla espressa, la scomodità rimane, a volte addirittura si moltiplica. Tanto vale allora non comunicarla più. Alla caduta del regime di Ceauşescu, i bambini negli orfanotrofi rumeni, dove venivano sistematicamente trascurati, sono stati trovati in silenzio. Avevano rinunciato da un pezzo a esprimere i loro bisogni. Quel silenzio ha reso il loro cervello permanentemente sottosviluppato, rendendoli incapaci di adattarsi alla società anche anni dopo essere stati liberati.[12] Non è nel pannolino pulito che si sviluppa il cervello: è nell'interazione umana che può avvenire con quel qualcuno che lo cambia.

Davanti al corpicino paffuto di un neonato è facile dimenticare che il corpo e la mente non sono due componenti separate. E che la mente non si attiva intorno ai 2 anni con le prime parole. Su questo importantissimo punto hanno posto l'accento gli scienziati: nella crescita armonica di un nuovo essere umano, la differenza fondamentale la fa la capacità materna di considerare il bambino non come un'entità con bisogni da soddisfare, ma come un individuo dotato di mente. Questa capacità ha un nome preciso: *mind-mindedness*.[13] Termine che si potrebbe tradurre con "avere la mente in mente", ma riconosciamo che l'inglese è più sintetico.

Guardare il bambino come una persona suona ovvio. Però quando lo passiamo di mano in mano come un oggetto o quando non gli parliamo mai guardandolo direttamente negli occhi, non siamo molto coerenti con questa ovvietà. L'idea che sia una persona con una mente propria va ancora oltre: richiede molto più del rispetto per un altro essere. Impone l'apertura a scoprire chi sia e come stia.

Sembra facile da fare quando va tutto bene. Il bambino sorride, vuol dire che è felice. Non ha bisogno di nulla. Tutto okay. Quando un bisogno viene espresso, però, interpretarlo come un tentativo di comunicazione di uno stato fisico e mentale non è sempre immediato. Se siamo in ritardo per il pranzo con i suoceri e il bambino piange, riconoscere il suo stato mentale, investigarlo ed elaborare una soluzione non è proprio ciò che ci viene spontaneo fare. Certamente non la più immediata.

È molto più facile scorrere la lista che certi professionisti e tanti libri di puericultura ancora oggi forniscono: ha mangiato? Ha il pannolino pulito? Ha dormito? Se possiamo rispondere sì a tutte le domande, i bisogni fondamentali del bambino sono soddisfatti, quindi forse starà piangendo per "farsi i polmoni", per "imparare ad auto-calmarsi", o comunque per qualcosa non degno della nostra attenzione e molto in alto nella piramide dei suoi bisogni. A un certo punto poi dovrà pur smettere di piangere.

Quando ci comportiamo così (e arriverà un momento in cui lo faremo tutte), l'espressione di disagio del bambino è trattata come un'interferenza sull'autoradio: qualcosa di fastidioso da far terminare al più presto. Si tratta solo di trovare il tasto giusto per spegnere la radio o di aspettare pazientemente la fine della galleria. E allora si sente parlare di "fasi" come di gallerie: finiranno prima o poi.

È vero che questa galleria finirà: la nostra vita non sarà fatta per sempre di risvegli notturni, pannolini e macchie di latte. Sapere che è una fase può aiutare a mettere le cose in prospettiva e a farci mobilitare energie straordinarie, restare sane di mente, sapendo che prima o poi potremo riposare. Ma, a differenza delle gallerie, le fasi dello sviluppo umano non sono luoghi sterili e insalubri, ma spazi e tempi che pullulano di vie e di vita.

Possiamo scegliere di passarci attraverso con il naso tappato e gli occhi fissi sull'orizzonte, alla ricerca di quella luce che prima o poi ci assicurano arriverà. Possiamo anche mandare dove si merita quella passante che, di fronte al nostro sguardo stravolto e al bambino paonazzo e strillante, ci dice con voce affabile: "Se lo goda, signora, che poi passa". Possiamo fare entrambe le cose, ma possiamo anche vivere queste fasi per quello che sono: giorni della nostra vita e del nostro bambino.

Nel primo anno di vita del bambino nel suo cervello si formeranno più di un milione di connessioni neurali al secondo.[14] Sì, hai letto bene! A fine giornata avrà circa 90 miliardi di connessioni nuove nel cervello. Questo inizio di vita umana è così dispendioso e faticoso perché c'è di continuo qualcosa in quel cervello che sta maturando.* Il bambino sta cercando la via per usare le sue competenze di oggi nel modo più adeguato al suo ambiente. Quando cambiano le competenze o l'ambiente, c'è un grande lavoro da fare e occorre elaborare una strategia nuova, con tutti i tentativi, gli errori e le frustrazioni che questo comporta.

Ed ecco che improvvisamente quel pianto inspiegabile ("Ha mangiato, è pulito! Cosa vuole ancora?") prende spessore. È possibile vederlo come la manifestazione di qualcosa di molto interessante che sta succedendo nel nostro bambino. Quando lo osserviamo come un corpo e una mente appena nati, facciamo qualcosa di radicale per noi: erodiamo la frustrazione e inseriamo divertimento. Bisogna ammettere che un'intera mente da gestire è un po' più complessa e interessante di uno stomaco collegato a una bocca e a un culetto. Mettere curiosità e voglia di imparare anche nelle sfide fa la differenza fra l'approccio "col naso tappato" e quello "a mente accesa", nel quale ogni errore/fallimento è un'opportunità di apprendimento, crescita e relazione.[15]

Osservando nostro figlio in tutta la profondità della sua persona, facciamo qualcosa di rivoluzionario per la sua vita. Non a caso, la *mind-mindedness*, ovvero considerare il proprio bambino come dotato di mente, è uno dei fattori che meglio predicono il benessere a lungo termine, in particolare le sue competenze sociali e il suo equilibrio affettivo.[16]

In teoria, sembra ovvio. In pratica, nel bel mezzo della stanchezza postparto, dello sfinimento notturno e della fame costante, non è poi così semplice ricordarsi che:

- il bambino è competente[17] e mette a disposizione le sue competenze anche per guidarci a scoprire le nostre;

* Se ti viene voglia di guardare da vicino tutte quelle nuove connessioni e osservarle accadere nella vita vera, cogliamo l'occasione per invitarti a scaricare la nostra app BabyBrains Neuroscience. È disponibile ovunque e ti accompagna per un intero anno a scoprire il cervello del tuo bambino in una modalità molto giocosa. Raccoglie più di 100 referenze scientifiche, citate nella bibliografia, che sono state trasformate e attività semplici e allegre.

- quel titolo di "Esperta mondiale di nostro figlio" non ci dà soltanto sintomi e debolezze, ma anche una grande capacità e un immenso potere. Dà a noi l'unica fiducia che nostro figlio sia disposto ad accordare alla cieca e senza discutere.

Nelle prossime pagine, vedremo alcune situazioni con le quali la maggior parte delle mamme si trova a fare i conti: ricordarsi questi due punti può tornare molto utile.

Sarebbe poco realistico pensare di poter rispondere con tutta la nostra *mind-mindedness* a ogni singola sfida che ci troveremo ad affrontare. A volte, in effetti, basta aspettare un po'; altre, il piacere di un buon acquisto ci basta. Però l'opzione di lavorare insieme per il nostro benessere e quello del bambino a breve e lungo termine esiste e può togliere un bel po' di quel senso di oppressione da ogni fase. Quella relazione con una persona nuova, con una propria mente e molta fiducia in noi, ci può guidare sempre, anche nei momenti che ci spaventano e ci scoraggiano. Come una stella polare guida da lontano, discretamente e senza mai giudicare i marinai.

Farsi domande più intelligenti

Nello specifico qual è la differenza fra la mamma che aspetta la fine della galleria e quella che segue la stella polare della relazione? La differenza fondamentale sta nelle domande che l'una e l'altra si pongono. "Perché piange?" è la domanda di entrambe, questo è certo. Ma possiamo chiedercelo con aria frustrata schiacciando tutti i tasti sull'autoradio oppure come uno scienziato davanti a un quesito davvero complesso ma affascinante.

"Quando smetterà di piangere?", "Come faccio a farlo stare tranquillo?" sono domande che ci facciamo tutte, sorgono spontanee e fanno riferimento a noi invece che al bambino. Domande utili, ma ferme nel qui e ora.

Meno immediate sono invece le domande che ci portano a investire ulteriore energia nella difficile situazione che stiamo vivendo piuttosto che a farla cessare. Sono domande che gettano luce sullo stato emotivo e mentale del nostro bambino: "Cosa sente?", "Cosa vorrebbe dire?". Se sei davvero sul punto di soccombere, ti sembrerà che non siano per niente di aiuto. E visto che una mamma sul punto di soccombere ci si può sentire abbastanza spesso, è comprensibile che la prima reazione sia meno riflessiva e un po' più pratica. Eppure, se solo si riuscisse a trovare un gruzzoletto di energia da investire in queste domande, ecco che il potenziale di relazione si accenderebbe.

È chiaro che le domande di chi osserva la domanda-stella polare costano molto: negano la delega della risoluzione del bisogno e impongono di passare alla conoscenza della mente del bambino per elaborare insieme a lui la risposta a un'espressione di disagio. Chiedono di stare con il nostro bambino non solo con il corpo, ma anche con la mente e l'attenzione. Le domande e i gesti basati non sull'adempiere compiti fisici ma sulla relazione impongono un notevole investimento di tempo, energie e pazienza. Ma tenendo presente che la relazione con questa persona durerà parecchi anni, il loro rendimento a lungo termine sembra un buon motivo per prenderli in considerazione.

Come mi muovo?

Tra una fase e l'altra, tra un'ansia e l'altra, alle neomamme sembra tocchi innanzitutto chiedersi da che parte schierarsi politicamente. Nessuna domanda sembra riguardare solo quel preciso e specifico oggetto o tema. Lo schieramento è polarizzato, e conviene schierarsi in fretta dal lato giusto. Agli occhi di molti, una serie di scelte potranno incasellarti come un'anarchica hippie: in quanto tale, avrai partorito in casa o almeno senza epidurale, allatterai a richiesta e porterai il figlio in una fascia indianeggiante fino ai diciotto anni. Il tutto dopo aver fritto la placenta e ovviamente aver scelto di non depilarti mai più. Se non sei così, puoi solo essere l'esatto opposto: stai bene nello status quo e la tua borsa firmata non può abbinarsi in nessun modo con una fascia indianeggiante. Il mercato chiaramente incoraggia questa polarizzazione, così chi riesce a vendere una cosa potrà vendere tutto ciò che le si abbina.

Anche se si chiamano accessori, i prodotti che scegliamo per aiutarci a gestire il nostro bambino non hanno funzione decorativa e non rappresentano bandiere ideologiche, anche se sono in tantissimi a cercare di convincerci del contrario. Davanti al dilemma fascia o passeggino la questione diventa evidentissima. Vero che tutto ciò che è su ruote ha questa irresistibile caratteristica di voler diventare status symbol. Vero anche che tutte le cose in tessuto, soprattutto se vagamente indianeggiante, ci ricordano con prepotenza i figli dei fiori. Eppure, i prodotti che scegliamo per trasportare il nostro bambino sono solo oggetti che possono renderci la vita più semplice.

Quindi, l'unica cosa da chiedersi quando si tratta di scegliere è proprio: che cosa mi può rendere la vita più facile? Sembra una domanda ovvia, ma come spesso capita nelle fasi di transizione, capire di cosa potremmo avere bisogno non è per nulla scontato. Se mi sposto spesso in macchina e il bambino passa tanto tempo nell'ovetto, forse una bella fascia quando camminiamo risparmia la fatica di piegare e aprire il passeggino tante volte. Potrebbe permettere a lui di cambiare posizione, a me di muovermi agevolmente fra i negozi, a noi di sentirci in contatto e riconnetterci. Ma forse il passeggino è più comodo per mettere gli acquisti nel cesto e non sovraccaricare la schiena. Anche se a pensarci bene, con il costo di un passeggino posso finanziare una fascia, un corso per usarla bene e magari pure qualche sessione dall'osteopata che mi aiuti a mantenere in salute la schiena. Sì però da lì a portare quotidianamente 5 chili di bambino più 10 di spesa, ce ne vuole!

Capire cosa serve a noi a volte è davvero complicato e non lo possiamo stabilire finché non abbiamo provato. A volte può aiutare vedere la faccenda dal punto di vista del bambino. Forse apprezza la posizione verticale e quindi trasportarlo in fascia permette a lui di stare bene più a lungo e alla mamma di sbrigare le faccende con maggiore autonomia (a patto che lei non usi questa vicinanza corporea per astrarsi mentalmente e dedicare tutta la sua attenzione ad altro, che sia lo smartphone, il lavoro o i fratellini per la maggior parte del tempo).[18] Forse invece preferisce la posizione orizzontale e i periodi di maggiore tranquillità la mamma li ha quando passeggia a lungo con il passeggino. In questo modo si possono guardare e quegli sguardi li fanno sentire più connessi.

Va anche detto che i bambini spesso dormono bene in carrozzina perché l'alternativa è essere sdraiati su una cosa ferma: nel movimento hanno quella forma di relazione che tanto cercano e che difficilmente trovano in un ambiente in cui l'ossessione di tutti è "che non si abitui a stare in braccio". Se tenerlo in passeggino diventa tranquillizzante per il bambino, perché sostituisce l'abbraccio, allora vale la pena chiedersi se quel giro in carrozzina sia più un bisogno o un'imposizione, se non sia invece più bello e riposante, per entrambi, starsene sul divano uno in braccio all'altra.

Insomma, il supporto ideale non c'è, e capire cosa fa comodo a ognuno rischia di essere un percorso lungo e costellato di sfide. La ricerca in materia è davvero poca, i campioni sono piccoli e i metodi esplorativi.[19] Il rischio di essere influenzate da spinte commerciali o ideologiche è reale. Gli aneddoti e le testimonianze, però, non mancano ed è forse da lì che possiamo iniziare a farci un'idea di quali possano essere gli aspetti rilevanti per noi.

Mentre valutiamo, vale la pena ricordarsi che un passeggino o una fascia non sono solo contenitori per trasportare merce da un punto A a un punto B. Sono luoghi di vita per la persona trasportata e compagni di viaggio per il trasportatore. Sono strumenti di genitorialità.[20] In passeggino e in fascia avvengono moltissimi di quegli scambi che andranno a costruire la relazione. Può avere senso scegliere lo strumento che, mentre ci spostiamo da A a B, ci consenta di essere il più possibile in ascolto/osservazione e ci dia la possibilità di rispondere in modo puntuale e appropriato alla comunicazione del nostro piccolo, in base a come siamo fatte noi e alle nostre giornate.

È bravo?

C'è una domanda che spesso scatena tutte le altre, dal suono premuroso come un gesso sulla lavagna del cuore: "È bravo?". Perché è questa la cosa che ci chiedono subito del nostro bambino, e quella a cui vorremmo a tutti i costi trovare una risposta il prima possibile.

Quando ci arriva una domanda del genere, ci ritroviamo in piedi davanti alla prof. delle medie: "Sei pronta per l'interrogazione di storia?". Vorremmo tantissimo rispondere di sì. Però... ecco... forse... be'... insomma... cosa intende? Vuole interrogarmi proprio oggi o era così per dire?

Ed è qui che la capacità di incastrare un respiro profondo fra la domanda e la nostra risposta, quella che ci siamo esercitate a mettere in pratica durante la gravidanza, che speriamo si sia trasformata in memoria procedurale, può tornarci utile. Se riusciamo a incuneare un bel respiro nel botta-e-risposta del dialogo, viene fuori qualcosa del tipo: "È bravo?" ... [respiro] ... E in questi puntini di sospensione del giudizio, in questi millisecondi di qui e ora, può forse riaffiorare il nostro obiettivo numero uno: smascherare i "dovrebbe". Sì, perché è chiaro che il bambino dovrebbe essere bravo. A questo punto prima di dare una risposta entrano in scena le domande-stella polare: esattamente, che cosa significa "essere bravo"? È qualcosa di utile/buono/giusto? Se sì, per chi? E come si misura?

Definiamo "essere bravo": avere per eredità genetica o, in alternativa, avere imparato in fretta tutto quello che ci vuole per essere graditi alla società in cui viviamo. Un po' come una donna che "fa la brava" quando partorisce, un neonato è tanto più bravo quanto meglio consente a chi gli sta intorno di dimenticarsi per un attimo l'enormità della vicenda. I requisiti per poter definire un neonato bravo nella società occidentale attuale si potrebbero riassumere come segue:

- dormire molto ma non troppo, e soprattutto di notte;
- ciucciare molto ma non troppo, solo per nutrirsi, e con pause di almeno tre ore tra una richiesta e l'altra;

- crescere al ritmo suggerito dagli schemini del libretto pediatrico;
- non piangere mai, o almeno non a lungo;
- andare con tutti, almeno fino all'adolescenza, quando improvvisamente questo si converte in una cosa molto pericolosa.

A guardar bene, i requisiti per essere bravo parlano poco del bambino e molto di più della facilità della sua gestione da parte della mamma e di chi le sta vicino. Anzi, peggio: la vera bravura di un neonato nella nostra società sembra essere quella di stare entro i paletti con cui la tradizione e il folklore sociale hanno circondato lui e la sua mamma. È bravura non esprimere troppi bisogni e farlo all'interno di strutture prevedibili e misurabili.

La domanda "È bravo?" forse nasconde un "Fai fatica?", e non tiene in minima considerazione la prospettiva del bambino, con buona pace della *mind-mindedness*. Se dopo la domanda facciamo quel bel respiro, forse avremo il tempo di pensare a tutto questo. Possiamo uscire dal ruolo della ragazzina interrogata a bruciapelo ed entrare in quello nuovo di mamma, quindi di donna adulta che dà risposte sensate a domande ben poste, utili prima di tutto a lei e non finalizzate solo al voto. Un bel respiro può servire a ricordarci che non siamo obbligate a rispondere per forza "sì" per far piacere all'interrogatrice di turno – perché di solito sono le donne a chiedere se è bravo – e poi vedercela in privato con la nostra coscienza. Possiamo scegliere se smascherare la domanda e riformularla in modo sensato (opzione A), oppure se dare una risposta di formale cortesia con un bel sorriso, che potrebbe salvarci da tanti mal di stomaco nei prossimi mesi e anni (opzione B).

OPZIONE A

"È bravo?"

... [respiro] ...

"Intendi se dorme di notte?" / "Intendi come va l'allattamento?" / "Intendi se segue le curve di crescita?" / "Intendi se non piange?"

E poi in base alla risposta che, anche se presa in contropiede, l'interrogatrice riuscirà a darci, possiamo sempre dare delle informazioni vere. A questo punto saranno comunque completamente slegate dal giudizio quasi-morale sul nostro bambino.

OPZIONE B

"È bravo?"

... [respiro] ...

"Un amore!" Sorrisone e via.

L'importante è non portarci a casa quella sensazione di aver preso 6 - all'interrogazione. E per questa ragione guardare qualche dato in materia di comportamento normale del bambino può servire per rendersi conto che quella bravura, che rinchiude implicitamente una serie di comportamenti, non solo è giudicante e inappropriata, ma è anche un mito che non ha nulla a che vedere con la realtà.

Dorme?

Se si chiede a una coppia: "Come ha dormito stanotte il vostro bambino?", non è improbabile che un genitore risponda con un esultante: "Benissimo", e l'altro con un frustrato: "Si è svegliato tre volte". È quasi impossibile misurare con oggettività questo fenomeno. Quando vogliamo che il bambino dorma, generalmente è perché vorremmo tantissimo farlo anche noi. Non siamo quindi nello stato mentale più adeguato per partecipare a una ricerca scientifica. La nostra risposta non solo sarà influenzata da un possibile annebbiamento mentale dovuto alla stanchezza, ma ci sarà anche la nostra parzialità a interferire: più aumenta il bisogno di dormire, più eventuali interruzioni saranno ricordate vividamente.

Purtroppo, però, gli scienziati non hanno altra scelta che chiedere ai genitori di riportare com'è il sonno dei loro bambini. Dormire, infatti, non è una cosa che si possa far fare in laboratorio ai bambini, e se lo si facesse non rappresenterebbe effettivamente come dormono a casa. Per ora gli unici dati a disposizione sono quelli, davvero poco puliti, raccolti intervistando genitori. Questi dati "sporchi" ci indicano però con grande chiarezza quello che ogni genitore già sa ma non vuole ammettere: i bambini che dormono tutta la notte nei primi sei mesi di vita non sono la norma.

"Dormire tutta la notte" si dovrebbe innanzitutto riformulare con un bel "riaddormentarsi da soli" perché nessuno, nemmeno un adulto, dorme per otto ore filate. Questa è una competenza sociale: è nella nostra società che ha senso e valore dormire otto ore di fila la notte, ma non è una tappa dello sviluppo prevista come gattonare. La maggior parte dei bambini impara a riaddormentarsi da sola durante i primi due o tre anni di vita. A ventiquattro mesi, svegliarsi una volta una notte su due è, comunque, ancora assolutamente normale.[21]

Dormire tutta la notte è forse la cosa che a moltissimi nuovi genitori manca di più della loro vita pre-figli. Quel meraviglioso dare per scontato che ci sarà un momento di riposo assoluto fra due giornate manca, eccome! Ma stare a ribollire frustrati per quella mancanza servirà a poco, sia a noi sia a nostro figlio. Siamo genitori di giorno come di notte. Questa verità è indubbiamente faticosa da digerire, ma, come tanti altri aspetti scomodi della maternità, possiamo opporle resistenza aumentando con ogni probabilità dolore e fatica, oppure sfruttarla per attivare nuove risorse.

In quello spazio notturno in cui il bambino ha bisogno di aiuto si giocano molte altre partite oltre a quella del sonno, e non meno importanti. A volte, proprio la sensazione che tutto sommato i genitori possono essere presenti anche di notte rilascia quella distensione tanto utile al bambino per non aver bisogno di chiamare all'istante.

Aspettarsi da un neonato che dorma tutta la notte non ha nulla a che vedere con l'aspettarsi da un ragazzino delle medie che abbia studiato il sacco di Roma per l'interrogazione di storia. Non è qualcosa che possiamo ragionevolmente aspettarci e non è qualcosa su cui lo possiamo giudicare. È un processo nel quale sviluppo fisiologico, psicologico e mentale del bambino procedono insieme e interagiscono con lo sviluppo dei genitori.

Per la maggior parte dei bambini, ci vorranno mesi, se non anni, per imparare e consolidare l'abitudine culturale di dormire serenamente tutta la notte. E da soli, per di più.[22]

La bravura vera, allora, non sembra sia da cercare nel bambino, ma nel supporto che circonda lui e i suoi genitori. Questo supporto dovrebbe passare anche da una consapevolezza più diffusa e normalizzata della realtà dei bisogni fisici ed emotivi di neonati e neomamme. I tempi di una nuova famiglia hanno bisogno di ritmi differenti, pause in orari in cui gli altri lavorano e congedi maternità e paternità degni di questo nome. E, già che ci siamo, anche che si smetta di creare aspettative irrealistiche.

Mangia?

Un altro segno di bravura di un bambino è la capacità di nutrirsi come desideriamo noi.[23] Abbiamo tutte delle aspettative più o meno implicite ma sempre ben precise su come, dove e quando vorremmo che il nostro bambino si nutra. Se abbiamo scelto di allattare al seno, l'OMS ci dà un supporto quasi brutale: i nostri desideri sono validi, ma chi decide quando, quanto e come è il bambino.[24] Il paradosso poi è che questo fa bene anche a noi, ma non è sempre facile accorgersene.

Forse per la noi di prima è inconcepibile non poterci organizzare con anticipo e doverci continuamente adattare a bisogni altrui. Forse per la noi di oggi, però, l'imprevedibile smette di essere sinonimo di "male" e inizia a significare anche un po' di avventura. Forse in quest'avventura, con il suo caos e le sue sorprese, si nasconde una forma nuova di piacere.

Se abbiamo scelto il biberon, resta il fatto che il nutrimento del bambino non è una questione solo di cibo: quindi anche se il tempo del biberon è più strutturato e prevedibile, non è affatto detto che lo sia anche il tempo in cui il bambino richiede di sentire un corpo umano.

In entrambi i casi, la serenità della nostra scelta dovrà probabilmente fare i conti con il supporto elargito da persone tanto benintenzionate quanto incompetenti. Tra consigli assurdi ("Fai la doppia pesata per vedere quanto mangia") e giudizi paradossali espressi più o meno ad alta voce ("Prende la tua tetta come un ciuccio"), richiederà un certo sforzo fare in modo che il nutrimento di nostro figlio resti un affare intimo e privato.

Tuttavia, la richiesta di nutrimento da parte del bambino non prevede molte interpretazioni. È rivolta insistentemente, ostinatamente, a volte disperatamente, alla sua mamma. E meno male che il cervello si era preparato in gravidanza, perché poche altre cose possono preparare una persona a fare dono del suo tempo e delle sue risorse in questi termini. La verità è che non ci sono mezze misure quando si tratta della sopravvivenza del bambino. Se definissimo bravo il bambino che non infastidisce con i suoi bisogni di nutrimento, ce ne sarebbero davvero pochi di vivi fra quelli bravi!

Certo, un giorno vorremmo insegnare a nostro figlio il concetto di "ora di pranzo" e "ora di cena", le buone maniere, e magari vorremmo poter nuovamente programmare le nostre giornate intorno ai nostri bisogni. Sono desideri legittimi, sensati e sani. Eppure, per ora ci è richiesto di tenerli in sottofondo e di esercitare la nostra perseveranza e resilienza per poter arrivare a vederli realizzati, anche se più tardi. E qui ci vuole l'ennesimo salto nel vuoto della fiducia, o magari qualche buona amica che ha già fatto un pezzo in più di strada, per credere che questo più tardi arriverà. Quanto più supporto un bambino riesce ad avere, tanta più indipendenza saprà sviluppare.[25] Ma il bisogno di supporto iniziale, la dipendenza totale dei primi tempi, fa davvero perdere il senno.

La realtà concreta è nelle parole dell'OMS: "Lo stato di salute e di nutrizione della mamma e del bambino sono intimamente legati poiché formano una sola unità sociale e biologica".[26] Ne consegue che nutrire bene il bambino ha un impatto sia sul suo corpo (mortalità, malattie) sia sulla sua mente (performance scolastica, sviluppo cognitivo e sociale, produttività), nonché su corpo e mente[27] della mamma.

Cosa significa "nutrire bene"? Sulla base di tutte le evidenze empiriche e scientifiche del momento, l'OMS definisce l'allattamento "ineguagliabile" per nutrire il bambino supportandone la salute e la crescita.

Il latte artificiale non fa male, ma non è minimamente paragonabile a quello umano. Non significa certo che non allattare sia un male, né che chi allatta sia una persona migliore di chi non lo fa. Quindi, se ci troviamo a dover prendere una decisione, facciamolo anche questa volta sulla base di informazioni reali.

Ci sono biblioteche piene di libri e articoli in merito alla questione dell'allattamento, e una meravigliosa rete di professionisti e mamme per supportare le famiglie in modo diretto.[28] Ci sono anche fiumi di inchiostro versati da persone che trovano le raccomandazioni dell'OMS arretrate, giudicanti, patriarcali, opprimenti,[29] ma non vogliamo certo entrare in questa polemica. Coerentemente con quanto esposto finora, ci sentiamo serenamente di considerare affidabili le indicazioni dell'OMS. Un po' per globale fiducia in un organismo internazionale che, lungi dall'essere perfetto,[30] ha come scopo il raggiungimento del più alto livello di salute per tutti, ma anche perché queste raccomandazioni sembrano avere molto senso se confrontate con tutte le evidenze scientifiche a disposizione su gravidanza, parto e puerperio.

Lasciamo quindi da parte libri, giornali, dibattiti e video YouTube per riportare il nostro sguardo sul bambino. Qual è la cosa più importante che può imparare gradualmente a fare per ricevere il migliore nutrimento possibile dalla sua mamma? In realtà ce ne sono due: far sapere quando ha fame e ciucciare.

Se non riesce a fare una di queste cose, vuol dire che non è bravo? O magari – già che ci siamo – che non è brava la sua mamma? La risposta ovvia in questo caso è: no. La bravura qui non c'entra niente.

Non riuscire a ciucciare e/o a far sapere in modo efficace quando ha bisogno del seno è certamente più problematico per il bambino che per noi. Sembra evidente, ma va detto e ripetuto perché è una delle prime cose che rischia di passare nel dimenticatoio dei professionisti, e poi a ruota dei genitori. Se il processo dell'allattamento incontra difficoltà (dolori, ingorghi, infezioni sono possibili, anche se non dovrebbero essere la norma) non è certo per pigrizia o per mancanza di buona volontà da parte del bambino.

Noi mamme, nell'attesa che smettano di chiederci se il bambino è bravo, possiamo sempre riaccendere la nostra meraviglia nel guardare quell'essere umano che abbiamo portato al mondo e che stiamo anche imparando a nutrire.

Cresce?

Un altro assunto implicito è che un bambino è bravo se segue le curve del pediatra, poppando e riempiendo pannolini come e quando ci si aspetta. Ecco... no. I bambini non devono seguire le curve. Sono le curve che rispecchiano i bambini e non viceversa. Prima i bambini. Dopo le curve. Si tratta di osservazioni statistiche effettuate su tanti bambini venuti prima del nostro che dicono al personale sanitario/educativo eccetera cosa aspettarsi più o meno dai bambini di oggi.

Da che mondo è mondo, all'uomo piace misurare. Soprattutto quando non capisce, perché la cosa meravigliosa delle misure è che danno un punto d'appiglio stabile nel mare piuttosto caotico dell'esistenza umana. Quando trasformiamo qualcosa in un numero, riusciamo a compararlo con qualcos'altro, soprattutto riusciamo a vedere se certi numeri sono associati a certi eventi, e ci sembra di capire tutto meglio. Per esempio, possiamo vedere se il numero di centimetri della circonferenza della nostra testa corrisponde a quanto intelligenti siamo (la risposta semplicistica non è bella ma è sì):[31] è utilissimo saperlo per chi amministra e/o cura la popolazione. Se per esempio in un anno nascono tantissimi bambini con la testa piccola, si può iniziare a cercare di capire il perché e provare a evitare che questo fatto si riproponga, o a mettere in atto un sistema di supporto per quell'annata particolare.

Per noi mamme di un bambino unico e irripetibile, la risposta semplicistica non solo è poco utile, ma rischia addirittura di essere dannosa. Oltre a sapere che c'è una correlazione fra le dimensioni della testa e l'intelligenza bisogna avere anche quest'altra informazione: le dimensioni del cervello di Einstein erano assolutamente nella media, forse l'unica cosa nella media che avesse quel genio. Questo vuol dire che se il mio bambino ha la testa grossa non significa che sarà super intelligente. Il mio bambino con la testa grossa o sarà intelligente o non lo sarà. Pensare di poter predire da un numero di centimetri la vita di un figlio ha più o meno l'efficacia di andare a far visita a una negromante con la sfera di cristallo, solo che forse è meno divertente. Osservare con attenzione e curiosità lo sviluppo globale del bambino può rivelarsi invece un approccio sensato.

Per poter rispondere alla domanda se il nostro bambino è bravo oppure no, invece, qualunque siano la sua lunghezza, peso, circonferenza craniale, un bel "Bravissimo!" ci sta a pennello, con tutta la pazienza che gli serve per lasciarsi misurare di continuo!

Piange?

Abbiamo capito che possiamo rispondere che il bambino è bravo indipendentemente da quando e quanto dorme, mangia e misura. Ma se piange? Per definizione, non può essere bravo, giusto? Riflettiamo con gli occhi puntati alla domanda-stella polare. Chi è l'ultimo adulto che hai visto piangere? Cosa lo ha fatto a piangere? Una difficoltà? Una frustrazione? Una delusione? Una perdita? Un suo limite?

La tua reazione è stata chiederti se quella persona fosse brava? Hai pensato stesse facendo una scenata inutile? O forse ti sei concentrata sul fatto che avesse bisogno del tuo supporto? Perché con un bambino dovrebbe essere diverso? Se sta male è probabile che questo sia dovuto ai suoi limiti:

merita forse meno supporto, amore, compassione (parola fuori moda, ma che ci ricorda il valore di esserci, di soffrire insieme a chi ce ne dà il privilegio)?

Quindi il bambino che piange è bravo? Per rispondere a questa domanda non serve guardare nessuna statistica e nessun dato sulla normalità dei pianti.[32] Sicuramente il bambino che comunica e cerca qualcuno che gli risponda è più bravo di chi intende giudicarlo solo perché sta piangendo.

È mammone?

Il dieci e lode è dato a quel piccolo che va con tutti e non è un mammone. Qui la nostra cultura adultocentrica dà il meglio di sé: ci si aspetta che il bambino sia tanto educato da non lamentarsi di essere passato come un peluche tra varie braccia (con conseguenti cambi di consistenza, odore, ritmo cardiaco e respiratorio), senza che nessun volto sopra quelle braccia si rivolga a lui e lo guardi negli occhi. Dal bambino ci aspettiamo un atteggiamento che ci faccia piacere senza interrogarci minimamente su come quel comportamento impatti su di lui.

Le sue preferenze le sappiamo con certezza. Nelle prime ore, giorni, settimane e mesi, con ogni probabilità il bambino sceglierà la sua mamma. La desidera, la riconosce, ne è soddisfatto e gratificato. Ne predilige la voce, l'odore e il volto. Sta meglio con lei. Questo, però, può diventare un problema quando una persona piena di affetto e buone intenzioni si sente rifiutata: può servire una pazienza quasi sovrumana per attendere ancora quando non si sta già più nella pelle al solo pensiero di poter spupazzare il nuovo arrivato; può essere doloroso realizzare che, indipendentemente dai percorsi genitoriali, il titolo di "Esperta" spetta a qualcun altro. Queste reazioni di parenti e amici sono del tutto legittime e comprensibili, e allo stesso tempo la mamma si può sentire un po' sopraffatta da tanta preferenza. La cosa da discutere non è necessariamente se sia il caso o meno di dare il bambino in braccio ad altri, ma piuttosto la scelta di comportamenti che tengano conto anche del punto di vista del piccolo.

Quando nasce un bambino, anche nonni, prozii e amici si ritrovano a essere neonati, con un'identità tutta da (ri)costruire.[33] Però non è per nulla una buona idea appioppare al bambino il compito di risolvere il paradosso delle identità degli adulti che lo circondano. Ci sono rimescolamenti di carte in atto, aggiornamenti di ruoli, rivoluzioni di gerarchie più o meno esplicite. E il bambino che le subisce in silenzio non è bravo, è semplicemente esposto a tensioni che non supportano il suo benessere.

È bravo quando ci comunica come sta (cioè sempre). Per farlo, può usare lo sguardo, i vocalizzi, i movimenti. A volte ha proprio qualcosa di urgente da dire: in quei casi, il suo strumento è il pianto. Sta a noi rispondere alla sua comunicazione mettendoci in ascolto e in relazione con lui.

Vivere con *mind-mindedness* non è ancora qualcosa di molto diffuso nella nostra società, ma ogni coppia di genitori può essere la pedina di un domino di un cambiamento radicale: possiamo ricordare a tutti con gentilezza, dolcezza e rispetto che questo bambino è una persona.

Sono una brava mamma?

La domanda parallela a quel "È bravo?" non si può nemmeno pronunciare. Non osiamo formulare il pensiero inconcepibile e peccaminoso che potenzialmente, magari, forse potremmo non essere delle buone madri. Già vederlo scritto fa un certo effetto.

Eppure, chi ha il coraggio di qualificarsi come una buona madre? Avete mai sentito qualcuno dire a testa alta: "Io sono una brava mamma"? Quante volte, invece, ci definiamo come madri indegne, sperando neanche tanto velatamente che le amiche ci smentiscano?

Tra l'inaccettabile ("Sono una madre indegna") e l'inconcepibile ("Sono una brava mamma") si srotolano le ore, i giorni e le settimane delle mamme neonate. In viaggio nel mare dell'identità in divenire, nessuno ci giudica apertamente, eppure sentiamo gli occhi giudicanti di tutti puntati addosso come tanti mirini rossi. Le giornate sono strane e surreali, passano piene di cose da fare anche se ci sembra di non fare niente,[34] sempre da sole e mai da sole.

Se pensiamo al nostro bambino, stiamo sicuramente pensando troppo a lui.

Se non lo pensiamo per un attimo, come possiamo averlo dimenticato?

Se abbiamo solo voglia di sbaciucchiare il nostro piccolo, ci sentiamo rimbecillite.

Se non abbiamo voglia di farlo, viene il dubbio di esserci trasformate nella regina delle nevi dal cuore di ghiaccio.

Se andiamo in bagno lasciandolo nell'altra stanza con la nonna, ci sentiamo in colpa per questa separazione forzata.

Se lo portiamo in bagno ci sentiamo ridicole e ci chiediamo se lo stiamo traumatizzando a vita con questa promiscuità inaccettabile.

Se poi iniziamo a pensare cosa direbbero amici, vicini, nonni e prozii dei nostri pensieri, desideri e azioni, è ovvio che la cosa giusta da fare sarebbe chiamare immediatamente i servizi sociali!

In un episodio di "Sex & The City", Miranda è disperata per un due di picche. Berger, il ragazzo di Carrie, anziché confortarla come le amiche, le dice francamente che il tipo che le ha dato il due di picche non è interessato a lei. Le altre donne provano a minimizzare e a consolarla, dicendo che non è detto, che c'è speranza... Miranda, però, prova più gratitudine per la franchezza di Berger che per le consolazioni solidali ma non proprio oneste delle amiche. Questa è una di quelle circostanze in cui una verità poco piacevole ha in realtà un potere liberatorio.

Il tuo bambino è interessato a te per definizione biologica, quindi su questo puoi stare tranquilla. Però, la verità che ti direbbe Berger mentre cerchi di essere una brava mamma è che sei umana, quindi imperfetta. Da qualche parte, prima o poi e anche ripetutamente, sbaglierai.

Sei sempre la stessa, con tutti quei tuoi soliti difetti. Anzi... ne sono arrivati di nuovi! Sei stanca, sei sfibrata, sei alle strette: questo potrebbe non lasciare alle tue doti tanto spazio per risplendere.

E per fortuna, perché un bambino con una mamma perfetta, sempre felice e sempre attenta, crescerebbe del tutto impreparato a un mondo che è certo meraviglioso, ma anche pieno di occasioni per far esperienza di rabbia, frustrazione, delusione e quant'altro.[35] Queste emozioni, integrate in un contesto di affetto, di supporto e di vita vera, sono un'esperienza preziosissima che darai a tuo figlio. Proprio grazie ai tuoi errori il bambino non rimarrà annientato dalla prima delusione, schiacciato dalla prima frustrazione o bruciato dalla prima arrabbiatura che il mondo gli getterà addosso senza che tu possa proteggerlo. Imparerà a gestire queste emozioni perché saprà che vivono anche nell'amore: è la cosa più importante che gli stai insegnando tu, mamma perfettamente imperfetta che prepara un bambino imperfetto a un mondo imperfetto!

Scioglilingua a parte, la questione è semplice, e Winnicott l'ha spiegata bene già negli anni Cinquanta: i tuoi difetti sono preziosissimi per il tuo bambino, perché lo espongono alle imperfezioni del mondo e gli permettono di allenarsi a prosperare nel mondo reale. In altre parole, sì: a volte sei una madre indegna e proprio questo ti rende una buona madre.

Ovviamente non significa che siamo giustificate a smettere di cercare di migliorarci, tanto meno stiamo parlando di abusi o negligenza. È semplicemente un incoraggiamento a ricordarci che sbaglieremo, spesso e volentieri, e che in quegli errori cresceremo noi e la nostra famiglia. Anzi, se non sbagliassimo mai, sarebbe peggio: è stato osservato che interagire con una madre talmente attenta e sensibile da rispondere in modo tanto esauriente da essere inusuale a tutti i segnali della sua bambina per molti mesi ha finito con il privare la piccola di alcuni aspetti di costruzione di sé e della capacità di negoziazione, preoccupazione e riparazione che sono alla base di un sano sviluppo emotivo.[36]

Quando ci sentiamo delle mamme indegne, formuliamo con onestà il pensiero dentro di noi, impariamo eventualmente quello che c'è da imparare, chiediamo scusa se c'è da chiedere scusa e poi rimbocchiamoci le maniche e rimettiamoci al lavoro.

Insomma, un bel "Questo giro ho toppato" o un semplice "Scusa" possono essere davvero liberatori.

Parallelamente, quando ci vuole una bella pacca sulla spalla, diamocela da sole e a testa alta. Non è arroganza, ma la sana soddisfazione di un lavoro ben fatto che stiamo portando avanti assieme a miliardi di altre donne. Un lavoro molto difficile, complesso e importante che a volte sappiamo svolgere davvero bene.

Quindi fare errori non solo è inevitabile, ma anche utile. Questo è molto rassicurante: la parte più difficile è cercare di commettere i *nostri* errori, non quelli ereditati dalla cultura dei paletti che circondano mamme e bambini. A volte, di fronte al fuoco incrociato di consigli che ci raggiungono da tutti i lati, la risposta giusta potrebbe essere: "So sbagliare benissimo da sola".

E se non mi viene il latte?

Ecco l'ennesima impostura nella quale si giudica la donna invece che supportarla in un passaggio delicato. Così come il "Vorrei provare un parto naturale, se potrò", il grande dubbio del latte è figlio più di cattiva pratica e poco supporto che non della realtà della biologia. Molte di noi trascorrono l'ultimo mese di gravidanza come se fosse la fine di una lunga e difficile galleria e il parto la luce in fondo al tunnel. E in un certo senso, lo è. Ma il parto è anche e soprattutto un nuovo inizio.

Comunque si sia conclusa la gravidanza, con un cesareo o in casa, il parto segna l'inizio del tuo fare cosciente e responsabile di mamma. Certo, sei responsabile anche quando il bambino è nella pancia, ma – a parte qualche visita ostetrica – in quel periodo non c'è nulla che devi fare per accudire il tuo bambino. In gravidanza, impariamo a seguire cose che cambiano da sole, a adattare il nostro comportamento e i nostri pensieri a cambiamenti che non facciamo noi coscientemente.

La vita con un neonato richiede un cambio di marcia: ci sarà una transizione veloce e uno (s)bilanciamento fra lo stare e il fare, con un equilibrio tutto nuovo da trovare. Ci sarà da fare, potenzialmente, ventiquattro ore su ventiquattro, sette giorni su sette. Ma nel momento del parto si svolge un passaggio essenziale, uno di quelli che l'assistenza maschile dal Settecento in poi ha storicamente saltato a piè pari: nelle ore dopo il parto avviene un gran cambio di ritmo e di atteggiamento, qualcosa di cui prendere atto con immenso rispetto.

Dopo un parto fisiologico c'è quasi sempre – dopo un parto non fisiologico si può fare lo sforzo di crearlo – un momento in cui il tempo si ferma, che il protocollo dello *skin-to-skin* cerca goffamente di proteggere e il termine *bonding* (ossia "creazione di un legame") di riassumere. È l'ora d'oro[37] in cui la biologia chiama mamma e bambino a stare. Stare, come quando erano un corpo solo. Stare e scoprire che ora sono due corpi, ma sempre indissolubilmente legati da quello che hanno vissuto, condiviso e costruito in gravidanza. Stare, senza pensare. Stare, perché siamo stanchi. Stare, perché siamo felici. Stare, perché abbiamo avuto paura e siamo passati dall'altra parte. Stare qui, perché questo momento è irripetibile e pieno di cose che stanno accadendo senza che noi facciamo nulla.

Difendere e rispettare con meraviglia questo momento dovrebbe essere la cosa più ovvia per chi assiste la nascita; viverlo appieno sarebbe la cosa più spontanea per chi, appunto, lo vive. Eppure, così spesso tutte le energie sono dedicate alla fretta di passare subito al fare: pulire, misurare, lavare, separare.

Questi momenti di profonda connessione, intimità e contatto sono proprio quello che serve per stimolare ossitocina e prolattina, che si traducono nella produzione del latte e nella motivazione del nostro bambino per andare a cercarlo.[38]

Spessissimo lo stare si trasforma spontaneamente in fare: il bambino inizia a cercare intorno a sé qualcosa, magari a fare quel tipico movimento ritmico con la testa, un po' come un piccolo picchio. Sembra impossibile ma questo nuovo arrivato si mette a picchiettare, a spingersi e a tirarsi. Se viene lasciato sulla pancia della mamma, per qualche misterioso arcano sa trascinarsi spingendo con le gambe e con le braccia da solo fino al seno. Guidato da istinto, odori e quel poco contrasto di colore che intravede, trova il capezzolo, e se lo si lascia stare, ci si attacca.

È un incanto che capita davvero: per definirlo c'è l'ennesimo inevitabile inglesismo, *breast-crawl*.[39] È quello che tutta la comunità scientifica indica come la pratica migliore per sostenere la salute di mamma e bambino.[40] Avviene soprattutto dopo una gravidanza e un parto in cui si siano rispettati tempi, luoghi, modi e sensibilità di mamme e bambini. Il fare è un prolungamento naturale dello stare e non servono interventi consapevoli di nessun tipo.

Questo è particolarmente vero e rilevante per l'allattamento: è un fare del corpo (di mamma e bambino) che richiede insistentemente di essere lasciato stare.

Spesso però il tempo passa tra centimetri da misurare per mandare il messaggio ai parenti e pediatri e puericultrici che credono di avere molto da fare. A un certo punto a qualcuno verrà in mente che è il caso di nutrire il piccolo. Se non ci pensiamo noi è certo che qualcuno ce lo ricorderà, speriamo in modo rispettoso e incoraggiante e non come un dovere imposto. Ed è qui che si inizia a chiedersi se "ci verrà il latte".

Quando il bambino è con noi, dentro di noi, ci chiediamo quando arriverà, e allo stesso modo tendiamo a dimenticare che qualcosa di preziosissimo, nel nostro seno, c'è già. È una bomba di salute dal colore giallino, ricca di composti bioattivi che supportano il sistema immunitario e di elementi nutrienti che portano al bambino in forma superconcentrata esattamente quello di cui ha bisogno nei primi giorni fuori dall'utero: il colostro.

Il latte bianco come lo immaginiamo non c'è ancora, perché non è quello di cui il bambino ha bisogno. Prima di tutto, infatti, il corpo nuovo ha bisogno di rodare quel meccanismo sofisticato che chiamiamo digestione: l'intestino deve prepararsi, serve produrre meconio per avviare il processo, occorrono anticorpi per difendersi prima di far entrare sostanze esterne e nutrimento in forma superconcentrata che sia facilmente assimilabile. Questo è quello che ci vuole. Qui, ora.

La famosa montata lattea arriva quando è ora che arrivi, e cioè quando il sistema digestivo del bambino è pronto a ricevere il latte, a processarlo e trarne quello che gli serve. Arriva quando mamma e bambino hanno imparato a conoscersi e hanno preso un certo ritmo di vita insieme. Arriva quando la mamma è pronta per un'altra tempesta ormonale e per un ulteriore cambiamento repentino e drammatico (l'ennesimo!) nel suo corpo che, dopo aver dato tutto con il parto, ora ha l'immane compito di dare ancora. Arriva quando ossitocina, prolattina e tutti gli altri ormoni coinvolti hanno fatto il loro lavoro.

La montata lattea non è mai in ritardo: come un mago, arriva quando è ora che arrivi...[41] se non le si mettono i bastoni fra le ruote, se non si mette il contaminuti al *bonding*, che se diventa un protocollo ha già smesso di essere quello che doveva essere. Se non si interrompe ogni coccola con una misurazione. Se amici e parenti non mettono in dubbio il fatto che il latte arrivi e non si presentano con un biberon per sicurezza. Se non si mette fretta alla mamma a poche ore dal parto, spingendola a riflettere su come si organizzerà per delegare il nutrimento del bambino quando vorrà uscire la sera o tornare a lavorare. Se non si mina il senso di competenza e capacità della mamma mostrandole da subito un tiralatte e magari facendoglielo provare per constatare che c'è ben poco per il momento che esce dal suo seno. E per forza che c'è poco! È il superdensissimo colostro: una goccia è più potente della pozione di Asterix! E poi non ci vuole granché a riempire lo stomaco di un neonato.

Quando una mamma dice: "Non ho latte", nel 5 per cento dei casi riflette la verità, molto rara, di una condizione biologica di anormalità del seno o ormonale.[42] Nel rimanente 95 per cento dei casi riflette una condizione psicologica o sociale, quasi sempre dovuta al fatto che le mancano supporto e/o fiducia e/o rispetto degli spazi e dei tempi necessari per fare la sola cosa davvero necessaria a produrre latte: uno scambio stretto e privatissimo tra i corpi. Quello che, ci dicono, si chiama *bonding*, anche se con l'inglesismo ne dimentichiamo l'immensità.

Fattori discriminanti fra l'avviamento/continuazione dell'allattamento e la sua interruzione sono il sostegno che il papà sa fare percepire alla mamma[43] e il supporto da parte delle ostetriche.[44] Se la mamma che desiderava allattare non lo fa, la prima domanda da fare è "Sta ricevendo il supporto adeguato?".

Ci sono libri meravigliosi sull'allattamento.[45] Per poter offrire al nostro bambino quello che l'OMS definisce come un nutrimento ineguagliabile, però, abbiamo da disimparare, molto più che da imparare. Davvero serve studiare perché il corpo produca quello che tutti i mammiferi mettono a disposizione in abbondanza e in varie forme, nelle tane sottoterra e persino sott'acqua? Informarsi può essere bello e istruttivo per la mamma e per tutti quelli che la supportano durante la gravidanza, soprattutto in un'epoca storica come la nostra, nella quale usciamo da decenni di oscurantismo in materia. Il momento buono per leggere libri, però, non è subito dopo il parto.

Subito dopo aver partorito, le cose da fare sono belle e semplici: esserci, toccarsi, rispondere, stare bene. Ed è importante farle con calma.

Abbiamo detto semplici ma non abbiamo detto facili: essere reperibili[46] ventiquattro ore su ventiquattro non è una cosa banale. Essere reperibili in un modo nuovo, nel corpo e non solo nel pensiero, è tutta un'altra storia. Rispondere ai richiami e alle espressioni di disagio quando noi stesse stiamo riprendendo atto della realtà introno a noi è una vera prova. Continuare a offrire il seno a un bambino che non si capisce bene se ne sta tirando fuori qualcosa richiede una fiducia cieca in noi, in lui e nella natura. Fare dono di sé, delle energie che magari scarseggiano, esige quella generosità coraggiosa che è sì un nostro nuovo superpotere, ma che richiede anche tanta volontà per essere usato. Da qui l'importanza di ricevere informazione, supporto e incoraggiamento sia prima sia dopo il parto. Se qualcuno ci consiglia "un'aggiuntina" mentre aspettiamo che arrivi il latte, vale la pena sapere che, se desideriamo allattare, quella persona non ci sta aiutando.

Ancora una volta la scelta di chi ci segue nel periodo perinatale fa davvero la differenza. Papà in lettura, sentitevi pure affettuosamente chiamati in causa anche voi.[47]

E se ha le coliche?

Se siamo riuscite a evitare le potenziali mine sociali dell'allattamento di solito rimane un'altra sfida nascosta dietro l'angolo: le coliche.[48] Colichette, per gli amici.

È sera. Il bambino piange. Non c'è verso di calmarlo. È rigido, si contrae, la pancia è tutta dura (come le gambe, le braccia, il collo). Ogni tanto arriva una trombetta dal culetto e speriamo che sia quella buona: liberato da quest'aria fastidiosa il bambino si calmerà. Invece no. Lacrime, urla, trombette seguono a lacrime, urla e trombette, mentre i tentativi di applicare la teoria della mente lasciano il campo all'empatia, la quale a sua volta si trasforma in compassione. Poi in rabbia, poi in disperazione, poi in parolacce.

"È normale" ci dicono. "Anche tu le avevi da piccola."

Normale che ogni singolo giorno, al calare del sole, il bambino passi ore in agonia? Normale che noi non possiamo fare nulla, assolutamente nulla di utile per calmarlo? Ecco un altro esempio di muro oltre il quale pare impossibile andare: questa sembra la prova indiscutibile che siamo delle povere donne con corpi costruiti male che hanno messo al mondo bambini con corpi che non funzionano tanto bene. Saremmo madri indegne, incapaci di rispondere ai bisogni dei nostri figli... e sappiamo quanto questo a lungo termine sia grave e impattante per il nostro bambino.

È l'ora di fare un bel respiro profondo (con un'espirazione lunghissima) e ricordarsi del lungo elenco dei nostri superpoteri, specialmente quello dell'equilibrismo fra la metafisica e la pratica. La situazione è indubbiamente di crisi. Abbiamo provato ciò che di pratico potevamo provare, senza successo. È ora di fare un passo indietro e porsi qualche domanda utile. E se in realtà non fosse l'aria a causare dolore e quindi pianto? Se fosse invece il pianto a causare l'irrigidimento della pancia? Se stessi dando per scontato di conoscere la causa del problema perché tutti mi hanno abituata a farlo? Se il neonato usasse tutto il corpo per esprimere un disagio che in realtà non c'entra con il mal di pancia?[49] Se fosse così, questa spirale di frustrazione, di ansia e di dolore avrebbe come causa un enorme fraintendimento.

Qui magari ci vuole un altro respiro perché sentiamo già la rabbia solleticarci il naso. Dopo averlo fatto, giochiamo alle scienziate e interroghiamo la nostra stella polare con intelligenza critica.

Che evidenze ci sono che la colite colpisca i neonati verso sera? Chi ha formulato questa ipotesi? Quando? Perché l'hanno tutti presa sul serio e riprodotta a catena?

Le domande utili arrivano spesso in branco. D'improvviso ci rendiamo conto che tutto quello che credevamo di sapere era basato su un altro assunto folkloristico. È stata fatta ricerca sulle coliche? Chi parla di coliche parla anche di bisogni del neonato in termini di latte ogni tre ore e pannolini puliti o ha presente molto chiaramente che il neonato ha bisogno di comunicazione, contatto e alimentazione continua, in quest'ordine?[50]

D'improvviso sembra ovvio che le goccine per le colichette non avessero alcuna possibile efficacia, e pure che il sondino rettale non abbia aiutato! E tutta la fatica che abbiamo fatto a evitare i cibi che potevano causare problemi di aria per il piccolo?

Un altro bel respiro è d'obbligo perché a questo punto ci rendiamo conto che dobbiamo abbandonare la solita illusione del risolvere tutto con la cosa-che-si-può-comprare al momento giusto. In un certo senso è rassicurante pensare che il bambino pianga per qualcosa di biologicamente fuori posto, qualcosa che non dipende da noi, qualcosa che si può disattivare pigiando il tasto o davanti al quale rassegnarsi: questo spiegherebbe il successo della storia delle colichette.

La cattiva notizia è che il tasto da pigiare per risolvere il problema non esiste. Quella buona è che la chiave per usare questa crisi per crescere è nelle nostre mani, nei nostri occhi, nel nostro corpo, nel nostro cervello e nel nostro cuore molto più che nell'intestino di nostro figlio. È il ponte che possiamo costruire fra noi e il nostro bambino. È ora (ancora una volta) di rimboccarsi le maniche.

Se escludiamo la famigerata aria nell'intestino, cosa potrebbe far piangere un bambino quando si fa sera? Le ipotesi sono tante quante i bambini sulla faccia della Terra. In fondo, però, alla sera anche noi ci sentiamo forse più stanche, meno pazienti, angosciate dalla notte incombente, ansiose all'idea che neanche stanotte riusciremo a riposarci, impaurite dalla prospettiva di passare le prossime tre ore a provare a curare colichette.

Sembra plausibile che anche il bambino possa non essere del tutto sereno alla fine della giornata. Che sia perché è stanco, perché nelle notti preistoriche aveva più possibilità di sopravvivere se stava addosso ai genitori, o perché in qualche modo percepisce, riflette e amplifica i nostri stati d'animo importa fino a un certo punto. Rimane il fatto che queste sono ipotesi altrettanto ragionevoli, o magari a pensarci bene anche di più, di quella per cui i piccoli umani alla sera hanno il mal di pancia.

Una strada interessante da seguire potrebbe essere quella di aspettare la sera non come un momento di fine in cui ci separeremo da nostro figlio, ma come un momento di passaggio che dovremo attraversare insieme. Mettersi in ascolto di noi stesse e del nostro bambino potrebbe portare sollievo sia a lui sia a noi. Quanto è magico condividere un'angoscia con qualcuno che sa esattamente cosa stiamo provando? Quanto velocemente si può passare da disperazione a profonda serenità semplicemente perché un'amica ci ha ascoltate?

La connessione e condivisione, anche di esperienze difficili, rilassa, calma, placa. Il contatto con un corpo umano pure. Il contatto con il corpo della mamma ancora di più. Il latte materno è una bomba di tranquillità.[51] Questi sono fatti ben più solidi della teoria delle colichette. A quel punto si tratterà di decidere se e quanto sia sensato per noi portare/coccolare/attaccare al seno il nostro bambino se è questo che lo calma. Non sempre, non per tutti, non ogni volta coccole o seno sono la risposta più sostenibile: a volte è proprio necessario lasciare che il bambino pianga perché le nostre energie sono richieste più urgentemente altrove. In quei casi, almeno sapremo che non erano coliche incurabili ed eviteremo di aumentare la sua frustrazione con gocce in bocca e sondini nel sedere. Saremo mamme al timone che hanno scelto con coscienza dove portare la nave.

In generale, alla cena non importa molto se la prepariamo noi o se esce da una busta di surgelati. Il nostro bambino invece ha proprio bisogno di noi. Ha bisogno che stiamo con lui e che condividiamo la nostra capacità di regolare l'ansia. Ha bisogno che gli mostriamo come ci calmiamo. Ha bisogno di sperimentare che la nostra calma basta anche per lui. Ha mangiato e ha il pannolino pulito. Bene. E a connessione e contatto come sta messo?

Niente più ricerche frenetiche di tipi di latte con formule speciali, niente telefonate al pediatra, niente girovagare in cerca di farmacie aperte. Serve la disponibilità e il coraggio di stare insieme. Serve accettare che adesso c'è sconforto e c'è pianto. Serve rimanere calme nella sera, in quello sconforto. Serve riconoscerlo, accettarlo e portarlo nella nostra calma. Gli esercizi che abbiamo fatto in gravidanza e che ci hanno forse già aiutate durante il parto possono tornare utilissimi anche qui. Respiri, parole, canzoni conosciute e amate possono riportarci la serenità per il semplice fatto di esistere e di essere condivisi. Come in gravidanza, come nel parto, un neonato inquieto ci inchioda al corpo: il corpo neonato della mamma e del bambino esce da una giornata con tutto il suo carico di esperienze di scambio con rumori, voci, vestiti, odori, ormoni. Che sia stanco, che cerchi la quiete di un abbraccio sembra abbastanza ragionevole.

Questo non significa che basta che ci sediamo sul divano e guardiamo il nostro piccolo negli occhi per farlo smettere istantaneamente di piangere. Quanto ci vuole per costruire un'amicizia tale per cui la condivisione di un'ansia diventa sollievo? Spesso anni. A volte millisecondi. Lo stesso vale per creare la connessione con il nostro bambino. È come cercare la vena d'oro in una miniera. Sappiamo che c'è, abbiamo qualche indizio su come trovarla, sappiamo con certezza che lui non chiede di meglio... il resto è lavoro da fare insieme, senza le interferenze di chi vuol farci credere che sia un vizio[52] e non un bisogno fondamentale tutto quello che risponde all'appello pressante di contatto d'amore tra i corpi.

Dove porta questa sfida?

Latte e coliche sono solo due delle mille sfide che molti genitori possono incontrare nei primi giorni. Probabile che non capitino, oppure che arrivino in combinazione con altre. In ogni caso, è utile pensarci, soprattutto in gravidanza, perché la cosa che hanno in comune è preziosa. È la chiave che servirà per gestire la situazione al meglio e per non rimanere intrappolati dalla spirale discendente dell'impotenza e della frustrazione. Ci auguriamo sia utile per innescare in te un forte senso di competenza e di adeguatezza come mamma del tuo bambino.

Che sia il capire come funziona l'allattamento, che sia la scelta di un mezzo di trasporto e del modello di genitorialità, o che sia la gestione di pianti inspiegabili e inconsolabili, la sfida mette di fronte alla necessità di risolvere il problema in diretta. Non possiamo preparare a tavolino tutto: dobbiamo vedere cosa succede, utilizzare al meglio le risorse che abbiamo, gestire i limiti e trovare una soluzione di volta in volta. Che poi non è roba da poco: è esattamente quello che devono fare un capo del governo o il direttore di un'azienda, solo che il loro lavoro è tenuto in gran conto da tutti ed è anche ben remunerato. E prevede pause caffè.

E proprio in questo sta la grande opportunità: il tuo bambino può guardarti in tutto ciò di fondamentale che ti rende umana, quando sorridi, parli, ringrazi, ti scusi e perdoni e, cosa ancora più fondamentale, mentre risolvi problemi all'apparenza irrisolvibili. A differenza del cucciolo d'orso, che impara a pescare salmoni che risalgono il fiume come hanno fatto mamma orsa e nonna orsa prima di lui, in modo molto più vasto e difficile, i nostri bambini fanno esperienza insieme a noi di cosa vuol dire scontrarsi con una realtà dura, sempre diversa, e lavorarci.

Una sfida oggi, un problema domani, il cervello del tuo bambino registra e lentamente rileva lo schema che accomuna tutte le situazioni: che i gesti gentili si ricevono con un grazie, che le persone si accolgono con un sorriso, come appaiono i problemi risolti bene e cosa accomuna i fallimenti. Il suo cervello è cemento fresco, ricordi? Sono conoscenze, queste, che forse non affioreranno nella sua coscienza consapevole, ma andranno a formare il temperamento e le reazioni automatiche della persona che si sta sviluppando. Persino le sue buone maniere, a cui terremo molto quando vorremo fare una figura decente con i parenti. Lo schema interiore di questo nuovo umano sta prendendo, letteralmente, corpo ora. Certo, potremo insegnargli ancora molte cose dopo, ma perché perdere l'occasione così preziosa di lasciare orme delicate e consapevoli su questo strano cemento che è nelle nostre mani proprio in questo momento?

Tutto ciò che cosa vuol dire in concreto? Che non abbiamo il diritto all'errore perché il nostro bambino ne rimarrebbe traumatizzato a vita? Abbiamo ben visto di no. Solo ciò che è ripetuto più e più volte si cristallizza in abitudine e in aspettativa.[53] Abbiamo tutto il diritto di sbroccare, sclerare, dare i numeri, demoralizzarci, piangere, urlare. Quello che non abbiamo il diritto di fare è dirigere tutto contro il nostro bambino.

Purtroppo, i danni cerebrali causati a un bambino quando viene scosso si sono guadagnati un nome tecnico: Sindrome del Bambino Scosso (SBS),[54] proprio perché non è del tutto impossibile che un genitore frustrato scuota violentemente un bambino inconsolabile. Che ci sia un nome tecnico per la sindrome relativa e non una rete di supporto reale nell'assistenza postparto sul territorio è un controsenso abbastanza serio. Finché l'unica assistenza comunemente riconosciuta sarà al massimo il nido aziendale, non avremo fatto molta strada per offrire a tutti i neonati, mamme e bambini, quello che la loro condizione fisica e mentale, insieme alla loro biologia, ci indica chiaramente che andrebbe loro offerto.

All'interno di un sistema sostenibile, una sana espressione di scoramento emotivo non è altro che un ottimo esempio di come gestire le emozioni che ci travolgono con una forza violenta. A volte qualche urlo ben piazzato può salvarci da un'ulcera o dal diventare aggressive. E questo il bambino lo impara grazie alla sua mamma imperfetta e a tutti gli altri esseri imperfetti che lo circondano e lo amano.

C'è di più, nella stanchezza della sera, possiamo passare al nostro bambino qualcosa di ancora più rivoluzionario: la consapevolezza che è possibile affrontare l'angoscia con calma, che l'altro può alleviare il nostro dolore, che a domanda di aiuto può seguire soccorso, che al soccorso può seguire il sollievo, che quando non si ha la soluzione a un problema ci si lavora insieme, che quando si ha la soluzione la si condivide, e che la vita è piena di problemi e fatiche, come ci ricordano tutti insistentemente, ma l'essere umano conosce anche la consolazione.

Quando ci troviamo di fronte a una sfida, non tappiamoci il naso e le orecchie e non aspettiamo che passi da sola. È vero che passerà, ma se passa senza che noi l'abbiamo sfruttata per imparare e/o per trasmettere qualcosa al nostro bambino, avremo sprecato un grande potenziale. Quando ci viene da piangere, facciamolo serenamente e raccontiamo al nostro bambino cosa abbiamo nel cuore. Il piccolo non ci ringrazierà, ma inizierà forse a trovare normale che a volte le emozioni si facciano potenti e a imparare come dare loro sfogo in modo sano.

Quando non troviamo la soluzione a un problema, ricordiamoci di fare un bel respiro profondo, di mandare gentilmente l'ansia a rinfrescarsi le idee. Forse possiamo raccontare la sfida che stiamo affrontando al nostro bambino, forse ha più senso per noi cantare una canzone che ci dà sollievo, forse il nostro modo di ricentrarci è quello di perderci nel piacere di una coccola pelle a pelle, o forse la coccola pelle a pelle adesso può farla il papà. Forse è proprio ora di chiamare la nonna o di dirle che può smettere di venire e di investire in una doula postparto. A ognuno la sua forma, purché sia in relazione. Possiamo riflettere, informarci, sperimentare insieme al nostro bambino. Possiamo non abbatterci quando il nostro primo (secondo, terzo...) tentativo non funziona: se non stiamo cercando bottoni da schiacciare per far passare un'interferenza, ma stiamo vivendo il momento a pieno, impareremo sempre qualcosa di utile e bello. Possiamo mettere in campo perseveranza, resilienza, onestà, coraggio e dolcezza. Ancora più che a nutrirsi, a muoversi o a dormire, il nostro bambino sta imparando insieme a noi ad affrontare la vita.

10
Buon viaggio

È arrivato il momento di salutarci.

Abbiamo immaginato di guardarti in faccia molto spesso mentre scrivevamo. A volte ci hai lette con interesse: ti sembra ancora impossibile che il tuo cervello, proprio adesso, sia tra le cose più appassionanti che vengono studiate nei laboratori di neuroscienze. Altre volte, invece, stavi per chiudere il libro e lanciarlo fuori dalla finestra: grazie per essere tornata a vedere dove volevamo andare a parare. Abbiamo intravisto il tuo sopracciglio che si alzava mentre mettevi in discussione qualche passaggio e il sorriso all'angolo delle labbra quando hai trovato parole per esprimere quello che già sentivi.

Grazie per la pazienza, il coraggio, l'azzardo che forse hai dovuto tirare fuori. Grazie per esserti presa questo tempo: ogni donna che prepara un parto positivo influenza la società in cui vive e contribuisce a dare forma al mondo in cui crescono i nostri figli, e alla cultura in cui partoriranno le nostre figlie.

Potrà capitarti di fermarti per un eccesso di stanchezza o un crampetto: saprai che non sono sintomi ma segnali. Guarderai negli occhi chi ti assiste al parto: insieme alla gratitudine, sentirai di essere tu a fare loro un grande onore. Penserai di dover fare qualcosa: ti sorprenderai a chiederti da dove venga quel "dovere".

Siamo infinitamente grate di essere state tue compagne

di strada in questo periodo così importante. Quanto quello che hai letto risuonerà per te, noi non lo sapremo. Ma ogni volta che penseremo al grande viaggio che tu e noi condividiamo con tutte le mamme del pianeta, avremo un brivido nel cuore: c'è una solidarietà millenaria che lega tutte le mamme fra loro.

Ora concediti un attimo per sentirla, tutta questa immensità. Poi prendi in braccio il tuo bambino (se è ancora nella pancia allora basta un respiro) e alza lo sguardo: là davanti c'è il futuro che germoglia su tutti i vostri *adesso*. Vai a scoprirvi.

Note

1. *Cervello: i dati che oggi non si possono più ignorare*

[1] Joan Raphael-Leff, *Pregnancy: The inside Story*, Karnac, London 2003.

[2] Laura Gutman, *Maternità tra estasi e inquietudine. Dal parto alla crescita dei figli, l'emozionante, intenso e appassionato cammino che ogni donna percorre nel diventare mamma*, Terra Nuova Edizioni, Firenze 2011.

[3] Jenny Gu et al., *How Do Mindfulness-Based Cognitive Therapy and Mindfulness-Based Stress Reduction Improve Mental Health and Wellbeing? A Systematic Review and Meta-Analysis of Mediation Studies*, in "Clinical Psychology Review", 37 (aprile 2015), pp. 1-12, doi.org/10.1016/j.cpr.2015.01.006.

[4] World Economic Forum, *The Global Gender Gap Report 2018*, 2018, http://www3.weforum.org/docs/WEF_GGGR_2018.pdf.

[5] Grace W. Pien e Richard J. Schwab, *Sleep Disorders During Pregnancy*, in "Sleep", 27, n. 7 (ottobre 2004), pp. 1405-17, doi.org/10.1093/sleep/27.7.1405.

[6] M. Lancel et al., *Progesterone Induces Changes in Sleep Comparable to Those of Agonistic GABAA Receptor Modulators*, in "American Journal of Physiology-Endocrinology and Metabolism", 271, n. 4 (1 ottobre 1996), pp. E763-72, doi.org/10.1152/ajpendo.1996.271.4.E763.

[7] Verena Schmid, *Salute e nascita. La salutogenesi in gravidanza*, Urra, Milano 2010.

[8] D. K. Gjerdingen et al., *The Effects of Social Support on Women's Health during Pregnancy, Labor and Delivery, and the Postpartum Period*, in "Family Medicine", 23, n. 5 (luglio 1991), pp. 370-75, pmid: 1884933.

[9] Danna N. Greenberg et al., *Identity and the Transition to Motherhood: Navigating Existing, Temporary, and Anticipatory Identities*, in *Research Perspectives on Work and the Transition to Motherhood*, a cura di Christiane Spitzmueller e Russell A. Matthews, Springer International Publishing, Cham 2016, pp. 33-55, doi.org/10.1007/978-3-319-41121-7_3.

[10] Lisa Underwood et al., *A Review of Longitudinal Studies on Antenatal and Postnatal Depression*, in "Archives of Women's Mental Health", 19, n. 5 (ottobre 2016), pp. 711-20, doi.org/10.1007/s00737-016-0629-1.

[11] Erika Barba-Müller et al., *Brain Plasticity in Pregnancy and the Postpartum Period: Links to Maternal Caregiving and Mental Health*, in "Archives of

Women's Mental Health", 22, n. 2 (aprile 2019), pp. 289-99, doi.org/10.1007/s00737-018-0889-z.

12 *Ibid.*

13 Jean Decety e William Ickes, a cura di, *The Social Neuroscience of Empathy*, The MIT Press, Boston 2009, doi.org/10.7551/mitpress/9780262012973.001.0001; Cecilia Heyes, *Empathy Is Not in Our Genes*, in "Neuroscience & Biobehavioral Reviews", 95 (dicembre 2018), pp. 499-507, doi.org/10.1016/j.neubiorev.2018.11.001.

14 Philipp Kanske et al., *Dissecting the Social Brain: Introducing the EmpaToM to Reveal Distinct Neural Networks and Brain-Behavior Relations for Empathy and Theory of Mind*, in "NeuroImage", 122 (novembre 2015), pp. 6-19, doi.org/10.1016/j.neuroimage.2015.07.082; Frederique de Vignemont e Tania Singer, *The Empathic Brain: How, When and Why?*, in "Trends in Cognitive Sciences, 10, n. 10 (ottobre 2006), pp. 435-41, doi.org/10.1016/j.tics.2006.08.008.

15 Claus Lamm et al., *Meta-Analytic Evidence for Common and Distinct Neural Networks Associated with Directly Experienced Pain and Empathy for Pain*, in "NeuroImage", 54, n. 3 (febbraio 2011), pp. 2492-2502, doi.org/10.1016/j.neuroimage.2010.10.014.

16 Daniel V. Papero, *Family Systems Theory and Therapy*, in *Handbook of Family and Marital Therapy*, a cura di Benjamin B. Wolman et al., Springer US, Boston (Massachusetts) 1983, pp. 137-58, doi.org/10.1007/978-1-4684-4442-1_8.

17 Elseline Hoekzema et al., *Pregnancy Leads to Long-Lasting Changes in Human Brain Structure*, in "Nature Neuroscience", 20, n. 2 (febbraio 2017), pp. 287-96, doi.org/10.1038/nn.4458.

18 D. Premack e G. Woodruff, *Chimpanzee Problem-Solving: A Test for Comprehension*, in "Science", 202, n. 4367 (3 novembre 1978), pp. 532-35, doi.org/10.1126/science.705342.

19 Elseline Hoekzema et al., *Pregnancy Leads to Long-Lasting Changes in Human Brain Structure*, *op. cit*.

20 *Ibid.*

21 Erika Barba-Müller et al., *Brain Plasticity in Pregnancy and the Postpartum Period*, *op. cit*.

22 Michael Numan, *Motivational Systems and the Neural Circuitry of Maternal Behavior in the Rat*, in "Developmental Psychobiology", 49, n. 1 (gennaio 2007), pp. 12-21, doi.org/10.1002/dev.20198.

23 Roy A. Wise, *Dopamine, Learning and Motivation*, in "Nature Reviews Neuroscience", 5, n. 6 (giugno 2004), pp. 483-94, doi.org/10.1038/nrn1406.

24 C. F. Ferris, *Pup Suckling Is More Rewarding Than Cocaine: Evidence from Functional Magnetic Resonance Imaging and Three-Dimensional Computational Analysis*, in "Journal of Neuroscience", 25, n. 1 (5 gennaio 2005), pp. 149-56, doi.org/10.1523/JNEUROSCI.3156-04.2005.

25 R. E. Clark e L. R. Squire, *Similarity in Form and Function of the Hippocampus in Rodents, Monkeys, and Humans*, in "Proceedings of the National Academy of Sciences", 110, n. Supplement 2 (18 giugno 2013), pp. 10365-70, doi.org/10.1073/pnas.1301225110.

26 J. E. Swain et al., *Progress On the Paternal Brain: Theory, Animal Models, Human Brain Research, and Mental Health Iimplications: Father Brain*, in "Infant Mental Health Journal", 35, n. 5 (settembre 2014), pp. 394-408, doi.org/10.1002/imhj.21471; Sofia I. Cardenas et al., *Theory of mind proces-*

sing in expectant fathers: Associations with prenatal oxytocin and parental attunement, in "Developmental Psychobiology", (21 marzo 2021), doi/10.1002/dev.22115.

[27] Friedrich Nietzsche, *Al di là del bene e del male*, traduzione di Ferruccio Masini, Adelphi, Milano 2015.

[28] Erika Barba-Müller et al., *Brain Plasticity in Pregnancy and the Postpartum Period, op. cit.*

[29] Paul Ekman e Richard J. Davidson, a cura di, *The nature of emotion: fundamental questions*, Oxford University Press, New York 1994; Andrew S. Fox wet al., a cura di, *The nature of emotion: fundamental questions*, Second edition, Oxford University Press, New York, 2018.

[30] Joseph E. LeDoux, *The Emotional Brain: The Mysterious Underpinnings of Emotional Life*, Simon & Schuster, London 2003.

[31] *Ibid.*

[32] Giulio Tononi e Christof Koch, *The Neural Correlates of Consciousness: An Update*, in "Annals of the New York Academy of Sciences", 1124, n. 1 (marzo 2008), pp. 239-61, doi.org/10.1196/annals.1440.004.

[33] A. J. Summerlee, *Extracellular Recordings from Oxytocin Neurones during the Expulsive Phase of Birth in Unanaesthetized Rats*, in "The Journal of Physiology", 321, n. 1 (1 dicembre 1981), pp. 1-9, doi.org/10.1113/jphysiol.1981.sp013967.

[34] Antonio R. Damasio, *L'errore di Cartesio*, traduzione di Filippo Malacuso, Adelphi, Milano, 1995.

[35] William M. Hayes e Douglas H. Wedell, *Modeling the Role of Feelings in the Iowa Gambling Task*, in "Decision", 7, n. 1 (gennaio 2020), pp. 67-89, doi.org/10.1037/dec0000116.

[36] Barnaby D. Dunn et al., *The Somatic Marker Hypothesis: A Critical Evaluation*, in "Neuroscience & Biobehavioral Reviews", 30, n. 2 (gennaio 2006), pp. 239-71, doi.org/10.1016/j.neubiorev.2005.07.001.

[37] A. Bechara, *Emotion, Decision Making and the Orbitofrontal Cortex*, in "Cerebral Cortex", 10, n. 3 (1 marzo 2000), pp. 295-307, doi.org/10.1093/cercor/10.3.295.

[38] Stephan Hamann, *Mapping Discrete and Dimensional Emotions onto the Brain: Controversies and Consensus*, in "Trends in Cognitive Sciences", 16, n. 9 (settembre 2012), pp. 458-66, doi.org/10.1016/j.tics.2012.07.006.

[39] Lisa Feldman Barrett, *How emotions are made: the secret life of the brain* Houghton Mifflin Harcourt, Boston 2017.

[40] *Ibid.*

[41] Emma Dunford e Charlotte Granger, *Maternal Guilt and Shame: Relationship to Postnatal Depression and Attitudes towards Help-Seeking*, in "Journal of Child and Family Studies", 26, n. 6 (giugno 2017), pp. 1692-1701, doi.org/10.1007/s10826-017-0690-z.

[42] Karina Schumann e Michael Ross, *Why Women Apologize More Than Men: Gender Differences in Thresholds for Perceiving Offensive Behavior*, in "Psychological Science", 21, n. 11 (novembre 2010), pp. 1649-55, doi.org/10.1177/0956797610384150.

[43] Helen Christensen et al., *Cognition in Pregnancy and Motherhood: Prospective Cohort Study*, in "British Journal of Psychiatry", 196, n. 2 (febbraio 2010), pp. 126-32, doi.org/10.1192/bjp.bp.109.068635.

[44] Ros Crawley et al., *Cognitive Changes in Pregnancy: Mild Decline or Societal*

Stereotype?, in "Applied Cognitive Psychology", 22, n. 8 (dicembre 2008), pp. 1142-62, doi.org/10.1002/acp.1427.

[45] Elseline Hoekzema et al., *Pregnancy Leads to Long-Lasting Changes in Human Brain Structure, op. cit.*

[46] Caroline Criado-Perez, *Invisibili. Come il nostro mondo ignora le donne in ogni campo, dati alla mano*, traduzione di Carla Palmieri, Einaudi, Torino 2020.

2. *Utero: la fisiologia che oggi non si può più ignorare*

[1] World Economic Forum, *The Global Gender Gap Report 2018, op. cit.*

[2] Milli Hill, *Give Birth Like a Feminist*, HQ, 2020.

[3] Ina May Gaskin, *La gioia del parto. Segreti e virtù del corpo femminile durante il travaglio e la nascita*, Bonomi, Pavia 2004.

[4] Carole R. Mendelson et al., *Fetal-to-Maternal Signaling in the Timing of Birth*, in "The Journal of Steroid Biochemistry and Molecular Biology", 170 (giugno 2017), doi.org/10.1016/j.jsbmb.2016.09.006.

[5] Pasko Rakic, *Evolution of the Neocortex: A Perspective from Developmental Biology*, in "Nature Reviews Neuroscience", 10, n. 10 (ottobre 2009), pp. 724-35, doi.org/10.1038/nrn2719.

[6] Aristotele, *Etica Nicomachea*, a cura di Claudio Mazzarelli, Bompiani, Milano 2000.

[7] Hisao Nishijo et al., *Editorial: Limbic-Brainstem Roles in Perception, Cognition, Emotion, and Behavior*, in "Frontiers in Neuroscience", 12 (12 giugno 2018), p. 395, doi.org/10.3389/fnins.2018.00395.

[8] Ina May Gaskin, *La gioia del parto, op. cit.*

[9] Marie F. Mongan, *Hypnobirthing: the Mongan Method. A Natural approach to a Safe, Easier, More Comfortable Birthing*, 3rd ed., Health Communications, Deerfield Beach (Florida) 2005.

[10] Shelley E. Taylor, *The Tending Instinct: How Nurturing Is Essential for Who We Are and How We Live*, Times Books, New York 2002.

[11] Verena Schmid, *Il parto in casa e in casa maternità. Criteri di qualità e sicurezza. I vantaggi di un parto fisiologico e consapevole*, Terra Nuova Edizioni, Firenze 2018.

[12] Ina May Gaskin, *La gioia del parto, op. cit.*; Katharine Graves, *The Hypnobirthing Book with Antenatal Relaxation: An Inspirational Guide for a Calm, Confident, Natural Birth*, Katharine Publishing, Malborough 2012.

[13] Michel Odent, *La nascita e l'evoluzione dell'Homo sapiens*, traduzione di Clara Scropettta, Tlon, Roma 2016; Verena Schmid, *Salute e nascita, op. cit.*

[14] *Ibid.*

[15] Marta Campiotti, *L'armonia della nascita. Diventare mamma con rispetto e amore*, Bonomi, Pavia 2017.

[16] Verena Schmid, *Il parto in casa e in casa maternità, op. cit.*

[17] Katharine Graves, *The Hypnobirthing Book with Antenatal Relaxation, op. cit.*

[18] Ina May Gaskin, *La gioia del parto, op. cit.*

[19] Beth S. Barbeau, *Safer Birth in a Barn?*, in "Midwifery Today", n. 83 (autunno 2007).

[20] Marta Campiotti, *L'armonia della nascita, op. cit.*

[21] Verena Schmid, *Il parto in casa e in casa maternità, op. cit.*

[22] Marta Campiotti, *L'armonia della nascita, op. cit.*

[23] Verena Schmid, *Il parto in casa e in casa maternità, op. cit.*

[24] Michel Odent, *Birth Reborn*, Birth Works Press, Medford, (New Jersey) 1994.
[25] Marta Campiotti, *L'armonia della nascita, op. cit.*
[26] *Ibid.*
[27] Michel Odent, *Birth Reborn, op. cit.*
[28] Marta Campiotti, *L'armonia della nascita, op. cit.*
[29] Marie F. Mongan, *Hypnobirthing: the Mongan Method, op. cit.*
[30] Frank Tallis, *Breve storia dell'inconscio. Esploratori della mente nascosta da Leibniz a Hitchcock*, traduzione di Alessia Ranieri e Monica Longoni, Il Saggiatore, Milano 2019.
[31] Esther Hicks e Jerry Hicks, *La legge dell'Attrazione*, traduzione di Dario Leccacorvi, Tea, Milano 2010.
[32] Henry L. Roediger, *Implicit Memory: Retention without Remembering*, in "American Psychologist", 45, n. 9 (1990), pp. 1043-56, doi.org/10.1037/0003-066X.45.9.1043.
[33] Karolina Moutsopoulou et al., *How Long Is Long-Term Priming? Classification and Action Priming in the Scale of Days*, in "Quarterly Journal of Experimental Psychology", 72, n. 5 (maggio 2019), pp. 1183-99, doi.org/10.1177/1747021818784261.
[34] Marie F. Mongan, *Hypnobirthing: the Mongan Method, op. cit.*
[35] Laura Gutman, *Maternità tra estasi e inquietudine, op. cit.*
[36] Martin Heidegger, *Concetti fondamentali della metafisica: mondo-finitezza-solitudine*, traduzione di Paola Coriando, Il Melangolo, Genova 1999.

3. *Bambino: la persona che oggi non si può più ignorare*

[1] Platone, *Fedro*, traduzione di Piero Pucci, Editori Laterza, Roma-Bari 1998.
[2] Vangelo di Matteo, 19,14: "Gesù però disse: 'Lasciateli, non impedite che i bambini vengano a me; a chi è come loro, infatti, appartiene il regno dei cieli'"; edizione consultata *La Bibbia: nuova versione dai testi antichi*, San Paolo, Cinisello Balsamo 2014.
[3] Matthew Knox Averett, a cura di, *The Early Modern Child in Art and History*, Routledge, Londra 2015.
[4] John Locke, *An Essay concerning Human Understanding*, Book II, Chap. I, 2, edizione italiana a cura di Vincenzo Cicero e Maria Grazia D'Amico, Saggio sull'intelletto umano, Bompiani, Milano 2004.
[5] John Locke, *An Essay concerning Human Understanding*, Book II, Chap. I, 11, traduzione consultata *Saggio sull'intelletto umano, op. cit.*
[6] William James, *The Principles of Psychology*, vol. 1, Dover Publications, New York 1950, p. 442.
[7] William James, *Pragmatism*, Dover Publications, New York 1995.
[8] B. F. Skinner, *The Behavior of Organisms: An Experimental Analysis*, Copley Publishing Group, Acton (Massachusetts) 1991; John B. Watson, *Psychology as the Behaviorist Views It*, in "Psychological Review", 20, n. 2 (1913), pp. 158-77, doi.org/10.1037/h0074428.
[9] John B. Watson, *Behaviorism*, University Chicago Press, Chicago 1930.
[10] https://www.nice.org.uk/guidance/cg190.
[11] World Health Organization, *Standards for maternal and neonatal care*, https://www.who.int/reproductivehealth/publications/maternal_perinatal_health/a91272/en/
[12] World Health Organization, *WHO Recommendations on Intrapartum*

Care for a Positive Childbirth Experience, 2018: https://apps.who.int/iris/bitstream/handle/10665/260178/9789241550215-eng.pdf;jsessionid=A07824B45AD40843038DB2E7724A5DEF?sequence=1.

[13] Mark H. Johnson, *Developmental cognitive neuroscience*, 2nd ed., Blackwell, Malden (Massachusetts) 2005.

[14] Domenico Pecorari, Nicola Ragni, e Giuseppe Pescetto, *Ginecologia e ostetricia*, SEU, Roma 2017.

[15] Joan Raphael-Leff, *Pregnancy: The inside Story*, *op. cit*.

[16] B. Schaal, *Human Foetuses Learn Odours from their Pregnant Mother's Diet*, "Chemical Senses", 25, n. 6 (1 dicembre 2000), pp. 729-37, doi.org/10.1093/chemse/25.6.729; Julie A. Mennella et al., *Prenatal and postnatal flavor learning by human infants*, in "Pediatrics", 107 (giugno 2001), doi: 10.1542/peds.107.6.e88.

[17] A. J. DeCasper e W. P. Fifer, *Of Human Bonding: Newborns Prefer Their Mothers' Voices*, in "Science", 208, n. 4448 (6 giugno 1980), pp. 1174-76, doi.org/10.1126/science.7375928.

[18] Daniel A. Abrams et al., *Neural Circuits Underlying Mother's Voice Perception Predict Social Communication Abilities in Children*, in "Proceedings of the National Academy of Sciences", 113, n. 22 (31 maggio 2016), pp. 6295-6300, doi.org/10.1073/pnas.1602948113.

[19] Birgit Mampe et al., *Newborns' Cry Melody Is Shaped by Their Native Language*, in "Current Biology", 19, n. 23 (dicembre 2009), pp. 1994-97, doi.org/10.1016/j.cub.2009.09.064.

[20] Domenico Pecorari, Nicola Ragni, e Giuseppe Pescetto, *Ginecologia e ostetricia*, *op. cit.*

[21] Roy F. Baumeister e Mark R. Leary, *The Need to Belong: Desire for Interpersonal Attachments as a Fundamental Human Motivation*, in "Psychological Bulletin", 117, n. 3 (maggio 1995), pp. 497-529 (doi10.1037/0033-2909.117.3.497).

[22] Aristotele, *Etica Nicomachea*, *op. cit.*

[23] Shir Atzil et al., *Growing a social brain*, in "Nature Human Behaviour", 2 (9), pp. 624-636 (doi10.1038/s41562-018-0384-6).

[24] Umberto Castiello et al., *Wired to Be Social: The Ontogeny of Human Interaction*, in "PLoS ONE", 5, n. 10 (7 ottobre 2010), e13199, doi.org/10.1371/journal.pone.0013199.

[25] Rachel Yehuda et al., *Transgenerational Effects of Posttraumatic Stress Disorder in Babies of Mothers Exposed to the World Trade Center Attacks during Pregnancy*, in "The Journal of Clinical Endocrinology & Metabolism", 90, n. 7 (luglio 2005), pp. 4115-18, doi.org/10.1210/jc.2005-0550.

[26] Dustin Scheinost et al., *Does Prenatal Stress Alter the Developing Connectome?*, in "Pediatric Research", 81, n. 1-2 (gennaio 2017), pp. 214-26, doi.org/10.1038/pr.2016.197.

[27] *Ibid.*

4. *Hypnobirthing: la pratica che oggi non si può più ignorare*

[1] Katrina Berry, *Why Hypnobirthing Matters*, Pinter & Martin Ltd, London 2015.

[2] Marie F. Mongan, *Hypnobirthing: the Mongan Method*, *op. cit*.

[3] Katharine Graves, *The Hypnobirthing Book with Antenatal Relaxation*, *op. cit*.

[4] Sophie Fletcher, *Mindful Hypnobirthing: Hypnosis and Mindfulness Techniques for a Calm and Confident Birth*, Vermilion, London 2019.

[5] A. M. Cyna et al., *Antenatal Self-Hypnosis for Labour and Childbirth: A Pilot Study*, in "Anaesthesia and Intensive Care", 34, n. 4 (agosto 2006), pp. 464-69, doi.org/10.1177/0310057X0603400402.

[6] Susan Azizmohammadi e Sima Azizmohammadi, *Hypnotherapy in Management of Delivery Pain: A Review*, in "European Journal of Translational Myology", 29, n. 3 (2 agosto 2019), pp. 210-17, 8365, doi.org/10.4081/ejtm.2019.8365.

[7] Julie Phillips-Moore, *Birthing Outcomes from an Australian HypnoBirthing Programme*, in "British Journal of Midwifery", 20, n. 8 (agosto 2012), pp. 558-64, doi.org/10.12968/bjom.2012.20.8.558.

[8] Katrina Berry, *Why Hypnobirthing Matters, op. cit.*, p. 44.

[9] Marie F. Mongan, *Hypnobirthing: the Mongan Method, op. cit.*, pp. 52-60.

[10] Katharine Graves, *The Hypnobirthing Book with Antenatal Relaxation, op. cit.*, p. 33.

[11] Michael S. Gazzaniga et al., *Cognitive Neuroscience: The Biology of the Mind*, W. W. Norton & Company, New York 2018.

[12] Rudyard Kipling in "The Times", 15 febbraio 1923.

5. *Dalla teoria alla pratica: la cassetta degli attrezzi dell'hypnobirthing*

[1] Nancy Bardacke, *Mindful Birthing: Training the Mind, Body, and Heart for Childbirth and Beyond*, 1st ed., HarperOne, New York 2012.

[2] *Ibid.*

[3] Michel Odent, *The Nature of Birth and Breast-Feeding*, Bergin & Garvey, Westport (Connecticut) 1992.

[4] Marie F. Mongan, *Hypnobirthing: the Mongan Method, op. cit.*

[5] *Ibid.*

[6] Sara W. Lazar et al., *Meditation Experience Is Associated with Increased Cortical Thickness*, in "Neuroreport", 16, n. 17 (28 novembre 2005), pp. 1893-97, doi.org/10.1097/01.wnr.0000186598.66243.19.

[7] Britta K. Hölzel et al., *How Does Mindfulness Meditation Work? Proposing Mechanisms of Action From a Conceptual and Neural Perspective*, in "Perspectives on Psychological Science", 6, n. 6 (novembre 2011), pp. 537-59, doi.org/10.1177/1745691611419671.

[8] Gaëlle Desbordes et al., *Effects of mindful-attention and compassion meditation training on amygdala response to emotional stimuli in an ordinary, non-meditative state*, in "Frontiers in Human Neuroscience", 6 (novembre 2012), doi.org/10.3389/fnhum.2012.00292.

[9] Ina May Gaskin, *La gioia del parto, op. cit.*

[10] Altan, *Pimpa e la gita nella foresta*, Franco Cosimo Panini, Modena 2007.

[11] Julie Phillips-Moore, *Birthing Outcomes from an Australian HypnoBirthing Programme, op. cit.*

[12] Julio González et al., *Reading Cinnamon Activates Olfactory Brain Regions*, in "NeuroImage", 32, n. 2 (agosto 2006), pp. 906-12, doi.org/10.1016/j.neuroimage.2006.03.037.

6. *Verso un parto positivo*

[1] Milli Hill, *Give Birth Like a Feminist, op. cit.*

[2] Adrienne Rich, *Of Woman Born: Motherhood as Experience and Institution*, W. W. Norton & Company, New York 1995, p. 151.

[3] Adrienne Rich, *Of Woman Born, op. cit.*

[4] Anita Regalia e Grazia Colombo, *La nascita: rischi reali, pericoli percepiti*, Carocci editore, Roma 2018.

[5] Isabel E. P. Menzies, *A Case-Study in the Functioning of Social Systems as a Defence against Anxiety: A Report on a Study of the Nursing Service of a General Hospital*, in "Human Relations", 13, n. 2 (maggio 1960), pp. 95-121, doi.org/10.1177/001872676001300201.

[6] Marta Campiotti, *L'armonia della nascita, op. cit.*

[7] Verena Schmid, *Salute e nascita, op. cit.*

[8] Adrienne Rich, *Of Woman Born, op. cit.*, p. 151.

[9] *Ibid.*

[10] Marta Campiotti, *L'armonia della nascita, op. cit.*

[11] Verena Schmid (a cura di), *Partorire dopo un cesareo. Esperienze e consigli per una scelta informata*, Terra Nuova Edizioni, Firenze 2017.

[12] Sheena Byrom e Soo Downe, a cura di, *The Roar behind the Silence: Why Kindness, Compassion and Respect Matter in Maternity Care*, Pinter & Martin Ltd, London 2014.

[13] Verena Schmid, *Il parto in casa e in casa maternità, op. cit.*

[14] Michel Odent, *Le funzioni degli orgasmi*, Terra Nuova Edizioni, Firenze 2009.

[15] World Health Organization, *WHO Recommendations, op. cit.*

[16] Marta Campiotti, *L'armonia della nascita, op. cit.*

[17] *Ibid.*

[18] Verena Schmid, *Salute e nascila, op. cit.*

[19] Verena Schmid, *Il parto in casa e in casa maternità, op. cit.*

[20] Michel Odent, *Le funzioni degli orgasmi, op. cit.*, p. 24.

[21] Marta Campiotti, *L'armonia della nascita, op. cit.*

[22] Ellen D. Hodnett, *Pain and Women's Satisfaction with the Experience of Childbirth: A Systematic Review*, in "American Journal of Obstetrics and Gynecology", 186, n. 5, Suppl. Nature, (maggio 2002), S160-172, doi.org/10.1067/mob.2002.121141.

[23] W. Stadlmayr et al., *Memory of Childbirth in the Second Year: The Long-Term Effect of a Negative Birth Experience and Its Modulation by the Perceived Intranatal Relationship with Caregivers*, in "Journal of Psychosomatic Obstetrics and Gynaecology", 27, n. 4 (dicembre 2006), pp. 211-24, doi.org/10.1080/01674820600804276.

[24] Milli Hill, *Give Birth Like a Feminist, op. cit.*

[25] Joseph Campbell, *Primitive mythology: The masks of God*, vol. 1, New World Library, Novato (California) 2021.

[26] Milli Hill, *Give Birth Like a Feminist, op. cit.*

[27] Verena Schmid, *Salute e nascita, op. cit.*

[28] Elizabeth Nihell, *Treatise on the Art of Midwifery*, Echo Library 2019.

[29] Ulteriori informazioni sull'argomento a questo link: https://www.britannica.com/event/Paleolithic-Period#ref54161.

30 Caroline Criado-Perez, *Invisibili*, *op. cit.*

31 Milli Hill, *Give Birth Like a Feminist*, *op. cit.*

32 H. A. Cahill, *Male Appropriation and Medicalization of Childbirth: An Historical Analysis*, in "Journal of Advanced Nursing", 33, n. 3 (febbraio 2001), pp. 334-42, doi.org/10.1046/j.1365-2648.2001.01669.x.

33 Milli Hill, *Give Birth Like a Feminist*, *op. cit.*

34 Michel Odent, *Birth Reborn*, *op. cit.*

35 E. Charles Osterberg et al., *Correlation between pubic hair grooming and STIs: results from a nationally representative probability sample*, in "Sexually Transmitted Infections", 93 (2017), pp. 162-166, doi.org/10.1136/sextrans-2016-052687.

36 Adrienne Rich, *Of Woman Born*, *op. cit.*

37 Heather A. Cahill, *Male Appropriation and Medicalization of Childbirth*, in "Journal of Advanced Nursing", 33, n. 3 (2001), pp. 334-342, doi.org/10.1046/j.1365-2648.2001.01669.x.

38 Verena Schmid, *Il parto in casa e in casa maternità*, *op. cit.*

39 Petra ten Hoope-Bender, *Continuity of maternity carer for all women*, in "The Lancet", 382, n. 9906 (novembre 2013), pp. 1685-1687, doi.org/10.1016/S0140-6736(13)61793-6.

40 Marta Campiotti, *L'armonia della nascita*, *op. cit.*

41 Jane Sandall et al., *Midwife-Led Continuity Models versus Other Models of Care for Childbearing Women*, in "Cochrane Database of Systematic Reviews", 4 (aprile 2016), doi.org/10.1002/14651858.CD004667.pub5.

42 Sheena Byrom e Soo Downe, a cura di, *The Roar behind the Silence*, *op. cit.*

43 C. Kenny et al., *A costcomparison of midwife-led compared with consultant-led maternity care in Ireland (the MidU study)*, in "Midwifery", 31, n. 11, (novembre 2015), pp. 1032-8, doi: 10.1016/j.midw.2015.06.012.

44 AA. VV., *Midwifery: An Executive Summary for The Lancet's Series*, (giugno 2014), (https://www.thelancet.com/pb/assets/raw/Lancet/stories/series/midwifery/midwifery_exec_summ.pdf).

45 Cfr. il documento *Certificato di assistenza al parto (CeDAP). Analisi dell'evento nascita - Anno 2017*, a cura del Ministero della Salute, http://www.salute.gov.it/portale/documentazione/p6_2_2_1.jsp?lingua=italiano&id=2931.

46 World Health Organization, *WHO Statement on Cesarean Rates*, aprile 2015, https://www.who.int/reproductivehealth/publications/maternal_perinatal_health/cs-statement/en/.

47 Questi dati sono stati reperiti in *Percentage of births by caesarean delivery in Italy in 2018, by region*, studio statistico consultabile su questo sito: https://www.statista.com/statistics/733047/caesarean-delivery-percentage-in-italy-by-region/.

48 Verena Schmid, *Il parto in casa e in casa maternità*, *op. cit.*

49 Verena Schmid (a cura di), *Partorire dopo un cesareo*, *op. cit.*

50 World Health Organization, *WHO Statement on Cesarean Rates*, *op. cit.*

51 Milli Hill, *Give Birth Like a Feminist*, *op. cit.*

52 Natasha Pearlman, *L'innaturale sofferenza di un parto naturale*, approfondimento online sul sito di "La Repubblica", maggio 2020, https://rep.repubblica.it/pwa/generale/2020/05/05/news/parto_naturale_dolore_testimonianza-255764354.

53 Corinna de Cesare, *Tagli, infezioni ed episiotomia: non c'è niente di perfet-*

to nella maternità, articolo pubblicato online il 30 ottobre 2017 nel blog "La ventissettesima ora" del "Corriere della Sera", https://27esimaora.corriere.it/17_ottobre_30/tagli-infezioni-ed-episiotomia-non-c-niente-perfetto-maternita-b5a0431c-bd85-11e7-b457-66c72633d66c.shtml.

[54] Cfr. il documento *Obstetrical and gynaecological violence* redatto dall'Assemblea parlamentare europea nell'ottobre del 2019 (http://assembly.coe.int/nw/xml/XRef/Xref-XML2HTML-EN.asp?fileid=28236&lang=en).

[55] Adrienne Rich, *Of Woman Born, op. cit.*, p. 176.

[56] Laura Gutman, *Maternità tra estasi e inquietudine, op. cit.*, p. 40.

[57] I dati riportati si possono consultare in *Violenza ostetrica in Italia: ora abbiamo i dati autorevoli*, risultato dell'indagine Doxa promossa da OVOItalia (Osservatorio sulla Violenza Ostetrica Italia), https://ovoitalia.wordpress.com/2017/09/21/violenza-ostetrica-in-italia-ora-abbiamo-i-dati-autorevoli/.

[58] Susan Brownmiller, *Against Our Will: Men, Women and Rape*, Penguin, Harmondsworth 1986.

[59] Roberta Spandrio, Anita Regalia, Giovanna Bestetti, *Fisiologia della nascita. Dai prodromi al post-partum*, Carocci editore, Roma 2014.

[60] Sheila Kitzinger, *Birth & Sex: The Power and the Passion*, Pinter & Martin Ltd, London 2013.

[61] Michel Odent, *Le funzioni degli orgasmi, op. cit.*, p. 48.

[62] *Ibid.*

[63] *Ibid.*

[64] Siri Leknes e Irene Tracey, *A Common Neurobiology for Pain and Pleasure*, in "Nature Reviews Neuroscience", 9, n. 4 (aprile 2008), pp. 314-20, doi.org/10.1038/nrn2333.

[65] Ina May Gaskin, *La gioia del parto, op. cit.*, p. 189.

[66] Milli Hill, *Give Birth Like a Feminist, op. cit.*

[67] Adrienne Rich, *Of Woman Born, op. cit.*, p. 183.

[68] https://www.unicef.it/doc/10095/2-milioni-di-bambini-nascono-morti-ogni-anno.htm.

[69] Consigliamo la visione di questo video: https://www.researchgate.net/publication/14530603_A_prospective_study_of_early_pregnancy_loss.

[70] Il Parto Positivo, *Di bambini che ci lasciano prima. Neuroscienze per un aborto spontaneo… positivo*, articolo pubblicato online nel blog del Parto Positivo il 10 ottobre 2017, https://ilpartopositivo.com/2017/10/10/di-bambini-che-ci-lasciano-prima-neuroscienze-per-un-aborto-spontaneo-positivo/.

[71] Martin Heidegger, *Essere e tempo*, traduzione di Pietro Chiodi, Longanesi, Milano 2017.

[72] Claudia Ravaldi, *#CiaoTabù*, contributo online pubblicato il 19 gennaio 2016 nel sito dell'associazione CiaoLapo, ente nato per offrire sostegno psicologico a quanti vivono la morte di un figlio durante la gravidanza, https://www.ciaolapo.it/2016/ciaotabu/.

7. Il giorno della nascita: prepararlo

[1] World Health Organization, *WHO Recommendations, op. cit.*

[2] Si consiglia la visita al sito dell'Associazione Nazionale Culturale Ostetriche Parto a Domicilio e Casa Maternità: http://www.nascereacasa.it/domande-sul-parto-in-casa/.

[3] Cfr. le linee guida del NICE: https://www.nice.org.uk/guidance/cg190/chapter/Recommendations.

[4] Cfr. il documento *Royal College of Obstetricians and Gynaecologists/Royal College of Midwives Joint statement No.2, April 2007*, https://www.midwivescollective.ca/site/wp-content/uploads/UK_Homebirth_Statement.pdf.

[5] World Health Organization, *WHO Recommendations*, *op. cit.*

[6] Cfr. il documento del Ministero della Salute *Linee di indirizzo per la definizione e l'organizzazione dell'assistenza in autonomia da parte delle ostetriche alle gravidanze a basso rischio ostetrico (BRO)*, http://www.salute.gov.it/imgs/C_17_pubblicazioni_2836_allegato.pdf.

[7] Verena Schmid, *Il parto in casa e in casa maternità*, *op. cit.*

[8] Suellen Miller et al., *Beyond too little, too late and too much, too soon: a pathway towards evidence-based, respectful maternity care worldwide*, in "The Lancet", 388, n. 10056, (29 ottobre 2016), pp. 2176-2192, doi.org/10.1016/S0140-6736(16)31472-6.

[9] Ina May Gaskin, *Spiritual midwifery*, 4th ed, Book Publishing Company, Summertown, Tenn 2002.

[10] World Health Organization, *WHO Recommendations*, *op. cit.*

[11] Hannah Dahlen et al., *Vaginal Examination During Normal Labor: Routine Examination or Routine Intervention?*, in "International Journal of Childbirth", 3, n. 3 (2013), pp. 142-52, doi.org/10.1891/2156-5287.3.3.142.

[12] E. J. Buchmann e E. Libhaber, *Accuracy of Cervical Assessment in the Active Phase of Labour*, in "BJOG: An International Journal of Obstetrics and Gynaecology", 114, n. 7 (luglio 2007), pp. 833-37, doi.org/10.1111/j.1471-0528.2007.01386.x.

[13] Enrico Ferrazzi et al., *Progression of Cervical Dilatation in Normal Human Labor Is Unpredictable*, in "Acta Obstetricia Et Gynecologica Scandinavica", 94, n. 10 (ottobre 2015), pp. 1136-44, doi.org/10.1111/aogs.12719.

[14] Rachel Reed, *Vaginal examinations: a symptom of a cervical centric birth culture*, sul blog "MidwifeThinking", maggio 2015.

[15] Michel Odent, *Nascere nell'era della plastica. Per vivere gravidanza e parto con consapevolezza, evitando inutili paure ed eccessiva medicalizzazione*, Terra Nuova Edizioni, Firenze 2012, p. 164.

[16] *Ibid.*, p. 162.

[17] Soo Downe et al., *Routine Vaginal Examinations for Assessing Progress of Labour to Improve Outcomes for Women and Babies at Term*, in "Cochrane Database of Systematic Reviews", 15 luglio 2013, doi.org/10.1002/14651858.CD010088.pub2.

[18] Adrienne Rich, *Of Woman Born*, *op. cit.*

[19] Michel Odent, *Birth Reborn*, *op. cit.*

[20] Milli Hill, *Give Birth Like a Feminist*, *op. cit.*, p. 77.

[21] Annalisa Garzonio, *La vagina desacralizzata. La naturalizzazione dell'episiotomia*, in "D&D", n. 103 (ottobre 2018), pp. 40-43.

[22] World Health Organization, *WHO Recommendations*, *op. cit.*

[23] *Violenza ostetrica in Italia: ora abbiamo i dati autorevoli*, *op. cit.*

[24] Michel Odent, *Birth Reborn*, *op. cit.*, p. 101.

[25] Annalisa Garzonio, *La vagina desacralizzata*, *op. cit.*

[26] Milli Hill, *Give Birth Like a Feminist*, *op. cit.*, p. 193.

[27] Philippa Middleton et al., *Induction of Labour for Improving Birth Outcomes for Women at or beyond Term*, in "Cochrane Database of Systematic Reviews", 9 maggio 2018, doi.org/10.1002/14651858.CD004945.pub4.

[28] Gitte Hedermann et al., *Danish Premature Birth Rates during the COVID-19 Lockdown*, in "Archives of Disease in Childhood - Fetal and Neonatal Edition", 106, n. 1 (gennaio 2021), pp. 93-95, doi.org/10.1136/archdischild-2020-319990; De Curtis, et al., *Increase of Stillbirth and Decrease of Late Preterm Infants during the COVID-19 Pandemic Lockdown*, in "Archives of Disease in Childhood - Fetal and Neonatal Edition", 30 ottobre 2020, fetalneonatal-2020-320682, doi.org/10.1136/archdischild-2020-320682.

[29] Cfr. le linee guida del NICE: https://www.nice.org.uk/guidance/cg70/chapter/1-Guidance#information-and-decision-making.

[30] Niccolò Giovannini e Giulia Emily Cetera, *Il timing del parto. Appropriatezza degli interventi*, in "D&D", 106 (luglio 2019).

[31] *Ibid.*

[32] Verena Schmid, *Il parto in casa e in casa maternità, op. cit.*, p. 138.

[33] Michel Odent, *Birth Reborn, op. cit.*, p. 95.

[34] Verena Schmid, *Il parto in casa e in casa maternità, op. cit.*, p. 138.

[35] Ina May Gaskin, *La gioia del parto, op. cit.*, p. 248.

[36] *Ibid.*

[37] Michel Boulvain, Catalin M. Stan, e Olivier Irion, *Membrane Sweeping for Induction of Labour*, in "Cochrane Database of Systematic Reviews", n. 1 (25 gennaio 2005), CD000451, doi.org/10.1002/14651858.CD000451.pub2.

[38] Niccolò Giovannini e Giulia Emily Cetera, *Il timing del parto, op. cit.*

[39] World Health Organization, *WHO Recommendations, op. cit.*

[40] Michel Odent, *Le funzioni degli orgasmi, op. cit.*

[41] Michel Odent, *Nascere nell'era della plastica, op. cit.*, p. 17.

[42] *Ibid.*, p. 18.

[43] Katharine Graves, *The Hypnobirthing Book with Antenatal Relaxation, op. cit.*, p. 119.

[44] Michel Odent, *Birth Reborn, op. cit.*

[45] http://www.salute.gov.it/imgs/C_17_pubblicazioni_2766_allegato.pdf.

[46] Simone de Beauvoir, *Il secondo sesso*, traduzione di Roberto Cantini e Mario Andreose, il Saggiatore, Milano 2016.

[47] Michel Odent, *Birth Reborn, op. cit.*

[48] *Ibid.*, p. 95.

[49] Niccolò Giovannini e Giulia Emily Cetera, *Il timing del parto, op. cit.*

[50] Michel Odent, *Birth Reborn, op. cit.*, p. 95.

[51] *Ibid.*

[52] Niccolò Giovannini e Giulia Emily Cetera, *Il timing del parto, op. cit.*

[53] Michel Odent, *Birth Reborn, op. cit.*, p. 103.

[54] http://www.salute.gov.it/imgs/C_17_pubblicazioni_2766_allegato.pdf.

[55] Niccolò Giovannini e Giulia Emily Cetera, *Il timing del parto, op. cit.*

[56] Ivan Illich, *Nemesi medica. L'espropriazione della salute*, Red edizioni, Milano 2013.

[57] Chiara Sandrucci, *Piano del parto: di cosa si tratta?*, https://quimamme.corriere.it/parto/salute-nel-parto/piano-del-parto-di-cosa-si-tratta.

[58] Sheila Wayman, *The paradox of "safer" childbirth*, in "The Irish Times", 26 giugno 2018.

[59] Margaret Atwood, *Il racconto dell'ancella*, traduzione di Camillo Pennati, Ponte alle Grazie, Milano 2019.

[60] Giovanni Giacomo Pasinelli, *Il consenso informato. Una svolta nell'etica medica*, FrancoAngeli, Milano 2004.

8. *Il giorno della nascita: viverselo*

[1] Erika Barba-Müller et al., *Brain Plasticity in Pregnancy and the Postpartum Period, op. cit.*

[2] A tal proposito consigliamo la visione di questo video di Gabriella Pacini: https://www.youtube.com/watch?v=jACKa9YW2Yg&t=11s.

[3] A questo link è possibile vedere la facilità con cui sembra nascere un cucciolo di rinoceronte: https://www.youtube.com/watch?v=I9a5cVdZOos.

[4] Verena Schmid, *Voglia di parto. Metodi e tecniche per gestire le doglie e ridurre il dolore*, Terra Nuova Edizioni, Firenze 2019, p. 18.

[5] *Ibid.*, p. 33.

[6] *Ibid.*, p. 35.

[7] *Ibid.*

[8] *Ibid.*, p. 32.

[9] Laura Y. Whitburn et al., *The Meaning of Labour Pain: How the Social Environment and Other Contextual Factors Shape Women's Experiences*, in "BMC Pregnancy and Childbirth", 17, n. 1 (dicembre 2017), p. 157, doi.org/10.1186/s12884-017-1343-3.

[10] *Ibid.*

[11] Verena Schmid, *Voglia di parto, op. cit.*, p. 18.

[12] Nicky Leap et al., *Working with pain in labour: an overview of evidence*, in "New Digest", 49 (gennaio 2010), pp. 22-26.

[13] Verena Schmid, *Voglia di parto, op. cit.*, p. 33.

[14] *Ibid.*, p. 34.

[15] *WHO Joint Interregional Conference on Appropriate Technology for Birth: Fortaleza, Brazil 22–26 April 1985*, in "Australian College of Midwives Incorporated Journal", 1, n. 2, 1988, pp. 18-19, doi.org/10.1016/S1031-170X(88)80047-3.

[16] Verena Schmid, *Voglia di parto, op. cit.*, p. 34.

[17] *Ibid.*, p. 38.

[18] Gabriella A. Ferrari, *Il travaglio con il bambino. Come facilitare il periodo dilatante attraverso la relazione prenatale*, "D&D", n. 77 (giugno 2012), pp. 17-19.

[19] Verena Schmid, *Voglia di parto, op. cit.*, p. 35.

[20] Annemarie Lawrence et al., *Maternal Positions and Mobility during First Stage Labour*, in "Cochrane Database of Systematic Reviews", n. 2 (15 aprile 2009) CD003934, doi.org/10.1002/14651858.CD003934.pub2.

[21] Nicky Leap et al., *Working with pain in labour, op. cit.*

[22] Verena Schmid, *Voglia di parto, op. cit.*, p. 15.

[23] Adrienne Rich, *Of Woman Born, op. cit.*, p. 158.

[24] Josephine Green et al., *Greater Expectations? A comparison of women's expectations and experiences of maternity carechoices in 1987 and 2000*, in "Journal of Reproductive and Infant Psychology", 18, n. 3 (2000).

[25] *Ibid.*

[26] Nicky Leap et al., *Working with pain in labour, op. cit.*

[27] Verena Schmid, *Voglia di parto, op. cit.*, p. 13.

[28] *Ibid.*

[29] Gail Werkmeister et al., *Making Normal Labour and Birth a Reality-Developing a Multi Disciplinary Consensus*, in "Midwifery", 24, n. 3 (settembre 2008), pp. 256-59, doi.org/10.1016/j.midw.2008.06.001.
[30] Verena Schmid, *Voglia di parto, op. cit.*, p. 16.
[31] Beverley A. Lawrence Beech, *Epidurals - Dead from the waist down*, in "AIMS Journals", 10, 1, 1998.
[32] Josephine Green et al., *Greater Expectations?, op. cit.*
[33] Nicky Leap et al., *Working with pain in labour, op. cit.*
[34] Josephine Green et al., *Greater Expectations?, op. cit.*
[35] Verena Schmid, *Voglia di parto, op. cit.*, p. 13.
[36] Nicky Leap et al., *Working with pain in labour, op. cit.*
[37] Adrienne Rich, *Of Woman Born, op. cit.*, p. 159.
[38] Milli Hill, *Give Birth Like a Feminist, op. cit.*, p. 123.
[39] Beverley A. Lawrence Beech, *Epidurals, op. cit.*
[40] Nicky Leap et al., *Working with pain in labour, op. cit.*
[41] Verena Schmid, *Voglia di parto, op. cit.*, p. 14.
[42] Adrienne Rich, *Of Woman Born, op. cit.*, p. 171.
[43] Nicky Leap et al., *Working with pain in labour, op. cit.*
[44] Martin Heidegger, *Essere e tempò, op. cit.*
[45] Verena Schmid, *Voglia di parto, op. cit.*, p. 37.
[46] Adrienne Rich, *Of Woman Born, op. cit.*, p. 181.
[47] Suzanne Arms, *Immaculate deception II: a fresh look at childbirth*, Celestial Arts, Berkeley 1994, p. 126.
[48] Frédérick Leboyer, *Per una nascita senza violenza. Il parto dal punto di vista del bambino*, traduzione di Chiara Lurati, Bompiani, Milano 2017.

9. *Nasce un bambino, nasce una mamma*

[1] Verena Schmid, *Salute e nascita, op. cit.*
[2] Mark H. Johnson, *Developmental cognitive neuroscience, op. cit.*
[3] Abraham H. Maslow, *A Theory of Human Motivation*, in "Psychological Review", 50, 4, 1943, pp. 370-396, doi.org/10.1037/h0054346.
[4] Giorgia Cozza, *Bebè a costo zero. Guida al consumo critico per accogliere e accudire al meglio il nostro bambino*, Il leone verde, Torino 2016.
[5] A. J. DeCasper e W. P. Fifer, *Of Human Bonding, op. cit.*
[6] Lynne Murray e Liz Andrews, *The Social Baby: Understanding Babies' Communication from Birth*, The Children's Project, Richmond 2010.
[7] F. Z. Sai, *The Role of the Mother's Voice in Developing Mother's Face Preference: Evidence for Intermodal Perception at Birth*, in "Infant and Child Development", 14, n. 1 (marzo 2005), pp. 29-50, doi.org/10.1002/icd.376.
[8] Daniel N. Stern, *The First Relationship: Infant and Mother*, Harvard University Press, Cambridge (Massachusetts) 2004.
[9] L. R. Knost, *The Gentle Parent: Positive, Practical, Effective Discipline*, Little Hearts Books, United States 2013.
[10] Mark H. Johnson, *Developmental cognitive neuroscience, op. cit.*
[11] Jesper Juul, *Il bambino è competente. Valori e conoscenze in famiglia*, traduzione di Bettina Cristiani, Feltrinelli, Milano 2013.
[12] Charles A. Nelson et al., *Romania's abandoned children: deprivation, brain development, and the struggle for recovery*, Harvard University Press, Cambridge (Massachusetts) 2014.

[13] Elizabeth Meins et al., *Maternal Mind-Mindedness and Attachment Security as Predictors of Theory of Mind Understanding*, in "Child Development", 73, n. 6 (novembre 2002), pp. 1715-26, doi.org/10.1111/1467-8624.00501.

[14] Invitiamo a consultare questo sito: https://developingchild.harvard.edu/science/key-concepts/brain-architecture/.

[15] Daniela Lucangeli, *A mente accesa. Crescere e far crescere*, Mondadori, Milano 2020.

[16] Elizabeth Meins et al., *Maternal Mind-Mindedness and Attachment Security*, *op. cit*.

[17] Jesper Juul, *Il bambino è competente, op. cit*.

[18] Esther Weber, *Portare i piccoli. Un modo antico, moderno e... comodo per stare insieme*, Il leone verde, Torino 2013.

[19] Lela Rankin Williams e Patricia R. Turner, *Experiences with "Babywearing": Trendy Parenting Gear or a Developmentally Attuned Parenting Tool?*, in "Children and Youth Services Review", 112 (maggio 2020), 104918, doi.org/10.1016/j.childyouth.2020.104918.

[20] *Ibid*.

[21] Barbara C. Galland et al., *Normal Sleep Patterns in Infants and Children: A Systematic Review of Observational Studies*, in "Sleep Medicine Reviews", 16, n. 3 (giugno 2012), pp. 213-22, doi.org/10.1016/j.smrv.2011.06.001.

[22] Alessandra Bortolotti, *I cuccioli non dormono da soli. Il sonno dei bambini oltre i metodi e pregiudizi*, Mondadori, Milano 2017.

[23] Carlos González, *Il mio bambino non mi mangia. Consigli per prevenire e risolvere il problema*, Bonomi, Pavia 2015.

[24] World Health Organization, *Infant and young child feeding*, 24 agosto 2020, https://www.who.int/news-room/fact-sheets/detail/infant-and-young-child-feeding.

[25] John Bowlby e Margery Fry, *Child Care and the Growth of Love*, 2 ed, Penguin, Harmondsworth (Middlesex) 1990.

[26] World Health Organization, *Infant and young child feeding, op. cit*.

[27] Ilona S. Yim et al., *Biological and Psychosocial Predictors of Postpartum Depression: Systematic Review and Call for Integration*, in "Annual Review of Clinical Psychology", 11, n. 1 (28 marzo 2015), pp. 99-137, doi.org/10.1146/annurev-clinpsy-101414-020426.

[28] D&D n. 95/96, *Il puerperio in ombra*, (dicembre 2016).

[29] Courtney Jung, *Lactivism: how feminists and fundamentalists, hippies and yuppies, and physicians and politicians made breastfeeding big business and bad policy*, Basic Books, New York 2015.

[30] J. Lidén, *The World Health Organization and Global Health Governance: Post-1990*, in "Public Health", 128, n. 2 (febbraio 2014), pp. 141-47, doi.org/10.1016/j.puhe.2013.08.008.

[31] Gilles Gignac et al., *Factors Influencing the Relationship Between Brain Size and Intelligence*, in "The Scientific Study of General Intelligence", (2003), pp. 93-106, doi.org/10.1016/B978-008043793-4/50042-8.

[32] Ian St James-Roberts e Tony Halil, *Infant Crying Patterns in the First Year: Normal Community and Clinical Findings*, in "Journal of Child Psychology and Psychiatry", 32, n. 6 (settembre 1991), pp. 951-68, doi.org/10.1111/j.1469-7610.1991.tb01922.x.

[33] Alessandra Bortolotti, *Genitori di genitori. Diventare nonni affettuosi e rispettosi*, Mondadori, Milano 2019.

[34] Naomi Stadlen, *Quello che le mamme fanno. Soprattutto quando sembra non facciano niente*, Bonomi, Pavia 2012.

[35] Donald Woods Winnicott, *Il bambino, la famiglia e il mondo esterno*, traduzione di Barbara Sambo, Edizioni Magi, Roma 2010.

[36] Juliet Hopkins, *The Dangers and Deprivations of Too-Good Mothering*, in "Journal of Child Psychotherapy", 22, n. 3 (dicembre 1996), pp. 407-22, doi.org/10.1080/00754179608254516.

[37] Deepak Sharma, *Golden Hour of Neonatal Life: Need of the Hour*, in "Maternal Health, Neonatology and Perinatology", 3 (2017), 16, doi.org/10.1186/s40748-017-0057-x.

[38] Tiziana Catanzani e Paola Negri, *Allattare, un gesto d'amore. Come vivere con serenità l'esperienza dell'allattamento*, Bonomi, Pavia 2015.

[39] A questo link troverete il filmato dell'avanzata che compie il piccolo sul corpo della madre: https://www.youtube.com/watch?v=t2blj4iRWHk.

[40] Consigliamo la visione di questo video: https://www.youtube.com/watch?v=0OYXd-mMSVU.

[41] J. R. R. Tolkien, *Il signore degli anelli: La compagnia dell'anello, Le due torri, Il ritorno del re*, traduzione di Quirino Principe, Bompiani, Milano 2017.

[42] Diane Thulier e Judith Mercer, *Variables Associated With Breastfeeding Duration*, in "Journal of Obstetric, Gynecologic & Neonatal Nursing", 38, n. 3 (maggio 2009), pp. 259-68, doi.org/10.1111/j.1552-6909.2009.01021.x.

[43] Samir Arora et al., *Major Factors Influencing Breastfeeding Rates: Mother's Perception of Father's Attitude and Milk Supply*, in "Pediatrics", 106, n. 5 (1 novembre 2000), e67–e67, doi.org/10.1542/peds.106.5.e67.

[44] J. Henderson e M. Redshaw, *Midwifery Factors Associated with Successful Breastfeeding: Midwifery Factors Associated with Successful Breastfeeding*, in "Child: Care, Health and Development", 37, n. 5 (settembre 2011), pp. 744-53, doi.org/10.1111/j.1365-2214.2010.01177.x.

[45] Carlos González, *Un dono per tutta la vita. Guida all'allattamento materno*, Il leone verde, Torino 2018.

[46] Naomi Stadlen, *Quello che le mamme fanno*, op. cit., p. 61.

[47] Naomi Bromberg Bar-Yam e Lori Darby, *Fathers and Breastfeeding: A Review of the Literature*, in "Journal of Human Lactation", 13, n. 1 (marzo 1997), pp. 45-50, doi.org/10.1177/089033449701300116.

[48] Morris A. Wessel et al., *Paroxysmal Fussing in Infancy, Sometimes Called "Colic"*, in "Pediatrics", 14, n. 5, (novembre 1954), pp. 421-435.

[49] Costantino Panza, *Le coliche del neonato non esistono*, in uppa.it, https://www.uppa.it/nascere/neonato/coliche-neonato/.

[50] Laura Gutman, *Maternità tra estasi e inquietudine, op. cit.*

[51] Carlos González, *Un dono per tutta la vita, op. cit.*

[52] Alessandra Bortolotti, *E se poi prende il vizio? Pregiudizi culturali e bisogni irrinunciabili dei nostri bambini*, Il leone verde, Torino 2010.

[53] Henry L. Roediger, *Implicit Memory, op. cit.*

[54] Sergio Conti Nibali, *La sindrome del bambino scosso: cos'è?*, in uppa.it, https://www.uppa.it/nascere/neonato/shaken-baby-syndrome/.

Ringraziamenti

Scrivere un libro è stato il nostro sogno sin da bambine. Cecilia era certa avrebbe scritto un giallo, Silvia si immaginava romanziera.

Il messaggio che abbiamo avuto l'urgenza di affidare a queste pagine ha sorpreso anche noi, e siamo molto grate l'una all'altra per essere riuscite a scrivere a quattro mani, due teste e due cuori, preservando – e anzi fortificando – la nostra amicizia.

Immensa gratitudine va anche alle tante preziose persone che hanno supportato il nostro sogno.

Grazie di cuore alla nostra editor Paola Violetti per la guida e la fiducia, e alla sua collaboratrice Ilaria Stradiotti per la precisione.

A chi ci ha lette in bozza con lente da esperta: le scienziate Silvia Rigato e Maria Laura Filippetti, l'ostetrica Silvia Castelli, la ginecologa Anita Regalia, le mamme Marianna Dematté e Chiara Mainardi Cantoni.

A Barbara Barbieri, che ha riconosciuto il momento giusto per un incoraggiamento che si è rivelato una svolta.

A Corinna de Cesare, per aver sollevato temi importanti, espresso stati d'animo di tantissime donne e aver nutrito un fertile confronto.

A Giuliana Musso, per l'entusiasmo e la franchezza.

A Valentina Bocedi, per esserci stata e per esserci sempre.

A Giorgio, che ci ha offerto un ufficio in un giorno fondamentale.

A Giulia e Federica, per la loro proattività e generosità.

A tutte le Referenti BabyBrains, in particolare alle 52 Referenti Il Parto Positivo e a quelle che verranno, per le condivisioni, gli spunti di riflessione e per l'impatto che hanno sul territorio.

A chi sa che dietro questo libro c'è una ricerca di senso sincera e a chi saprà ignorare gli inevitabili inciampi umani per guardare con noi oltre.

Grazie al 2020, per averci posto sfide impensate che hanno attivato risorse inaspettate.

Grazie ai nostri genitori, che quando eravamo bambine hanno alimentato il nostro sogno di essere scrittrici (e molti altri...).

E grazie a Guillaume e Dario, i nostri mariti, e ai bambini che li chiamano papà: per la pazienza nei giorni in cui eravamo totalmente immerse nella scrittura del libro, per i loro contributi fantasiosi e pieni di entusiasmo e per la meravigliosa avventura di questa vita insieme.

OSCAR
BESTSELLERS
LIFE

Alli Beltrame e Daniela Bruni	*Perché fai così?*
Alli Beltrame con Laura Mazzarelli	*Invece di dire... Prova a dire*
Alessandra Bortolotti	*Poi la mamma torna* *I cuccioli non dormono da soli*
David D. Burns	*Sentirsi bene*
Leo Buscaglia	*Vivere, amare, capirsi*
Roberta Cavallo e Antonio Panarese	*Smettila di fare i capricci*
Ian Morgan Cron e Suzanne Stabile	*Il metodo Enneagramma*
Silvia Dalvit Cecilia Antolini	*Il parto positivo*
Giulio Deangeli	*Il metodo geniale*
Rondine De Luca	*Mamma, insegnami a dormire*
Adele Faber & Elaine Mazlish	*Come parlare perché i bambini ti ascoltino & Come ascoltare perché ti parlino* *Come parlare perché i ragazzi ti ascoltino & Come ascoltare perché ti parlino*

OSCAR BESTSELLERS LIFE

Darren Hardy	*Effetto cumulativo*
Tracy Hogg	*Il linguaggio segreto dei bambini*
	Il linguaggio segreto dei neonati
	Il tuo bambino: tutte le risposte
Matteo Lancini	*Abbiamo bisogno di genitori autorevc*
Daniel Lumera e Immaculata De Vivo	*Ecologia interiore*
Ulisse Mariani e Rosanna Schiralli	*Di che ansia sei?*
Katy Milkman	*L'arte di cambiare*
Alberto Pellai	*Da uomo a padre*
Daniel Pink	*Il potere dei rimpianti*
Erica Francesca Poli	*Le emozioni che curano*
	Ricucire l'anima
Gennaro Romagnoli	*Facci caso*
Vera Slepoj	*Capire i sentimenti*

Certificato PEFC
Questo prodotto è realizzato con materia prima da foreste gestite in maniera sostenibile e da fonti controllate
PEFC/18-32-03
www.pefc.it